Rational Choice in der Politikwissenschaft

Volker Kunz/Ulrich Druwe (Hrsg.)

Rational Choice in der Politikwissenschaft

Grundlagen und Anwendungen

Leske + Budrich, Opladen 1994

ISBN 978-3-663-01129-3   ISBN 978-3-663-01128-6 (eBook)
DOI 10.1007/978-3-663-01128-6

© 1994 by Leske + Budrich, Opladen

Inhalt

D   *Wissenschafts- und handlungstheoretische Orientierungen*

Vorwort

Der vorliegende Band "Rational Choice-Theorie und Politikwissenschaft" ist u.a. das Resultat einer ersten Tagung des neugegründeten Arbeitskreises Handlungs- und Entscheidungstheorie der "Sektion Politische Theorie und Ideengeschichte" innerhalb der Deutschen Vereinigung für Politische Wissenschaft (DVPW). Der Arbeitskreis wurde im Sommer 1993 gegründet. Erste Treffen fanden bisher in Stuttgart-Hohenheim und in Bad Urach statt. Weitere Zusammenkünfte werden jeweils im Frühjahr eines Jahres abgehalten; genauere Informationen sind den Rundbriefen der DVPW zu entnehmen bzw. beim Sprecher des AK erhältlich.

Wir beabsichtigen, wie der Name des Arbeitskreises nahelegt, Handlungs- und Entscheidungstheorien - und dazu zählen alle theoretischen Bemühungen im Rahmen des methodologischen Individualismus, zu einem sozialwissenschaftlichen Forschungsprogramm im Sinne Lakatos' auszugestalten und speziell für die empirische politikwissenschaftliche Forschung nutzbar zu machen. Dazu ist es auch erforderlich, unsere Bemühungen einem breiten und möglichst interdisziplinären Kreis von Kollegen und Studierenden bekannt zu machen und sie zur Mitarbeit einzuladen.

Ulrich Druwe
Institut für Politikwissenschaft
Universität Stuttgart
Keplerstr. 17
70174 Stuttgart

Einleitung

Mit diesem Buch versuchen wir eine Einführung und einen Einblick in das vom methodologischen Individualismus beeinflußte Denken in der Politikwissenschaft und ihren angrenzenden Wissenschaften zu geben. Demnach sind soziale Tatbestände immer unter Bezugnahme auf das Verhalten von Individuen zu erklären, die sich, so das zugrundegelegte Modell des Menschen, nutzenoptimierend und in diesem Sinne rational verhalten. Dabei erhält die Idee des sozialen Tauschs in der Tradition der utilitaristischen Theorie, wie sie vor allem von Mandeville, Smith, Hume, Bentham, Ricardo und Mill entwickelt wurde, einen zentralen Stellenwert.

Da rationales Verhalten vorausgesetzt wird, firmieren diese Überlegungen auch unter dem Begriff *Rational Choice*-Theorie. Die wissenschaftliche Heimat dieses Forschungsprogramms lag lange Zeit ausschließlich in den Wirtschaftswissenschaften. Mit der Wiederentdeckung und fächerübergreifenden Rezeption von Adam Smith (vgl. Kaufmann, Krüsselberg 1984) wurde der Ansatz aber auch in anderen Disziplinen populär (vgl. Opp 1979; Raub, Voss 1981). Den vorläufigen Höhepunkt dieser Entwicklung dürften die Ende der achtziger und Anfang der neunziger Jahre von James S. Coleman und Hartmut Esser vorlegten Arbeiten zu einer allgemeinen Sozialtheorie bilden (vgl. Coleman 1991, 1992, 1993; Esser 1993).

Selten hat ein Forschungsprogramm in den Sozialwissenschaften eine derartige Rezeption erfahren, verspricht es doch die Idee von der Einheit der Sozialwissenschaften zu verwirklichen. So überrascht es nicht, daß das *Rational Choice*-Programm die theoretische und empirische Forschungspraxis auch in der Politikwissenschaft zunehmend beeinflußt. Für diese Variante der Politikwissenschaft findet sich oftmals auch die Bezeichnung *Neue Politische Ökonomie*. Sie beschäftigt sich u.a. mit Wahlverhalten, Parteienwettbewerb und Koalititonsbildung, Verfassungen, Bereitstellung öffentlicher Güter und Interessengruppen, Bürokratie, Eigentumsrechten und öffentlichen Finanzen.

Insofern kann der vorliegende Einblick in dieses theoretische Paradigma keinesfalls den Anspruch erheben, vollständig und umfassend zu sein. Ein solcher Anspruch wäre in Anbetracht der über den engen Bereich der Politikwissenschaft weit hinausreichenden Anwendungsfelder der ökonomischen Ideen (vgl. McKenzie, Tullock 1984), ihrer jahrzehntelangen Verankerung in der von Politikwissenschaftlern traditionell unterschätzten Sozialpsychologie (vgl. Fishbein, Ajzen 1975; Heckhausen 1989; Thibaut, Kelley 1959; Vroom 1964), der Diskussionen über die methodologische Orientierung ökonomisch basierter Erklärungen sozialer Prozesse (vgl. Blaug 1980), der Anomalienforschung hinsichtlich der Annahmen über den *homo oeconomicus* (vgl. Elster 1987; Frey, Eichenberger 1989), der daraus resultierenden vielfältigen theoretischen Weiterentwicklungen (vgl. Heiner 1983; Lindenberg 1990; Margolis 1982; Tversky, Kahneman 1981) und daher sehr umfangreichen Literatur als außerordentlich vermessen zu bezeichnen.

Ökonomik gilt heute als *die* Methode zur Analyse menschlichen Verhaltens; ihre Grundlagen und selbst vorrangig politikwissenschaftlich orientierte Anwendungsbereiche lassen sich nicht in einem einzigen Band darstellen. Zudem war es unser Anliegen, dieses Buch hinsichtlich Umfang und Kosten auch dem studentischen Leser zugänglich zu machen. Doch können wir hier neben dem vor kurzem erschienenen, über die aktuelle Diskussion auf ansprechende Weise informierenden Band von James S. Coleman und Thomas J. Fararo (1992) auf die zahlreichen Überblicksdarstellungen und Sammelbände, die in den letzten Jahren auch in deutscher Sprache erschienen sind, verweisen (vgl. Becker 1993; Bievert, Held 1991; Frey 1990; Kirchgässner 1991; Kliemt, Zimmerling 1993; Krause 1989; Ramb, Tietzel 1993; Schäfer, Wehrt 1989).

Unser Anliegen besteht darin, anhand von ausgewählten Beispielen die Grundzüge, mögliche Anwendungsfelder und -probleme des ökonomischen Programms in der Politikwissenschaft und der ihr nahestehenden Sozialwissenschaften aufzuzeigen. Bei der Konzeption des Bandes war zu berücksichtigen, daß Ökonomik als Handlungswissenschaft notwendigerweise ein interdisziplinäres Unterfangen ist. Eine enge, politikwissenschaftlich zentrierte Betrachtungsweise kann daher weder einer Einführung noch der weiterführenden Diskussion zuträglich sein. Diese Tatsache spiegelt sich in der Zusammensetzung der Autorenschaft und der behandelten Themen: Nach einer kurzen Diskussion über den Nutzen des *Rational Choice*-Ansatzes für die Politikwissenschaft, vorgelegt von der Bamberger Politikwissenschaftlerin Ruth Zimmerling, gehen die Soziologen Christoph Gilleßen (Universität Stuttgart) und Peter Mühlau (Reichsuniversität Groningen) auf das Problem der Verknüpfung von individuellen und kollektiven Effekten ein. Dies führt zur Entwicklung der Rational Choice-Perspektive als eine Möglichkeit der *strukturell-in-*

dividualistischen Theoriebildung: Trotz der Orientierung am methodologischen Individualismus sind primär soziale Makrostrukturen Gegenstand der
sozialwissenschaftlichen Analyse und Theoriebildung. Dabei steuert die *Methode der abnehmenden Abstraktion* den Prozeß der Modellbildung. Gilleßen
und Mühlau verdeutlichen diese Zusammenhänge beispielhaft an der für die
ökonomische Erklärung politischer Partizipation grundlegenden Theorie kollektiven Handelns von Mancur Olson (1965, 1992) sowie ihrer Weiterentwicklung durch Gerald Marwell und Pamela Oliver (1993). Hier zeigt sich,
daß Erkenntnisfortschritt in den Teildisziplinen der Sozialwissenschaften nur
unter Rekurs auf eine allgemeine Theorie und ein generelles Konzept der
Theoriebildung möglich ist.

Nach diesem einführenden Teil zu den Grundlagen des ökonomischen Programms schließen sich einige Beispiele empirischer Anwendungen an: Sieg-
fried F. Franke, Ökonom in Stuttgart, diskutiert die von Downs (1957) und
Herder-Dorneich (1959) vorgelegte *Ökonomischen Theorie der Politik* und
führt in diesem Zusammenhang das von ihm entwickelte Konzept der Verlustfunktion ein. Damit lassen sich Hypothesen über die Gestaltungsmuster der
Politik formulieren, was am Beispiel der Steuerpolitik skizziert wird. Die Politikwissenschaftler Bernhard Zangl und Michael Zürn (Universität Bremen)
geben einen Überblick über die *Rational Choice*-Perspektive im Teilgebiet der
Internationalen Beziehungen; ein Feld, das, wie die Autoren meinen, ein
ideales Anwendungsgebiet für das ökonomische Programm in der Politikwissenschaft sei. Der Beitrag zeigt, wie vielschichtig Begriff und Anwendungen
der Rational Choice-Theorie in den Sozialwissenschaften sein können. Der
Stuttgarter Politikwissenschaftler Volker Kunz schließlich konzentriert sich
auf Probleme bei der *Anwendung nutzentheoretischer Ansätze*, die entgegen
einer immer noch verbreiteten Meinung in der Politikwissenschaft keine psy-
chologisch-reduktionistische Perspektive beinhalten müssen.

Im dritten Teil des Buches beschäftigen wir uns mit normativen Fragen.
Johannes Schmidt, Politikwissenschaftler an der Universität Bamberg, setzt
sich kritisch mit der von John Rawls entwickelten Idee der *reinen Verfahrensgerechtigkeit* und ihrer Anwendung auf die Lösung ökonomischer Verteilungsprobleme auseinander. Die Konzeption der reinen Verfahrensgerechtigkeit beruht auf der Überzeugung, daß sich die Gerechtigkeit einer Prozedur
automatisch auf ihre Resultate überträgt. Schmidt führt den Nachweis, daß

diese Idee an unseren moralischen Intutionen vorbeigeht, wenn sie auf die Lösung eines ökonomischen Distributionsproblems angewendet wird. Anschliessend stellen die Stuttgarter Politikwissenschaftler Hans-Peter Burth und Ulrich Druwe ethische und metaethische Gedanken zu der bis heute umstrittenen rationalen Begründung *moralischer Standards* vor. Es wird die These formuliert, daß die normative Entscheidungstheorie oder rationale Ethik keinen moralphilosophischen Status besitzt, sondern ein metaethisches Begründungskonzept darstellt, dem es bislang jedoch an kognitivistischer Fundierung fehlt.

Wir wollten den vorliegenden Band nicht ohne einige über den engeren Bezug des ökonomischen Programms hinausweisende Überlegungen abschliessen. In diesem Sinn unternimmt Volker Dreier, Politikwissenschaftler in Tübingen/Florenz, den Versuch, die Ökonomische Theorie der Demokratie von Anthony Downs *strukturalistisch* zu rekonstruieren. Die strukturalistische Perspektive verläßt die Interpretation der bei Ökonomen und empirischen Utilitaristen dominierende Sichtweise des kritischen Rationalismus, nach der wissenschaftlicher Theorien als Aussagensysteme im Sinne eines hypothetisch-deduktiven Systems durch Ableitungsregeln miteinander verbundener nomologischer Hypothesen bestimmt werden. Vielmehr wird einer mengentheoretisch basierten Strukturierung der Vorzug gegeben. Dreier's Bezug auf die Theorie von Downs wird ihrem zentralen Stellenwert in der Neuen Politischen Ökonomie gerecht, der Beitrag von Franke hat für die strukturalistische Betrachtung die inhaltlichen Grundlagen gelegt. Diese wissenschaftstheoretische Perspektive findet in letzter Zeit zunehmende Beachtung, läßt sich mit diesem Vorgehen doch präzisieren, was eine empirische Theorie in den Sozial- und Politikwissenschaften überhaupt ist bzw. sein kann und in welchem Zusammenhang bzw. Abhängigkeitsverhältnis die einzelnen Konzepte einer ökonomischen Handlungstheorie stehen (vgl. Druwe 1985; Hamminga, Balzer 1986; Kühnel 1993; Stephan 1990, Westermann 1987). Die Argumentation kommt dabei nicht ohne einen gewissen formalen Aufwand aus, doch - so betont Dreier zu Recht - sollte es insbesondere den Politikwissenschaftler, und hier sprechen wir auch die studentischen Leser an, nicht davon abhalten, auch einmal neue, wenn auch schwierige Pfade zu begehen. Insofern geht auch der abschließende Beitrag der Mainzer Soziologen Manfred Hennen und Thomas Rein über die engen Grenzen der Ökonomik und Politikwissenschaft hinaus. Sie zeigen, wie fruchtbar die Anreicherung der ökonomischen Handlungstheorien um eine *Theorie der Motivation* sein kann, ein Gedanke der bereits in den drei zentralen Annahmen des ökonomischen Kernmodells enthalten ist (vgl. Opp 1993:109): (1) Die Akteure sind bemüht, das Beste aus ihrer Situation zu machen (Hypothese der Nutzenmaximierung); (2) Handeln erfolgt unter den Bedingungen der Knappheit (Hypothese der Handlungsbeschränkungen); sowie (3) Handeln ist motiviert (Motivationshypothese). Die in einer sozialwissenschaftlichen Motivationstheorie enthaltenen und letztlich unverzichtbaren parametrischen Annahmen über Individuen sind als Brückenannahmen (vgl. Lindenberg 1985:108f.) zu verstehen. Hennen und Rein greifen damit die von Gilleßen und Mühlau eingeführte Perspektive auf, daß in der Kombination von analytischer (Gesellschaft) und theoretischer Priorität (Individuen) die analytische Tiefe einer ökonomisch basierten Modellierung sozialer Prozesse liegt. Darüber hinaus verdeutlichen sie, daß das Mikro-Makro-Problem den Wahlhandlungen und Selektionsvorgängen selbst immanent ist. Damit eröffnet sich der Weg zu einer allgemeinen Handlungstheorie in den Sozialwissenschaften, ohne die auch die Politikwissenschaft nicht auskommt.

Unser Dank gilt dem Verlag, Berit, Daniel, Elisabeth, Hans-Peter und Katja, sowie den Autoren, die diesen Band ermöglicht haben.

Stuttgart, September 1994

Volker Kunz und Ulrich Druwe

Literatur

Becker, G.S., 1993: Der ökonomische Ansatz zur Erklärung menschlichen Verhaltens, 2. Aufl. Tübingen

Bievert, B./Held, M. (Hrsg.), 1991: Das Menschenbild in der ökonomischen Theorie. Zur Natur des Menschen. Frankfurt, New York

Blaug, M., 1980: The Methodology of Economics or How Economists Explain (reprinted 1991). Cambridge u.a.

Coleman, J.S., 1991: Grundlagen der Sozialtheorie, Bd. 1: Handlungen und Handlungssysteme. München

Coleman, J.S., 1992: Grundlagen der Sozialtheorie, Bd. 2: Körperschaften und die moderne Gesellschaft. München

Coleman, J.S., 1993: Grundlagen der Sozialtheorie, Bd. 3: Die Mathematik der sozialen Handlung. München

Coleman, J.S./Fararo, T.J. (Hrsg.), 1992: Rational Choice Theory. Advocacy and Critique. Newbury Park, London, New Dehli

Downs, A., 1957: An Economic Theory of Democracy. New York (deutsch 1968: Ökonomische Theorie der Demokratie. Tübingen)

Druwe, U., 1985: Theoriendynamik und wissenschaftlicher Fortschritt in der Erfahrungswissenschaften. Freiburg

Elster, J., 1987: Subversion der Rationalität. Frankfurt, New York

Esser, H., 1993: Soziologie. Allgemeine Grundlagen. Frankfurt, New York

Fishbein, M./Ajzen, I., 1975: Belief, Attitude, Intention, and Behavior: An Introduction to Theory and Research. Reading, Mass.

Frey, B.S., 1990: Ökonomie ist Sozialwissenschaft. München

Frey, B.S./Eichenberger, R., 1989: Should Social Scientists Care About Choice Anomalies? In: Rationality and Society, 1, 101-122

Haferkamp, H. (Hrsg.), 1990: Sozialstruktur und Kultur. Frankfurt

Hamminga, B./Balzer, W., 1986: The Basic Structure of Neoclassical General Equilibrium Theory. In: Erkenntnis, 25, 31-46

Heckhausen, H., 1989: Motivation und Handeln, 2. Aufl. Berlin u.a.

Heiner, R.A., 1983: The Origin of Predictable Behavior. In: American Economic Review, 73, 560-595

Herder-Dorneich, Ph., 1959: Politisches Modell zur Wirtschaftstheorie: Theorie der Bestimmungsfaktoren finanzwirtschaftlicher Staatstätigkeit (Teilauflage unter dem Pseudonym F.O. Harding). Freiburg

Kaufmann, F.-X./Krüsselberg, H.-G. (Hrsg.), 1984: Markt, Staat und Solidarität bei Adam Smith. Frankfurt, New York

Kliemt, H./Zimmerling, R., 1993: Quo vadis Homo oeconomicus? Über einige neuere Versuche, das Modell eines Homo oeconomicus fortzuentwickeln. In: Homo oeconomicus, 10, 1-44 und 167-201

Krause, D., 1989: Ökonomische Soziologie. Einführende Grundlegung des ökonomischen Programms in der Soziologie. Stuttgart

Kühnel, S.-M., 1993: Zwischen Boykott und Kooperation. Teilnahmeabsicht und Teilnahmeverhalten bei der Volkszählung 1987. Frankfurt u.a.

Lindenberg, S., 1985: An Assessment of the New Political Economy: Its Potential for the Social Sciences and for the Sociolology in Particular. In: Sociological Theory, 3, 99-114

Lindenberg, S., 1990: Rationalität und Kultur. Die verhaltenstheoretische Basis des Einflusses von Kultur auf Transaktionen. In: Haferkamp (Hrsg.), 1990, 249-287

Margolis, H., 1982: Selfishness, Altruism, and Rationality. A Theory of Social Choice. Cambridge u.a.

McKenzie, R.B./Tullock, G., 1984: Homo Oeconomicus. Ökonomische Dimensionen des Alltags. Frankfurt, New York

Marwell, G./Oliver, P. 1993: The Critical Mass in Collective Action. A Micro-Social Theory. Cambridge u.a.

Olson, M., 1965: The Logic of Collective Action. Cambridge, Mass. (deutsch 1992: Die Logik kollektiven Handlens. Kollektivgüter und die Theorie der Gruppen, 3. Aufl. Tübingen)

Opp, K.-D., 1979: Individualistische Sozialwissenschaft. Arbeitsweise und Probleme individualistisch und kollektivistisch orientierter Sozialwissenschaften. Stuttgart

Opp, K.-D., 1993: Politischer Protest als rationales Handeln. In: Ramb/Tietzel (Hg.), 1993, 207-246

Ramb, B.-T./Tietzel, M. (Hrsg.), 1993: Ökonomische Verhaltenstheorie. München

Raub, W./Voss, T., 1981: Individuelles Handeln und gesellschaftliche Folgen. Das individualistische Programm in den Sozialwissenschaften. Darmstadt, Neuwied

Schäfer, H.-B./Wehrt, K. (Hrsg.), 1989: Die Ökonomisierung der Sozialwissenschaften. Sechs Wortmeldungen. Frankfurt, New York

Stephan, E., 1990: Zur logischen Struktur psychologischer Theorien. Berlin u.a.

Thibaut, J.W./Kelley, H.H., 1959: The Social Psychology of Groups. New York

Tversky, A./Kahneman, D., 1981: The Framing of Decisions and the Psychology of Choice. In: Science, 211, 453-458

Vroom, V.H., 1964: Work and Motivation. New York

Westermann, R., 1987: Strukturalistische Theoriekonzeption und empirische Forschung in der Psychologie. Eine Fallstudie. Berlin u.a.

A   Grundlagen

1.   'Rational Choice'-Theorien: Fluch oder Segen für die Politikwissenschaft?

Ruth Zimmerling

Zusammenfassung

Rational Choice-Theorie ist die Bezeichnung für einen der derzeit umstrittensten theoretischen Ansätze in den Sozialwissenschaften. In diesem einführenden Kapitel wird versucht, einige der Gründe für die äußerst uneinheitliche Beurteilung der möglichen Fruchtbarkeit des Ansatzes zu beleuchten. Es wird gezeigt, daß die Auseinandersetzung zu einem erheblichen Teil nicht auf Meinungsverschiedenheiten, sondern auf Mißverständnissen beruht.

1.   Einleitung

Kaum ein anderer theoretischer Ansatz ist in den vergangenen Jahrzehnten in den Sozialwissenschaften im allgemeinen und in der Politikwissenschaft im besonderen so kontrovers diskutiert worden wie das, was unter der Bezeichnung *Rational Choice* (im folgenden: RC) - mehr oder weniger - bekannt geworden ist. Nun ist gegen eine scharfe wissenschaftliche Diskussion selbstverständlich nichts einzuwenden - ganz im Gegenteil. Die Auseinandersetzung kann jedoch nur dann fruchtbar sein, wenn sich die Kontrahenten wenigstens über deren Gegenstand hinreichend klar und überdies einig sind. Andernfalls läuft die Debatte leer, anstatt im Austausch von Argumenten *pro* und *contra* zu neuen Einsichten (idealerweise: auf Seiten aller Beteiligten) zu führen. Bezüglich der - auch als *ökonomisch* bezeichneten - RCT ist, zumindest in unseren Breiten, genau dies noch oft der Fall: "Weit stärker verbreitet als eine grundsätzliche und aktive Ablehnung der ökonomischen Sicht ist deren Unkenntnis oder zumindest ein weitgehendes Unverständnis. In der Politikwissenschaft ist diese Haltung in Europa und insbesondere im deutschen Sprachraum weitverbreitet" (Frey 1989:82).

Dieses fehlende Verständnis ist sicher nicht allein den Vorurteilen oder der Unfähigkeit derer anzulasten, die bisher nicht gewillt oder in der Lage waren, sich mit dem RC-Ansatz eingehender auseinanderzusetzen. RC-Theoretiker selbst weisen schließlich häufig die Neigung auf, ihre Überlegungen in einer Form zu präsentieren, die auch für durchaus willige Uneingeweihte nicht leicht zugänglich ist: "The relevant literature is sprinkled with, when not wholly engulfed by, forbidding formulas in unfamiliar symbolic notations that are elaborated into mathematical structures." (Nozick 1993: xiii) Ich will im folgenden jedoch weder darüber spekulieren, warum dies so ist, noch den Ursachen für die konstatierten regionalen Unterschiede in der Rezeption des RC-Ansatzes nachgehen.

Es läßt sich nämlich selbstverständlich keineswegs nur Indifferenz, sondern auch - häufig sehr heftige - Ablehnung feststellen, auf die der Ansatz insbesondere in den angelsächsischen Ländern gestoßen ist (z. B. in: Bunge 1989; Coleman, Fararo 1992; Cook, Levi 1990, Zey 1992a). Dabei erweist sich meines Erachtens, daß auch die an dem Ansatz als solchem - im Unterschied zur internen Kritik an einzelnen Details - vorgebrachte Kritik vielfach auf Mißverständnissen beruht, die sich mit der erwähnten Unzugänglichkeit nicht erklären lassen. Auffällig ist vielmehr, wie oft die Kritik darauf hinausläuft, daß RC-Theorien gewissen Ansprüchen nicht gerecht werden. Diese Art der Kritik kann jedoch offenbar selbst dann, wenn sie sachlich zutreffend ist, den RC-Ansatz nur dann treffen, wenn dieser den behaupteten Ansprüchen tatsächlich gerecht werden können *sollte*. Das scheint mir keineswegs immer der Fall zu sein. Insofern weist die Tatsache, daß solche Vorwürfe nicht selten sind, darauf hin, daß wohl auch auf Seiten der Verfechter des RC-Ansatzes hinsichtlich seiner Leistungsfähigkeit und insbesondere seiner Grenzen nicht immer hinreichend Klarheit besteht oder doch zumindest diese Klarheit nicht nach außen vermittelt wird.

Die folgenden Überlegungen werden sich daher auf den Versuch konzentrieren, die von Anhängern und Kritikern an den RC-Ansatz herangetragenen Ansprüche darzustellen und kritisch zu beleuchten. Zu diesem Zweck ist es jedoch zunächst angebracht, in groben Zügen zu rekapitulieren, was - weitgehend übereinstimmend - unter dem RC-Ansatz überhaupt verstanden wird.

2. Grundannahmen des *Rational Choice*-Ansatzes

Drei grundlegende Annahmen sind es, nach denen Sozialwissenschaftler die Zugehörigkeit zum RC-Ansatz in der Regel bestimmen (vgl. statt vieler: Abell 1992:188 ff., Bohman 1994:69; Braun 1994:399), nämlich: (1) daß soziale Situationen auf *individuelle* Handlungen zurückgeführt werden können *(methodologischer Individualismus)*; (2) daß solche individuellen Handlungen auf *Entscheidungen* beruhen, die *rational* getroffen werden, daß also individuellem Handeln *rationale Wahlen* zugrundeliegen (woher der Ansatz seinen Namen hat); und (3) daß eine Wahl dann rational ist, wenn das Kriterium für die Wahl die Frage ist, welche unter den jeweils effektiv gegebenen Handlungsalternativen unter Berücksichtigung *aller* damit verbundenen Vor- und Nachteile den *Präferenzen* des betreffenden Individuums am meisten entspricht, d.h. seinen (zu erwartenden) *Nutzen maximiert*; dabei wird in der Regel zusätzlich angenommen, daß es zumindest einige grundlegende Präferenzen gibt, die praktisch alle Akteure aufweisen und die relativ stabil sind.

Noch etwas präziser hat vor einigen Jahren Lindenberg das Akteursbild gefaßt, das in diesen Annahmen zum Ausdruck kommt: Es handelt sich um das Modell eines zwar über gewisse Ressourcen verfügenden, gleichwohl in seinen Handlungsmöglichkeiten beschränkten, aber immerhin zur Bildung von Erwartungen hinsichtlich künftiger Ereignisse sowie zur Bewertung alternativer Situationen fähigen und auf die Maximierung seines Nutzens bedachten Akteurs, kurz: um *RREEMM (Resourceful, Restricted, Expecting, Evaluating, Maximizing Man)* (Lindenberg 1985:100; vgl. auch Esser 1993: Kap. 14f. sowie die Beiträge von Gilleßen, Mühlau und Hennen, Rein in diesem Band). Nach Meinung vieler Vertreter des RC-Ansatzes verfügen wir mit diesem Modell heute über ein Instrument, daß sozialwissenschaftliche Erkenntnis besser als jedes andere voranbringen kann. Für Lindenberg (1985:100) selbst jedenfalls ist "RREEMM and the substantive assumption about universal, stable preferences ... the most powerful tool of social science ever invented". Das "paradigmatische Privileg" (Abell 1992:189) des RC-Ansatzes ergibt sich dabei daraus, daß das zugrundegelegte Akteursmodell allgemeiner ist als das bisher dominierende soziologische Modell und folglich auch einem größeren Spektrum von Verhaltensweisen Rechnung tragen kann (Lindenberg 1985:102).

Hinzu kommt der Vorzug, daß mit dem RC-Ansatz der interdisziplinäre Austausch im Bereich der Sozialwissenschaften gefördert oder überhaupt erst wieder ermöglicht wird, denn "[m]it dem RREEMM-Modell ... wird die Formulierung unterschiedlicher models of man für die verschiedenen Disziplinen der Gesellschaftswissenschaften überflüssig" (Esser 1993:244).

Damit wird deutlich, daß dieser Ansatz eine meist unausgesprochen bleibende Grundvoraussetzung impliziert, nämlich die Vorstellung, daß individuelles Entscheiden und Handeln nicht in Abhängigkeit von der *inhaltlichen* Definition einer sozialen Situation - also etwa davon, ob es um eine familiäre, eine wirtschaftliche oder eine politische Entscheidung geht - nach unterschiedlichen Mustern abläuft - was eine strikte Trennung zwischen den verschiedenen, traditionell inhaltlich voneinander abgegrenzten Sozialwissenschaften nicht nur nahelegen, sondern sogar zwingend erforderlich machen würde -, sondern daß die Bestimmungsfaktoren lediglich in den *strukturellen* Merkmalen sozialer Situationen - den Ressourcen, Beschränkungen und Präferenzen, mit denen sich die betroffenen Akteure jeweils ausgestattet bzw. konfrontiert sehen - zu suchen sind.

Es ist dann auch nur folgerichtig und kann nicht überraschen, daß die Verzweigung des RC-Ansatzes in eine Reihe unterschiedlicher, wenn auch durch die Grundannahmen miteinander verwandter Theorien anhand der *Strukturmerkmale* von Entscheidungssituationen erfolgt ist. Dabei sind vor allem zwei Klassifizierungskriterien wirksam geworden (vgl. Elster 1986b: 5ff.). Das eine bezieht sich auf die Struktur der Umwelt von Akteuren und trifft eine Unterscheidung zwischen Situationen, in denen Entscheidungen eines Akteurs Rückwirkungen auf die Entscheidungen der anderen beteiligten Akteure haben und die ihm deswegen eine *strategische Wahl* abverlangen, und solchen, in denen ein Akteur im Gegensatz dazu seine Umwelt als festen Parameter in seinen Entscheidungskalkül aufnehmen kann *(parametrische Wahl)*. Situationen der letztgenannten Art sind das klassische Gebiet der *Entscheidungstheorie* im engeren Sinne. Sozialwissenschaftlich grundsätzlich interessanter sind selbstverständlich die Situationen *strategischer Interaktion*, die den Gegenstandsbereich der *Spieltheorie* ausmachen.

Das zweite Unterscheidungskriterium bezieht sich auf einen Aspekt sozusagen der inneren Situation von Akteuren, nämlich auf die Frage, welche Art von Informationen über ihre Umwelt sie zum Zeitpunkt der Entscheidung haben. Hier werden in der Regel drei Grundsituationen unterschieden: (1) *Entscheidung unter Sicherheit:* Der Akteur weiß, welche Folgen sich für ihn aus der Wahl jeder der ihm verfügbaren Handlungsalternativen jeweils *definitiv* ergeben werden. (2) *Entscheidung unter Risiko:* Der Akteur weiß, welche möglichen Folgen sich mit welchen *Wahrscheinlichkeiten* für ihn aus der Wahl jeder der ihm verfügbaren Handlungsalternativen jeweils ergeben werden. (3) *Entscheidung unter Ungewißheit (bzw. Unsicherheit im engeren Sinne):* Der Akteur weiß lediglich, welche möglichen Folgen sich für ihn aus der Wahl der ihm verfügbaren Handlungsalternativen jeweils ergeben könnten, nicht aber, mit welchen Wahrscheinlichkeiten diese möglichen Folgen jeweils eintreten werden.

Auf die verschiedenen Theoriezweige, die sich aus dieser zweidimensionalen Klassifikation ergeben, kann ich an dieser Stelle nicht im einzelnen eingehen. Der Verweis auf dieses Raster soll hier nur in Erinnerung rufen, daß der RC-Ansatz selbst keineswegs monolithisch ist, sondern vielmehr eine bestimmte Herangehensweise an ein breites Spektrum verschiedener Problemstellungen darstellt, die durchaus zu unterschiedlichen Theorieausprägungen führen kann.[1] Jede von diesen kann natürlich im Hinblick auf die spezifischen Gegebenheiten und Anforderungen ihres Gegenstandsbereichs analysiert und kritisiert werden. Im folgenden soll es jedoch auch dann, wenn gelegentlich zur Illustration beispielhaft Aussagen herangezogen werden, die sich auf einen Teilbereich (insbesondere die Spieltheorie) beziehen, immer um den RC-Ansatz im allgemeinen, als das alle diese verschiedenen Theorierichtungen verbindende Gerüst, gehen.

3. Fluch oder Segen für die Politikwissenschaft?

Uneingeweihte mag es überraschen zu erfahren, daß dieser einfache, auf wenige Grundannahmen zurückzuführende Ansatz, der auf den ersten Blick sicher nicht völlig unplausibel, aber auch nicht unbedingt aufregend scheint,

---

1   Um nur ein Beispiel zu nennen: Bekanntlich wurde es erst mit dem Übergang der Analyse von Situationen unter Sicherheit zu solchen unter Risiko erforderlich, den Begriff des erwarteten Nutzens zu erfinden, um auch für solche Situationen den Grundgedanken der Kosten-Nutzen-Kalkulation beibehalten zu können.

zum Gegenstand äußerst kontroverser und zugleich äußerst heftiger Reaktionen geworden ist.

Während die einen über die Möglichkeiten, die der RC-Ansatz den Sozialwissenschaften eröffnet, fast in Euphorie geraten (vgl. die oben zitierte Einschätzung von Lindenberg 1985:100), ihm zugleich erklärende, vorhersagende und normative Fähigkeiten zuschreiben (vgl. z. B. Harsanyi 1969) und sich im übrigen insbesondere im Bereich der Politik eine sozialkritische Wirkung versprechen,[2] bestreiten andere ihm nicht nur alle diese Fähigkeiten, sondern halten überdies auch seine praktisch-politischen Auswirkungen für "verwerflich" und "unmoralisch".

So machte erst kürzlich Mary Zey den RC-Ansatz mitverantwortlich für von ihr unmißverständlich negativ bewertete politische Entwicklungen. Zunächst stellte sie fest: "In the United States, the impact of rational choice models on the social sciences has accelerated over the past twenty years", verwies dann - offenbar als Beleg für diese zweifellos richtige Aussage - auf die Politik der Präsidenten Reagan und Bush, aber auch Margaret Thatchers und Helmut Kohls, insbesondere im Sozialbereich und bemerkte abschließend: "Neoclassical economics and its variations have provided both the rationales and the methods. Many social scientists followed the lead of neoclassical economics and embraced variants of public choice theory, rational choice theory, expected utility theory ..." (Zey 1992b:9).

Dies ist schon starker Tobak. Aber die drastischste Verurteilung stammt wohl doch von Mario Bunge,[3] der in einem Aufsatz unter dem programmatischen Titel *Game theory is not a useful tool for the political scientist* zu der Schlußfolgerung kommt: "Game theory ... is wrong, it has inhibited the search for alternatives (by mesmerizing uncounted students), and it has inspired much *silly political analysis* and much *evil policy advice*" (Bunge 1989: 210; Hervorhebung hinzugefügt). Das liege daran, daß reale Situatio-

---

2   Vgl. etwa Bohman (1994:202): "Thus, decision theory applied to social choice problems of aggregating preferences has been used to uncover the hidden operation of force and coercion in modern, centralized political institutions ..."; Bohman selbst hält allerdings diese Komponente für nicht ausreichend entwickelt. Vgl. zu den machtkritischen Möglichkeiten des RC-Ansatzes auch Wiesenthal (1987b:15).

3   Der in Kanada lehrende Argentinier Bunge ist selbst Wissenschaftstheoretiker und kann daher kaum den weiter oben zitierten Einwand Nozicks für sich geltend machen, daß RC-Modellierungen gelegentlich wegen ihrer allzu starken Formalisierung unzugänglich sind und deswegen zu Mißverständnissen Anlaß geben.

nen übersimplifiziert und willkürlich Nutzenwerte und Wahrscheinlichkeiten angenommen würden, die Theorie also "pseudo-mathematisch" sei; darüber hinaus sei sie auch "antisozial" und deswegen "unmoralisch", sowie "unpsychologisch"; im übrigen wisse jeder außer "sociopaths, would-be conquerors, fundamentalist neoclassical economists, and fanatics of game theory" seit jeher, daß die bedingungslose Verfolgung des eigenen Interesses mitnichten die rationalste Handlungsstrategie sei (Bunge 1989: 206 ff.). Man müsse also, so der Autor weiter, dem Ansatz, der auch durch Korrekturen nicht zu retten sei, keine Träne nachweinen: "... game theory cannot be reformed without killing it because it is extremely poor. Indeed, it boils down to two postulates, neither of which is true: that there is a utility function for everybody and everything, and that to be rational is to always act so as to maximize one's expected utility. Being such a tiny theory its ruin is not a monument worth being preserved in textbooks" (Bunge 1989: 210).

Auch Zey kommt nach einer Kritik an verschiedenen Annahmen, die sie dem RC-Ansatz zuschreibt, zu dem Schluß, er sei - abgesehen von der schon konstatierten praktisch-politischen Verwerflichkeit - auch wissenschaftlich unrettbar: "I would recommend that we stop debating whether the neoclassical economic theory of formal rationality and utility maximization on which the rational choice models are based provides a necessary and sufficient base for explaining and predicting economic behavior or any other type of social choice. The evidence is overwhelming that it does not ..." (Zey 1992b: 27)

Ich will - auch wenn es schwerfällt - darauf verzichten, diese Kritiken näher zu analysieren und zu kommentieren.[4] Es geht mir hier nämlich um etwas anderes: Offenbar können unmöglich beide Seiten - die soeben zitierten *Totalverreißer* und die oben angesprochenen *Bejubler* - recht haben. Geht man aber mit einer wohlwollenden Interpretation davon aus, daß auch die Verfechter solch extremer Einstellungen ihre Einschätzungen auf der Grundlage wenigstens eines Minimums von Sachverstand abgegeben haben, dann fällt es ebenso schwer zu glauben, daß eine Seite ganz im Recht, die andere ganz im Unrecht sein könnte. Der RC-Ansatz ist wohl weder - wie

---

4   Wäre diese Kritik zutreffend, dann müßte man z.B. zahlreiche hochinteressante Einsichten, die in der Politikwissenschaft - vor allem im Bereich der Internationalen Politik - in spieltheoretisch inspirierten Arbeiten gewonnen wurden, für wissenschaftlich wertlos erachten. Vgl. statt vieler z.B.: Axelrod, Keohane (1985); Brams (1985, 1990); Jervis (1978, 1988); Olson, Zeckhauser (1966); Schelling (1980 bzw. 1960); Snyder (1971); Snyder, Diesing (1977); Wagner (1983) sowie den Überblick von Zangl und Zürn in diesem Band.

seine Kritiker glauben machen wollen - ein Fluch, noch - wie manche Enthusiasten meinen - ein Segen für die Sozialwissenschaften. Viel wahrscheinlicher ist es, daß beide Seiten - wenn auch unterschiedlich stark - übertreiben, weil sie die an den RC-Ansatz zu stellenden Ansprüche mißverstehen.[5]

4. Fähigkeiten und Grenzen des *Rational Choice*-Ansatzes

> *The first task of a theory of rational choice is to be clear about its own limits.* (Elster 1989a:36)

Die Mißverständnisse hinsichtlich der Fähigkeiten des RC-Ansatzes liegen offenbar nicht in erster Linie bei der Vorstellung von den Grundannahmen. Diese sind inzwischen so gründlich diskutiert worden, daß in diesem Bereich zwar nicht Einigkeit herbeigeführt, aber doch viele anfängliche Fehlperzeptionen ausgeräumt wurden. Daß sich menschliches Handeln und folglich auch soziale Phänomene nicht verstehen und schon gar nicht wissenschaftlich erfassen lassen ohne ein Menschenbild, das zumindest auch einem gewissen Grad an Rationalität - im Sinne der Fähigkeit und Neigung zur konsistenten Zielverfolgung - Rechnung trägt, scheint heute weitgehend konsensfähig (vgl. etwa Elster 1987: 25; McLean 1991: 512; Nozick 1993: xii) und hat sogar zu der trivialisierenden Vorstellung geführt, der RC-Ansatz sei im Grunde nichts als "folk psychology formalized" (Bohman 1994:67). Zugleich sind die Rationalitätsannahmen der RC-Theoretiker zunehmend komplexer geworden und haben damit zahlreichen Einwänden die Basis entzogen (vgl. z. B. Wiesenthal 1987b: 10; Elster 1989a: 30; Simon 1993: Kap. I).

Die Auseinandersetzung über die Grundannahmen des RC-Ansatzes - insbesondere die angemessene Definition des Rationalitätsbegriffs bzw. die anzunehmenden Handlungsmotive von Menschen - hat vielmehr einen

---

5   Für ein ganz anders geartetes, aber äußerst instruktives Beispiel verschiedener Mißverständnisse bzgl. des RC-Ansatzes vgl. Münch (1992). Die Tatsache, daß Münch offenbar nicht bemerkt, daß er selbst bei seinem Versuch, die vermeintliche Unvollständigkeit von RC-Analysen im Bereich der Machtpolitik zu zeigen, sich immer wieder der RC-Annahmen bedient, ist ein schöner Beleg für Abells Beobachtung: "It [der RC-Ansatz] still serves, even in default, as a benchmark." (Abell 1992:197).

Punkt erreicht, an dem weitere Fortschritte davon abzuhängen scheinen, daß auf einer ganz anderen Ebene erhebliche, noch bestehende Mißverständnisse ausgeräumt werden: Nämlich hinsichtlich der Frage, zu welcher *Art von Erkenntnissen* uns der RC-Ansatz überhaupt verhelfen, welchen Ansprüchen er also gerecht werden kann. Die Klärung dieser Frage ist insbesondere für diejenigen von Interesse, die den Ansatz gegen Kritiker wie Bunge und Zey, die sein Scheitern behaupten, verteidigen wollen, denn "[w]hether, and in what sense, rational choice theory can be said to *fail* depends critically on what work one expects the theory to do." (Brennan 1992:51)[6]

Tatsächlich scheinen die Leistungserwartungen an den RC-Ansatz vor allem bei seinen Kritikern enorm hoch: Die oben zitierten Vorwürfe von Bunge sind nur in der Formulierung extrem, in ihrer Stoßrichtung jedoch keineswegs ungewöhnlich; auch wohlwollendere Kritik läuft immer wieder auf den Vorwurf hinaus, mit Hilfe von RC-Theorien lasse sich nichts erklären und/oder nichts vorhersagen und/oder keine konkrete Handlungsanweisung begründen. Interessant ist, daß solche Kritiken oft explizit mit der Behauptung eingeleitet werden, RC-Theorien seien erklärende bzw. vorhersagende oder normative Handlungstheorien, nur um gleich darauf diese Ansprüche zurückzuweisen (vgl. z.B. Bohman 1992, 1994; Elster 1989b).

Nun wäre es in der Tat erstaunlich, wenn ein so "winziger" (Bunge 1989: 210) Ansatz, der überdies keine inhaltlichen, sondern nur strukturelle Annahmen macht, in der Lage wäre, konkretes menschliches Handeln bzw. daraus resultierende soziale Phänomene umfassend zu erklären. Versuche, den Vorwurf des Scheiterns von RC-Theorien als *erklärende* Theorien dadurch zu widerlegen, daß man ihre Erklärungskraft beweist, scheinen daher ihrerseits von vornherein zum Scheitern verurteilt. Der Vorwurf läßt sich tatsächlich nur dadurch entkräften, daß man nicht seine Behauptung bestreitet, sondern zeigt, daß sie *als Vorwurf* den RC-Ansatz nicht treffen kann.

Ähnlich ist wohl auch mit dem Vorwurf zu verfahren, der Ansatz könne einem *normativen*, handlungsleitenden Anspruch nicht genügen. *Selbstverständlich* kann er allenfalls zu bedingten Handlungsanweisungen führen: Nur *wenn* man davon ausgeht, daß ein Akteur Entscheidungen rational - im

---

6   Aufmerksame Leser mögen sich vielleicht gewundert haben, daß ich bisher allenfalls vage umschrieben habe, wie der RC-Ansatz auf soziale Phänomene angewendet wird, und in diesem Zusammenhang insbesondere das Wort *Erklären* vermieden habe. Das ist durchaus bewußt geschehen, um bis hierhin keine Erwartungen an das Leistungsvermögen des Ansatzes zu suggerieren (vgl. hierzu die nachfolgenden Beiträge in diesem Band).

Sinne des RC-Ansatzes - treffen *sollte*, können die mit Hilfe des Ansatzes erarbeiteten Lösungen normative Kraft besitzen. Wenn aber der RC-Ansatz nur bedingt einem normativen und gar keinem explanativen Anspruch gerecht werden kann, was läßt sich dann noch zu seinen Gunsten anführen? Ich denke, mindestens zweierlei:

Erstens ist nicht zu vergessen, daß sich tatsächlich der Einwand, mit dem RC-Ansatz könne man nichts *vorhersagen*, in vielen Fällen empirisch widerlegen läßt. Gerade dies wirft, wie Hartmut Kliemt (1994) mit aller gebotenen Klarheit gezeigt hat, äußerst interessante Fragen auf. Und das Aufwerfen solch interessanter Fragen ist zweitens ganz allgemein eine nicht zu unterschätzende Fähigkeit des RC-Ansatzes: Seine eigentliche Stärke ist - wie Anhänger und Kritiker, die nicht zur Übertreibung neigen, längst festgestellt haben (vgl. z.B. Abell 1992: 197; Elster 1989a: 28; Kliemt 1994; McLean 1991: 511) - seine *heuristische* Funktion.

5. Fazit

Solange die massiven Mißverständnisse über die Möglichkeiten und Grenzen des RC-Ansatzes sowohl bei seinen Verfechtern als auch bei seinen Kritikern bestehen, ist eine fruchtbare Diskussion über Detailanwendungen sowohl innerhalb der einzelnen Sozialwissenschaften als auch interdisziplinär erheblich behindert. Es wäre daher wünschenswert, daß sich die Verfechter des Ansatzes verstärkt darum bemühen, die eigene Position noch präziser zu klären und zu begründen, aber auch eventuelle *Etikettenschwindel*", die unter der Bezeichnung *Rational Choice* Dinge zu tun beanspruchen, die der RC-Ansatz prinzipiell nicht leisten kann oder die mit ihm gar nichts zu tun haben, entweder eines besseren zu belehren oder nach außen als das kenntlich zu machen, was sie sind.

Ob schließlich der RC-Ansatz den von Bunge und Zey so mißbilligend konstatierten politischen Einfluß tatsächlich hat, muß wohl bezweifelt werden. Vielmehr kann es sicher nicht schaden, sich ab und zu der Beobachtung McLean's (1991:511) zu erinnern: "Rational-choice analysts might be more influential if they were more modest."

Literaturverzeichnis

Abell, P., 1992: Is Rational Choice Theory a Rational Choice of Theory?. In: Coleman/Fararo (Hg.), 1992, 183-206

Alt, J.E./ Shepsle, K.E. (Hg.), 1990: Perspectives on Positive Political Economy. Cambridge, Mass

Axelrod, R./Keohane, R. O., 1985: Achieving Cooperation under Anarchy: Strategies and Institutions. In: World Politics, 38, 226-254

Bohman, J., 1992: The Limits of Rational Choice Explanation. In: Coleman/Fararo (Hg.), 1992, 207-228

Bohman, J., 1994: New Philosophy of Social Science. Cambridge

Brams, St. J., 1985: Superpower Games. Applying Game Theory to Superpower Conflicts. New Haven, London

Brams, St. J., 1990: Negotiation Games. Applying Game Theory to Bargaining and Arbitration. New York, London

Braun, D., 1994: Rational choice-Ansätze. In: Kriz./Nohlen/Schultze (Hg.), 1994, 399-402

Brennan, G., 1990: What Might Rationality Fail to Do?. In: Cook/Levi (Hg.), 1990, 51-59

Bunge, M., 1989: Game Theory is not a Useful Tool for the Political Scientist. In: Epistemologia, 12, 195-212

Coleman, J. S./Fararo, T. J. (Hg.), 1992: Rational Choice Theory. Advocacy and Critique. Newbury Park, London, New Delhi

Cook, K.S./Levi, M. (Hg.), 1990: The Limits of Rationality. Chicago, London

Elster, J. (Hg.), 1986: Rational Choice. Oxford

Elster, J., 1987: Die Subversion der Rationalität. Frankfurt, New York

Elster, J., 1989a: Nuts and Bolts for the Social Sciences. Cambridge u. a

Elster, J., 1989b: Solomonic Judgements. Studies in the limitations of rationality. Cambridge u. a.

Esser, H., 1993: Soziologie. Allgemeine Grundlagen. Frankfurt, New York

Frey, B. S., 1989: Möglichkeiten und Grenzen des ökonomischen Denkansatzes. In: Schäfer/Wehrt (Hg.), 1989, 69-102

Harsanyi, J. C., 1969: Rational-Choice Models of Political Behavior vs. Functionalist and Conformist Theories. In: World Politics, 21, 513-538

Hechter, M., 1994: The Role of Values in Rational Choice Theory. In: Rationality and Society, 6, 318-333

Hogart, R. M./Reder, M. W. (Hg.), 1987: Rational Choice. The Contrast between Economics and Psychology. Chicago, London

Jervis, R., 1978: Cooperation under the security dilemma. In: World Politics, 30, 167-214

Jervis, R., 1988: Realism, Game Theory, and Cooperation. In: World Politics, 40, 317-349

Junne, G., 1972: Spieltheorie in der internationalen Politik: Die beschränkte Rationalität strategischen Denkens. Düsseldorf

Kliemt, H., 1986: Antagonistische Kooperation: Elementare spieltheoretische Modelle spontaner Ordnungsentstehung. Freiburg, München

Kliemt, H., 1994: Rational choice-Erklärungen? (Ms.). Duisburg

Klöti, U., 1994: Entscheidungstheorie. In: Kriz./Nohlen/Schultze (Hg.), 1994, 96-99

Kraus, J.S./Coleman, J L., 1987: Morality and the Theory of Rational Choice. In: Ethics, 97, 715-749

Kriz, J./Nohlen, D./Schultze, R.-O. (Hg.), 1994: Lexikon der Politik. Bd. 2: Politikwissenschaftliche Methoden. München

Lindenberg, S., 1985: An Assessment of the New Political Economy: Its Potential for the Social Sciences and for Sociology in Particular. In: Sociological Theory, 3, 99-114

24

Marini, M. M., 1992: The Role of Models of Purposive Action in Sociology. In: Coleman/Fararo (Hg.), 1992, 21-48

McLean, I., 1991: Rational Choice and Politics. In: Political Studies, 39, 496-512

Münch, R., 1992: Rational Choice Theory: A Critical Assessment of Its Explanatory Power. In: Coleman/Fararo (Hg.), 1992, 137-160

Nozick, R., 1993: The Nature of Rationality. Princeton

Olson, M./Zeckhauser, R. J., 1966: An Economic Theory of Alliances. In: Review of Economics and Statistics, 48, 266-279

Ordeshook, P., 1986: Game Theory and Political Theory. Cambridge

Raiffa, H., 1973: Einführung in die Entscheidungstheorie. München

Riker, W. H., 1990: Political Science and Rational Choice. In: Alt./Shepsle (Hg.), 1990, 163-181

Ryll, A., 1994: Spieltheoretische Ansätze. In: Kriz/Nohlen/Schultze (Hg.), 1994, 431-437

Schäfer, H.-B./Wehrt, K. (Hg.), 1989: Die Ökonomisierung der Sozialwissenschaften. Frankfurt, New York

Schelling, T.C., 1980 (1960): The Strategy of Conflict. Cambridge, Mass., London

Shubik, M. (Hg.), 1965: Spieltheorie und Sozialwissenschaften. Hamburg.

Simon, H.A., 1993: Homo rationalis. Die Vernunft im menschlichen Leben. Frankfurt, New York

Snyder, G.H., 1971: 'Prisoners' Dilemma' and 'Chicken' models in international politics. In: International Studies Quarterly, 15, 66-103

Snyder, G. H./Diesing, P., 1977: Conflict Among Nations: Bargaining, Decision Making, and System Structure in International Crises. Princeton

Wagner, R. H., 1983: The Theory of Games and the Problem of International Cooperation. In: American Political Science Review, 77, 330-346

Wiesenthal, H., 1987a: Rational Choice. Ein Überblick über die Grundlinien, Theoriefelder und neuere Themenakquisition eines sozialwissenschaftlichen Paradigmas. In: Zeitschrift für Soziologie, 16, 434-449

Wiesenthal, H., 1987b: Die Ratlosigkeit des homo oeconomicus. Einleitung zu: Elster 1987, 7-19

Zey, M. (Hg.), 1992a: Decision Making: Alternatives to Rational Choice Models. Newbury Park, London, New Delhi

Zey, M., 1992b: Criticisms of Rational Choice Models. In: Zey, 1992a, 9-31

2. Grundzüge strukturell-individualistischer Theoriebildung

Christoph Gilleßen und Peter Mühlau

Zusammenfassung

Der strukturell-individualistische, in seinem nomologischen Kern um die Theorie der rationalen Wahl zentrierte Ansatz kann als Versuch verstanden werden, die Idee einer methodologisch-individualistischen Analyse sozialer Phänomene zu systematisieren und in eine forschungspraktisch taugliche Handlungsempfehlung zu übersetzen. Der folgende Beitrag stellt das für diese Empfehlung relevante Arsenal an Konzepten vor und illustriert die für den Ansatz charakteristische Vorgehensweise am Beispiel von Beiträgen zu einer Theorie kollektiven Handelns.

1. Einleitung

Sozialwissenschaftliche Theorie soll das Verständnis sozialer Prozesse und deren Konsequenzen verbessern. Auch wenn die meisten Sozialwissenschaftler darüber einig sind, daß dies das Ziel sozialwissenschaftlicher Theoriebildung ist, gibt es - wie zahlreiche metatheoretische Kontroversen belegen - verschiedene Anschauungen, mit welcher Strategie der Theoriebildung eine solche Verbesserung des Verständnisses sozialer Phänomene erreicht werden kann. Dabei hängt diese Strategie zum einen von dem Vorverständnis ab, welche Zusammmenhänge man zu ergründen wünscht, zum anderen von einer Erklärungsheuristik, die angibt, wie ein verbessertes Verständnis zu erreichen ist. Ein ganzes Bündel solcher Strategien, die eine gemeinsame Grundstruktur der Theoriebildung besitzen, kann als *strukturell-individualistischer* Ansatz bezeichnet werden. Der Ansatz zeichnet sich zunächst durch eine Orientierung am methodologischen Individualismus und an der analytischen Wissenschaftstheorie aus. Innerhalb der Schnittmenge dieser beiden Positionen setzt er jedoch spezifische Akzente. Diese lassen sich in drei Punkten zusammenfassen: (1) Primärer Gegenstand sozialwissenschaftlicher Theoriebildung ist die Analyse sozialer Makrostrukturen. Makrostrukturen bilden einerseits die wichtigsten Randbedingungen für die Erklärung sozialen Verhaltens. Andererseits sollen sie als Wirkungen des Handelns von Akteuren erklärt werden. (2) Die Theorie der rationalen Wahl ist die Grundlage für die Erklärung des Verhaltens der Akteure. Die Theorie der rationalen Wahl schließt zwar nicht aus, daß Verhaltensunterschiede auf Unterschiede in den Handlungszielen der Akteure zurückgeführt werden; ihre Stärke liegt jedoch darin, Verhaltensunterschiede durch Unterschiede in den Handlungseinschränkungen zu erklären. (3) Theoriebildung dabei wird weitgehend in Form der expliziten (und oft formalisierten) Modellierung sozialer Prozesse vollzogen. Modelle sind hochgradig verdichtete und damit auch selektive Beschreibungen. Die Methode der abnehmenden Abstraktion steuert den Prozess der Theoriebildung.

Wir werden die Konzepte und die Vorgehensweise der strukturell- individualistischen Theoriebildung an einem Beispiel, der Theorie kollektiven Handelns, erläutern. Die Theorie kollektiven Handelns in der von Olson (1965) formulierten Fassung ist eine der prominentesten Anwendungen der Theorie rationalen Handelns außerhalb der Wirtschaftswissenschaften. Kollektives Handeln wird als Bereitstellen eines kollektiven Gutes verstanden, d.h. eines Gutes, für das das Ausschlußprinzip nicht gilt. Damit ist gemeint, daß die Natur des Gutes oder die gesellschaftlichen Institutionen nicht erlauben, Interessenten von dem Genuß des Gutes selektiv auszuschließen. Das Gut wird entweder bereitgestellt und alle haben etwas davon, oder es wird nicht produziert und keiner kommt in den Genuß des Gutes. Die Theorie kommt zu dem Ergebnis, daß "rationale, selbst-interessierte Individuen keine Gemein- oder Gruppeninteressen verfolgen" werden (Olson 1965: 2), sofern nicht andere Anreize als das Kollektivgut selbst, entweder Zwang oder sogenannte selektive Anreize, die Individuen dazu motivieren, sich für das Gruppenziel einzusetzen. Dieses gelingt, weil selektive Anreize - im Gegensatz zum Kollektivgut selbst - Akteuren, die nicht zum kollektiven Gut beitragen, vorenthalten werden können.

2.   Die Struktur der Erklärung sozialer Phänomene

Nach Ansicht der dem strukturell-individualistischen Programm verpflichteten Theoretiker haben die Sozialwissenschaften ihr gemeinsames Fundament darin, daß es um das Verhalten individueller Akteure und die Aggregation ihrer Handlungen unter unterschiedlichen Randbedingungen geht. Nach dieser Konzeption sind Strukturindividualisten vordringlich an der Erklärung von Strukturen sozialer Systeme interessiert (vgl. Coleman 1990; Lindenberg 1990). Dabei teilen sie die Überzeugung, daß eine Erklärung der Eigenschaften und des Verhaltens sozialer Systeme unter Rekurs auf das Handeln der indviduellen Akteure dieses sozialen Systems zu erfolgen habe. In diesem Sinne wird argumentiert, daß zwar das *analytische* Primat auf der Systemebene liegt, das *theoretische* Primat sich aber auf die Individualebene bezieht (vgl. z.B. den Beitrag von Hennen und Rein in diesem Band).

Dies kann man sich an folgendem Schema einer methodologisch individualistischen Erklärung von Kollektiv- oder Makroeffekten verdeutlichen (vgl. Abb. 1). Der inhaltliche Schwerpunkt des Strukturindividualismus liegt in der Beziehung auf der Makroebene oder der Ebene sozialer Strukturen und kollektiver Phänomene, der in Abbildung 1 mit (a) bezeichneten Beziehung. In Olsons Theorie ist das zu erklärende Makrophänomen kollektives Handeln, d.h. die Verfolgung von gemeinsamen Interessen einer Gruppe durch diese Gruppe oder Teile dieser Gruppe. Es handelt sich also um ein sehr allgemein beschriebenes Makrophänomen. Viele konkretere Beschreibungen von Makrophänomenen, z.B. soziale Bewegungen, Kartelle oder Revolutionen, können als Fälle kollektiven Handelns verstanden werden. Die inhaltliche Fragestellung ist, unter welchen Bedingungen auf der Makroebene Gemeininteressen ihren Ausdruck in kollektiven Handlungen finden. Dafür sind folgende Bedingungen wichtig: (1) die Natur des zu produzierenden Gutes, die es nicht ermöglicht, Interessenten an dem Gut selektiv von dem Genuß des Gutes auszuschließen, (2) die Größe der an dem Kollektivgut interessierten Gruppe und (3) die Abwesenheit einer selektiven Anreizstruktur.

Abbildung 1: Das Schema der strukturell-individualistischen Erklärung

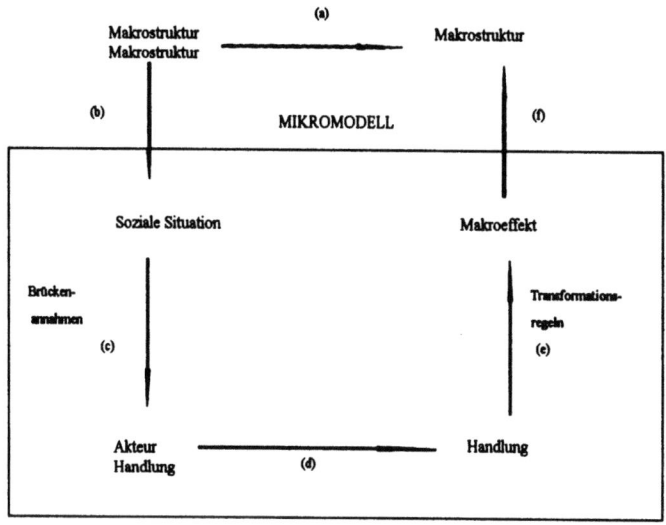

Dieser hypothetische Zusammenhang soll unter Rückgriff auf die Individual- oder Akteursebene erklärt werden; eine Aufgabe des Mikromodells. Darin werden die unabhängigen Makrovariablen als Handlungsbedingungen der Akteure rekonstruiert (b). Diese umfassen die Zwecksetzungen der Akteure, die Handlungsmöglichkeiten, die den Akteuren zur Verfolgung ihrer Zwecke offenstehen, die *Übersetzung* dieser möglichen Handlungen in zweckrelevante Wirkungen, wobei Interdependenzen zwischen Akteuren oft eine bedeutsame Rolle spielen, sowie Unterschiede mit Bezug auf die Zwecke, Möglichkeiten und Einschränkungen, die zwischen Akteuren bestehen. Der Akteur wählt in dieser sozialen Situation (c) eine bestimmte Handlung nach Kriterien der Zweckrationalität (d). Schließlich werden die Individualhandlungen der Akteure zu einem Makroeffekt aggregiert (e). Unter weiteren Randbedingungen ergibt dieser Makroeffekt die zu erklärende Makrostruktur.

3. Makroeffekte und das Transformationsproblem

In der Terminologie des strukturindividualistischen Ansatzes wird der letzte Schritt das *Transformationsproblem* genannt. Im Falle des Makrophänomens kollektives Handeln setzt dies zunächst voraus, daß kollektives Handeln als aggregiertes Phänomen rekonstruiert wird. Eine solche Verknüpfung von Individual- und Kollektivebene wird *Transformationsregel* genannt. Sie gibt an, wie individuelle Handlungen oder Handlungswirkungen (kurz: Individualeffekte) in einen Kollektiveffekt transformiert werden. Dabei läßt sich das Makrophänomen kollektives Handeln zunächst dadurch auf die Individualebene beziehen, daß durch das Mikromodell ein Vektor der individuellen Handlungen *Teilnehmen an der kollektiven Handlung* definiert wird. Dabei wird Teilnehmen als kontinuierliche Variable verstanden, nämlich als der individuelle Beitrag zum kollektiven Gut, der eine beliebige Höhe annehmen kann. Für jedes Individuum des Kollektivs derer, die das Gemeininteresse teilen, wird durch Olsons Mikromodell ein individueller Beitrag abgeleitet. Die Kollektivhandlung wird dann als Summe der individuellen Beiträge aufgefaßt, bezeichnet als das Versorgungsniveau mit dem kollektiven Gut. Olson bezieht das Versorgungsniveau noch auf die Größe des Gemeininteresses: Es soll bestimmt werden, in welchem Maße das faktische Versorgungsniveau der kollektiven Nachfrage, den aggregierten Gemeininteressen individueller Akteure, entspricht. Vereinfacht gesagt, ist diese Gesamtnachfrage die Summe der Beiträge, die die Akteure zahlen würden, wenn dieses Gut ein privates Gut wäre, das sich die Akteure auf einem ideal funktionierenden Wettbewerbsmarkt beschaffen. Das Verhältnis von faktischer Versorgung mit dem kollektiven Gut zur optimalen Versorgung, eine Art Unterversorgungskoeffizient, ist vermutlich das von Olson anvisierte Makrophänomen.

In der Literatur wird das Transformationsproblem im wesentlichen von Methodologen der individualistischen Erklärung kollektiver Phänomene thematisiert. Innerhalb dieses Kontextes ist die Bedeutung des Transformationsproblems leicht nachzuvollziehen, weil eine formal korrekt abgeleitete Aussage keine Begriffe enthalten darf, die nicht bereits in den Prämissen des Arguments auftreten. Individuelle Phänomene werden aber unter Verwendung von Individualbegriffen, die sich auf Individuen und ihre Merkmale beziehen, kollektive Phänomene dagegen üblicherweise unter Verwendung von Kollektivbegriffen beschrieben, die sich auf Kollektive und deren Merkmale beziehen. Sollen nun kollektive Phänomene aus individuellen

Effekten abgeleitet werden, dann müssen die jeweiligen Kollektiv- und Individualbegriffe miteinander verknüpft werden. Diese Verknüpfungen bilden die Transformationsregeln. Obgleich eine solche Reflexion nützlich und sinnvoll ist, gibt sie doch dem Wissenschaftspraktiker wenig Hinweise, welche inhaltlichen Tücken auch bei formal korrekt abgeleiteten Kollektivaussagen auftreten und wie sie vermieden werden können. In der Literatur ist kaum mehr zu finden als eine eher bescheidene Typologie praktisch bedeutsame Transformationsregeln. So unterscheidet etwa Hartmut Esser (1993) drei Typen von Transformationsregeln:

(1) Mathematisch-statistische Transformationregeln. Ein Beispiel hierfür ist die Aufsummierung der individuellen Beiträge zur Gesamtversorgung mit dem Kollektivgut. (2) (Partielle) Definitionen. Die Definition kollektiven Handelns als an einem gemeinsamen Zweck orientiertes Handeln mehrerer Akteure mag als Beispiel dienen.[1] (3) Institutionelle Regeln. Eine Kollektiventscheidung (d.h. eine für das Kollektiv verbindliche Entscheidung) kann zum Beispiel durch die institutionelle Regel des Mehrheitsvotums aus den individuellen Entscheidungen aggregiert werden.

Damit wird der Eindruck erweckt, das Transformationsproblem sei primär eine Frage methodologisch motivierter Unterscheidungen ohne eindeutigen Bezug zur Wissenschaftspraxis. Demgegenüber sollte man sich vor Augen halten, daß es stets um die Angemessenheit spezifischer Transformationsregeln in bestimmten Kontexten geht. So läßt sich z.B. fragen, ob die Definition kollektiven Handelns als Summe der Beiträge der teilnehmenden Akteure das wichtige Kriterium der Wirksamkeit kollektiver Handlungen nicht außer acht läßt. Dies würde freilich voraussetzen, daß unterschiedliche *Technologien* kollektiven Handelns definiert werden, die spezifizieren, wie die Individualbeiträge aggregiert werden. Auch dürfte es nicht ohne weiteres einleuchten, warum der Grad der Unterversorgung eine zentrale Stellung in einer Theorie des kollektiven Handelns besitzen soll, zumal wenn Unterversorgung mit Bezug auf einen Allokationsmechanismus definiert wird, der für das in Frage stehende Gut gar keine Alternative ist.

---

1   Eine explizite Definition ist eine Definition vom Typ *(Definiendum) ist genau dann, wenn (Defieniens)*. Partielle Definitionen lauten: *Wenn (Definiens), dann (Definiendum)*. Im Gegensatz zu expliziten Definitionen schließen partielle Definitionen also nicht aus, daß der Gegenstand auch durch andere Begriffe definiert wird, was ihre höhere Verbreitung erklärt.

4. Mikromodell: Rationale Wahl

Die dem Kollektivphänomen Versorgungsniveau eines kollektiven Gutes zugrundeliegenden Individualeffekte sind die individuellen Beiträge zur Versorgung mit dem kollektive Gut, deren Summe das Versorgungsniveau ergibt. Die Frage auf der Individualebene ist, ob und wieviel die Akteure zur Produktion des kollektiven Gutes beitragen. Um diesen Individualeffekt zu erklären, hat Olson ein Modell formuliert, in dem die Akteure individuell über die Höhe ihres Beitrags entscheiden. Dabei bedient sich Olson eines Modells der rationalen Wahl: Die Akteure wählen denjenigen Beitrag, der ihren Nutzen (von Olson als persönlicher Wert bezeichnet) maximiert. Dazu muß der Nutzen eine Funktion der durchführbaren Handlungsmöglichkeiten sein.

Die geläufigste Modellierung ist das Modell des erwarteten Nutzens (*expected utility*; kurz: *EU*). Demnach erfolgt die Wahl einer Handlungsalternative dadurch, daß der Akteur diejenige Handlungsalternative wählt, die den höchsten Nutzen der dem Akteur offenstehenden Handlungsalternativen (also unter Berücksichtigung seiner Beschränkungen) verspricht. In diesem Modell geht es um erwartungsgesteuerte Entscheidungen. Im Falle des EU-Modells handelt es sich um Entscheidungen unter Risiko, also in Situationen, in denen die Konsequenzen einer Handlung nicht mit Sicherheit, aber mit einer angebbaren Wahrscheinlichkeit eintreten.

Für den Prozeß der Bewertung der Handlungsalternativen wird folgendes angenommen: Welche der durchführbaren Handlungsalternativen A_1, ..., A_i ..., A_m ausgeführt wird, hängt einerseits davon ab, welche Folgen (*outcomes*) O_1, ..., O_j, ..., O_n mit diesen Alternativen verbunden sind. Einige Konsequenzen mögen dem Akteur mehr, andere weniger erstrebenswert erscheinen; manche mögen auch ganz und gar unerwünscht sein. Diese Bewertungen, so die zentrale Annahme, sind durch eine Metrik, die sogenannte kardinale Nutzenfunktion beschreibbar. Sie ermöglicht es, für jede Alternative jeder Konsequenz einen Wert in der Weise zuzuordnen, daß $U(O_j) > U(O_k)$, wenn eine Handlungsfolge O_j einer Konsequenz O_k vorgezogen wird (und $U(O_j) = U(O_k)$, wenn der Akteur sich nicht zwischen den Alternativen entscheiden kann). Im Falle nicht erwünschter, sondern zu vermeidender Konsequenzen können auch negative Werte, dann Kosten genannt, auftreten. Die Wahl der Alternativen hängt jedoch nicht nur von den Bewertungen bestimmter Handlungsfolgen ab, sondern auch von den Erwartungen, wie sicher diese Konsequenzen eintreten werden. Dabei wird unterstellt, daß der Akteur die Erwartungen aufgrund der Kenntnis oder der Schätzung der Eintrittswahrscheinlichkeiten der Konsequenzen in Abhängigkeit von den Handlungsalternativen p_1 (A_1)., ... p_j (A_i), ..., $p_m(A_n)$ bildet. Ein Wert $p_j(A_i)$ bezeichnet also die Wahrscheinlichkeit, daß bei Wahl der Handlung A_i die Konsequenz O_j eintritt. Die Wahrscheinlichkeiten können einen Wert zwischen 0 (die Konsequenz tritt mit Sicherheit nicht ein) und 1 (die Konsequenz tritt mit Sicherheit ein) annehmen. Da irgendeine Handlungskonsequenz mit Sicherheit eintritt, ist der Wert der Summe der Wahrscheinlichkeiten der mit einer bestimmten Handlungsalternative verbundenen Konsequenzen 1.

Erwartungen und Bewertungen werden aufeinander bezogen, indem die Nutzenwerte der Handlungsfolgen mit diesen Wahrscheinlichkeiten multipliziert werden. Schließlich werden die so gebildeten Produkte getrennt für jede Alternative addiert. Auf diese Weise erhält jede Alternative einen EU-Wert. Für eine Handlung A_i also:

$$(1) \qquad EU(A_i) = \sum_{j=1}^{n} p_j(A_i)U(o_j) = \sum_{j=1}^{n} U[p_j(A_i)o_j]$$

Angenommen wird als Entscheidungsregel schließlich, daß die Person auf Basis eines Vergleichs der einzelnen EU-Werte den subjektiv erwarteten Nutzen maximiert. Gewählt wird also die Alternative, die den höchsten EU-Wert aufweist.

Dieses Modell wird auch als Modell des subjektiv erwarteten Nutzens (*subjective expected utility; SEU*) bezeichnet, womit - vereinfacht gesagt - gemeint ist, daß das Modell auch dann Anwendungen zugänglich bleibt, wenn (a) der Akteur die Wahrscheinlichkeitsverteilung nicht kennt und (b) die Eintrittswahrscheinlichkeit von Handlungskonsequenzen subjektiv einschätzt (vgl. den Beitrag von Kunz in diesem Band). Voraussetzung ist allerdings, daß der Akteur mit diesen subjektiven Wahrscheinlichkeiten nach den Regeln der Wahrscheinlichkeitsrechnung operiert.

5. Mikromodell: Brückenannahmen

Aus dem skizzierten allgemeinen Entscheidungsmodell läßt sich noch nicht ableiten, wie z.B. die Gruppengröße mit der Bereitschaft zusammenhängt, sich für eine gemeinsame Sache einzusetzen. Das Problem, die Individualtheorie und die für das zu erklärende Phänomen relevanten Makrostrukturen aufeinander zu beziehen, nennt man das *Brückenproblem* (vgl. hierzu auch den Beitrag von Hennen und Rein in diesem Band). Die notwendigen Annahmen zur Modellierung einer sozialen Situation auf der Basis dieses Entscheidungsmodells werden *Brückenhypothesen* oder auch *Brückenannahmen* genannt. Sie spezifizieren zum einen die Handlungsalternativen, zwischen denen der Akteur wählt, und die für den Akteur relevanten Konsequenzen dieser Handlungsalternativen; zum anderen die Bewertungen und Erwartungen der Handlungskonsequenzen. Akteursannahmen beziehen sich auf die Anzahl der modellierten Akteure und Unterschiede in den Brückenannahmen zwischen Akteuren. Die Formulierung solcher Brückenhypothesen wird im Rahmen der strukturell-individualistischen Theoriebildung als "Hauptaufgabe bei der Erklärung sozialen Verhaltens" (Wippler, Lindenberg 1987: 146) gesehen, da durch sie der Einfluß des sozialen Kontextes modelliert wird. Am Beispiel der Theorie Olsons soll dies erläutert werden.

In Olsons Theorie des kollektiven Handelns gibt es nur eine Kategorie von *Akteuren*, Interessenten am kollektiven Gut. Diese haben gemeinsam, daß der Nutzen des kollektiven Gutes positiv ist. Deren Handlungssituation wird von Olson jedoch nicht durch das oben skizzierte Modell des erwarteten Nutzens rekonstruiert. Olson geht von einem Modell aus, bei dem die Handlungskonsequenzen mit Sicherheit eintreten. Dies kann man als Spezialfall des erwarteten Nutzens auffassen, bei dem jeweils eine Handlungsfolge mit Sicherheit eintritt, wenn eine bestimmte Handlungsalternative gewählt wird. Diese *Handlungsalternativen* bestehen darin, daß der Akteur etwas zum kollektiven Gut beitragen oder den Beitrag verweigern kann. Genauer gesagt: Der Akteur hat unendlich viele Handlungsmöglichkeiten, da er einen beliebigen Beitrag zwischen 0 (keinen Beitrag) und der Gesamthöhe der ihm zur Verfügung stehenden Mittel leisten kann. Mit diesen Handlungsalternativen sind zwei relevante *Dimensionen von Handlungsfolgen* verbunden: Zum einen erhöhen Beiträge zum kollektiven Gut das Versorgungsniveau mit dem kollektiven Gut. Zum anderen vermindern geleistete Beiträge die Ressourcen des Akteurs, die er anderen, unbestimmten Zwecken widmen kann. Diese Handlungsfolgen werden mit den *Bewertungen* der Akteure verknüpft: Je mehr von dem kollektiven Gut (G) bereitgestellt wird, umso höher ist sein Nutzen. Der Nutzen ist also eine monoton steigende Funktion der Menge des kollektiven Gutes: $U_i'(G) > 0$. Je höher der individuelle Beitrag, desto größer die Kosten für den beitragenden Akteur. Die Kosten des Beitrags (b_i) sind also eine monoton steigende Funktion der Beitragshöhe, $C_i'(b_i) > 0$. Der Akteur wählt seinen Beitrag so, daß das Verhältnis von Nutzen und Kosten optimal ist: Er maximiert den Nettonutzen $U_i = U_i(G) - C_i(b_i)$.

Allerdings gibt dieses allgemeine Entscheidungsmodell nur an, wie der individuelle Beitrag bestimmt wird, nämlich als optimales Verhältnis der Erhöhung des Nutzens des kollektiven Gutes durch den individuellen Beitrag und der durch den individuellen Beitrag entstehenden Kosten. Das Entscheidungsmodell soll jedoch den kombinierten Effekt der Nichtausschließbarkeit von Konsumenten, dem Fehlen selektiver Anreizstrukturen und der Größe der Gruppe auf die Wahl des individuellen Beitrags erklären. Wie dies geschieht, kann am besten an einer konkreten Modellierung der Entscheidungssituation verdeutlicht werden. Diese ist gegenüber dem Modell von Olson wesentlich einfacher gehalten: Wir gehen davon aus, daß der Akteur nur die Alternativen hat, zum Gut beizutragen oder nicht, nicht aber zwischen unendlich vielen Beitragshöhen wählen kann.[2]

U_i^b bezeichnet dabei den Nutzen des i-ten Akteurs der Gruppe von n Akteuren, wenn er zur Versorgung des kollektiven Gutes beiträgt, und U_i^{nb} seinen Nutzen, wenn er nicht beiträgt. Die Gesamtversorgung mit dem kollektiven Gut (G^G) wird von Olson mit dem Gesamtbeitrag gleichgesetzt, $n*\beta$, der Summe von n Einzelbeiträgen in der Höhe von b (ß bedeutet, daß es sich nicht um einen Einzelbeitrag, sondern um einen Skalierungsparameter handelt), $G^G = n\beta$. Weiterhin wird davon ausgegangen, daß das kollektive Gut unter den Akteuren aufgeteilt wird. Der Anteil, den ein Akteur von der Gesamtversorgung erhält, ist die Gesamtversorgung geteilt durch die Anzahl der am Gut partizipierenden Akteure, N. N bezeichnet also die Gruppengröße.[3] Mit Gruppengröße ist also nicht die Anzahl der beitragenen Akteure

---

2　　Notation, Komplexität und vor allem Modellierungsstil der im folgenden präsentierten Modelle unterscheiden sich erheblich von Olsons Modellierung.

3　　Dagegen interpretiert Olson die Gruppengröße in Analogie zur preistheoretischen aggregierten Gesamtnachfrage. Sie bezieht sich also nicht nur auf die Anzahl der am kollektiven Gut interesssierten Akteure, sondern auch auf die Intensität dieses Interesses. Daher verwundert es nicht, daß die von Olson präsentierte Gleichgewichtslösung entgegen dessen Anschauung größeninvariant ist (vgl. Marwell und Oliver 1993: 40-41). Dieser Nachweis ist wichtig, denn sonst müßte man eine plausible Geschichte erfinden, warum kollektive Güter, an denen (bei konstanter Gruppengröße im Sinne der Anzahl der Interessierten) die Akteure stärker interessiert sind, eine geringere Chance zur Versorgung haben als schwächer nachgefragte Güter.

gemeint, sondern die Anzahl der das kollektive Gut konsumierenden Akteure. Der individuelle Anteil am kollektiven Gut, G^A, ist damit das Verhältnis von Gesamtversorgung zur Gruppengröße, $G^A=ß(n/N)$. Der Nutzen des kollektiven Guts für diesen Akteur ist der Nutzen seines Anteils am kollektiven Gut, U_i $(G^A)= U_i[ß(n/N)]$. Aus Gründen der Einfachheit nehmen wir an, daß er eine lineare Funktion ist, $U_i(G^A)=ß(n/N)$. Die Kosten des Beitrages sind $C_i(b_i)$. Die Nettonutzen für die beiden Alternativen, *beitragen* und *nicht beitragen*, lassen sich durch folgende Gleichungen beschreiben:

(2) $\quad U_i^b = \beta\left(\frac{n}{N}\right) - C_i(b_i); \quad U_i^{nb} = \beta\left(\frac{n-1}{N}\right)$

Der Akteur wählt diejenige der beiden Alternativen, die den größeren Nutzen verspricht. Er leistet also einen Beitrag, wenn folgende Bedingung erfüllt ist:

(3) $\quad \beta\left(\frac{1}{N}\right) > C_i(b_i)$

Wo tauchen nun die drei relevanten Makrovariablen *Nichtausschließbarkeit, Gruppengröße, fehlende Struktur selektiver Anreize* in diesem Modell auf? Die Gruppengröße ist N, die Nichtausschließbarkeit besteht in dieser Modellierung darin, daß der individuelle Anteil das Verhältnis zwischen der Gesamtmenge des kollektiven Gutes und der Gruppengröße ist. Kämen z.B. nur die Akteure in den Genuß des Gutes, die auch einen Beitrag liefern, wäre der individuelle Anteil identisch mit dem eigenen Beitrag, nämlich $ß(n/n)=ß$ und nicht $ß(n/N)$. Andere Anreize als der Nutzen des kollektiven Guts und die Kosten individueller Beiträge fehlen im Modell. Die fehlende Anreizstruktur und die Nichtausschließbarkeit sind also Konstanten des Modells; Ökonomen würden sagen, daß sie den institutionellen Rahmen in dem Modell bilden. Die Gruppengröße N ist demgegenüber die variable Randbedingung in dem Modell. Sie hat folgenden Einfluß auf die Beitragsbereitschaft: Der Nutzen aus dem Genuß des kollektiven Gutes, der durch den individuellen Beitrag zugefügt wird, nimmt - dank der Linearitätsannahme - proportional mit der Gruppengröße ab; die Kosten des Beitragens bleiben jedoch ungeachtet der Gruppengröße unverändert. Da der durch den eigenen Beitrag gestiftete Nutzenzuwachs für sehr große Gruppen praktisch null wird und damit kleiner als die Kosten des Beitrags, wird - so eine zentrale These von Olson - dann niemand seinen Beitrag leisten, wenn die Gruppe potentieller Konsumenten sehr groß ist. Folglich werden auch diejenigen Akteure, die das Kollektivgut privat erstehen würden (wenn also n/N=1), bei ansteigender Gruppengröße die Leistung von Beiträgen abbrechen.

6. Brückenannahmen - aber welche?

Wie ist dieses Modell nun zu beurteilen? Es ist angeregt worden, zwischen der Kerntheorie, der Theorie der rationalen Wahl, und den im Modell verwendeten Brückenhypothesen deutlich zu unterscheiden (vgl. Lindenberg 1981, 1991; Esser 1993). Die Unterscheidung zwischen einem theoretischen Kern und Annahmen, die nicht zum Kern gehören, sagt zunächst nichts anderes aus, als daß der Forscher gut beraten ist, seine Aufmerksamkeit auf die Auswahl der Brückenannahmen zu konzentrieren, während die Theorie der rationalen Wahl unbefragter Ausgangspunkt der Modellbildung ist. Wenn ein Modell zu empirisch falschen Aussagen führt oder nicht geeignet ist, den erwünschten Sachverhalt zu erklären, soll also zunächst geprüft werden, an welchen Brückenannahmen es liegt, daß das Modell nicht funktioniert. Damit sei einer dynamischen, d.h. lernenden Theorieentwicklung am ehesten gedient: Durch dieses Vorgehen werde systematisch Wissen darüber produziert, unter welchen Bedingungen welche Annahmen zu welchen Konsequenzen führen. Dies impliziert zugleich, daß bei der Theoriebildung das bereits vorhandene empirische und theoretische Wissen systematisch genutzt und die Auswahl der Brückenhypothesen auf dem Hintergrund dieses Wissens problematisiert werden sollte.

Im Hinblick auf Olsons Theorie zeigt sich nun aber empirisch, daß auch Großgruppen zu kollektiven Handlungen in der Lage sind. Politische Massenproteste kommen zustande, und zwar auch dann, wenn z.T. erhebliche individuelle Kosten, z.B. Gefängnisstrafen, zu erwarten sind. Daher ist zu fragen, welche der Brückenannahmen Olsons unangemessen sind und zu der offensichtlichen Fehleinschätzung geführt haben. Eine Antwort sollte den Kontext der Theorie kollektiven Handelns nicht aus den Augen verlieren. Diese soll primär erklären, unter welchen Makrobedingungen es zu kollektiven Handlungen kommt.

Für Olson ist der Zusammenhang zwischen Gruppengröße und dem Zustandekommen einer kollektiven Handlung entscheidend. Die Frage nach der Angemessenheit der Brückenhypothesen läßt sich daher dahingehend spezifizieren, ob (1) eine Brückenannahme für den behaupteten Zusammenhang wesentlich ist, d.h., ob dieser Zusammenhang nur dann abgeleitet werden kann, wenn diese Hypothese zutrifft, und ob (2) diese Brückenannahme dem Stand der Forschung entspricht. Wenn die Brückenannahme für das Ergebnis unwesentlich ist, ist die einfachste Brückenannahme die angemessenste. Wenn die Brückenannahme wesentlich ist, darf sie dem Stand der Forschung nicht widersprechen.

Welche Annahmen sind nun wesentlich für den Zusammenhang zwischen Gruppengröße und dem Zustandekommen von Kollektivhandlungen? Es ist sicherlich richtig, daß die Annahme, daß Beitragen immer kostet, eine Vereinfachung ist. Gibt es aber einen systematischen Zusammenhang zwischen Gruppengröße und Kosten? In vielen Fällen werden die Kosten des Beitragens abhängig sein von der Anzahl der Teilnehmenden. Bestehen die Kosten des Beitragens z.B. aus einer eventuell zu erwartenden Sanktion einer dritten Instanz (wenn z.B. ein Rechtsverstoß mit der Teilnahme verbunden ist), werden sie wahrscheinlich mit zunehmender Teilnehmerzahl abnehmen. Gleichwohl wird man erst einmal zögern, diesen Zusammenhang in das Modell einzufügen: (1) Es bedarf eines generalisierbaren Zusammenhanges zwischen der Teilnehmerzahl und den Kosten für den individuellen Akteur. (2) Es bedarf eines einsehbaren und möglichst auch empirischen Zusammenhanges zwischen Gruppengröße und Teilnehmerzahl. Ob ein solcher empirischer Zusammenhang besteht, können wir nicht beurteilen. Aus dem Modell geht zumindest hervor, daß die Teilnehmerzahl n in einem allgemeinen, aber nicht näher spezifizierten Zusammenhang mit der Gruppengröße N steht (mit der Ausnahme, daß N die obere Schranke für n ist).

Auf der Ebene der Handlungskonsequenzen nimmt Olson *implizit* an, daß es sich nicht nur um ein Gut handelt, von dem Interessenten nicht ausgeschlossen werden können, sondern auch um ein Gut, für das perfekte Rivalität (wie Ökonomen sagen) unter den Konsumenten herrscht (vgl. hierzu den Beitrag von Franke in diesem Band): Der Wert des Gutes nimmt für einen Akteur ab, je mehr Akteure an dem Gut teilhaben. Ist das kollektive Gut z.B. ein Gesetz, daß die Akteure begünstigt, so ist nicht ohne weiteres einzusehen, warum der Nutzen des Akteurs, den ihm dieses Gesetz liefert, von der Anzahl der durch dieses Gesetz Begünstigten abhängen soll. Politische Massenproteste sind z.B. typischerweise Situationen, in denen nur ein geringer Grad von Rivalität herrscht. Ist die Annahme, daß das kollektive Gut ein

Gut ist, um das die Konsumenten rivalisieren, wesentlich für den behaupteten Zusammenhang zwischen Gruppengröße und individueller Motivation? In Olsons Modell ist der Anteil am kollektiven Gut durch einen individuellen Beitrag eine Funktion der Gruppengröße; bei vollständiger Nichtrivalität wird der Nutzen des kollektiven Gutes jedoch nicht durch den individuellen Anteil am Gut bestimmt, sondern ist eine Funktion des gesamten kollektiven Gutes, das hergestellt wird. Das gesamte kollektive Gut ist aber von der Gruppengröße unabhängig. Wenn es zutrifft, daß für viele kollektive Güter keine Rivalität besteht, ist diese Brückenhypothese unangemessen.

Selbst wenn man die Annahme vollständiger Rivalität durch die Annahme vollständiger Nicht-Rivalität ersetzt, erklärt dies im Rahmen des Olson-Modells nicht, wie es zu politischem Massenprotest kommen kann. Politischer Massenprotest ist dadurch gekennzeichnet, daß es einer großen Menge von Akteuren bedarf, um sich eine reelle Erfolgschance auszurechnen. Wenn wir z.B. der Einfachheit halber annehmen, daß der Protest bei n Teilnehmern mit Sicherheit ein Erfolg wird und n sehr groß ist, verringert sich diese Wahrscheinlichkeit aber nur um (n-1), wenn der Akteur zu Hause bleibt. Sein Beitrag spielt also eigentlich keine Rolle und er wird nicht teilnehmen, sofern nennenswerte Kosten mit der Teilnahme verbunden sind. Selbst wenn keine Rivalität besteht, wird sich der Akteur unter diesen Bedingungen nicht zur Bereitstellung des kollektiven Gutes einsetzen.

Dieses Argument ist zwar sehr einleuchtend, hängt aber selbst von einer ganz entscheidenden Brückenannahme ab, die bisher nicht expliziert wurde: Die Wahrscheinlichkeit, daß das kollektive Gut zustandekommt, ist eine lineare Funktion der Teilnehmerzahl. Mit dem gleichen Recht könnte man aber auch annehmen, daß die Wahrscheinlichkeit ein Produkt der individuellen Beiträge ist:

(4) $$p^{Erfolg} = \prod_{I=i}^{n} b_i$$

Wenn jetzt einer der n Teilnehmer keinen Beitrag liefert, kommt das kollektive Handlungsziel mit Sicherheit nicht zustande. Jeder Teilnehmer liefert einen wesentlichen Beitrag.[4] Dies ist zweifellos ebenso unrealistisch,

---

4 Eine solche Anreizstruktur, bei der die Belohnung nur dann zustandekommt, wenn alle beitragen, und keiner etwas erhält, wenn nicht alle teilnehmen, ist ein effektives Mittel, Beiträge zu mobilisieren. Ein formaler Nachweis geht über diesen Beitrag hinaus (vgl. Holmström 1982).

wie die Annahme einer linearen Transformation. Diese wird aber üblicherweise nicht problematisiert. *Implizit* wird mit großer Selbstverständlichkeit eine spezifische Technologie angenommen, nach der die Beiträge in das kollektive Gut transformiert werden: Es wird eine lineare Produktionsfunktion unterstellt. Dies hat zwar den Vorteil höchster Einfachheit, steht aber im Widerspruch zum Forschungsstand hinsichtlich der Bildung und Aktivitäten sozialer Bewegungen. Demnach ist zu vermuten, daß - wenn es überhaupt eine typische Produktionsfunktion für kollektive Güter gibt - diese s-förmig ist (vgl. Oberschall 1993). Die Annahme einer einfachen linearen Produktionsfunktion ist also im Rahmen des Modells nicht wesentlich für das Verständnis von kollektiven Handlungen, sie scheint aber empirisch falsch zu sein.

Mit dieser Analyse möchten wir auf zwei Dinge hinweisen: (1) Bei der Modellierung sind wir gezwungen, zahlreiche Brückenannahmen zu machen, von denen die meisten nur dem Zweck dienen, daß Modell einigermaßen einfach zu halten. Viele dieser Vereinfachungen sind sehr unrealistisch. Jede Modellierung, die die Robustheit der Ergebnisse gegenüber alternativen, realistischeren Annahmen prüft, ist deshalb willkommen. Ein solches Vorgehen kann aber nur für einzelne Annahmen möglich sein, weil sonst mit großer Wahrscheinlichkeit überhaupt kein Ergebnis erreicht wird. Damit ergibt sich (2): Man sollte sich auf die für das Ergebnis wesentlichen Brückenannahmen konzentrieren. Auch diese werden Vereinfachungen sein, die die Wirklichkeit nur sehr reduziert repräsentieren. Die Frage ist dann, ob sie die für das Modell notwendigen Informationen über die Wirklichkeit in adäquater Weise repräsentieren. Dafür läßt sich keine allgemeine Regel angeben, sondern das muß fallweise entschieden werden. (3) Deshalb ist die Frage, was von einer Brückenannahme abhängt, viel wichtiger, als die Frage, ob eine Brückenannahme nun realistisch oder unrealistisch ist. Dies kann aber nur im Kontext des Modells entschieden werden. (4) Dabei ist zu beachten, daß die Brückenannahmen expliziert und in ihrer Angemessenheit diskutiert werden. Gerade die nicht expliziten Brückenannahmen der vollständigen Rivalität und der Linearität der Produktionsfunktion sind für den von Olson behaupteten Zusammenhang zwischen Gruppengröße und Versorgung mit dem kollektiven Gut wesentlich. Dies hat dazu geführt, daß das sehr spezifische, nur unter bestimmten Brückenannahmen über die Beschränkungen der Akteure gültige Ergebnis von Olson als allgemeines Resultat einer konventionellen *Rational Choice*-Theorie aufgefaßt worden ist (vgl. z.B. Finkel, Muller, Opp 1989).

7. Die Methode der abnehmenden Abstraktion

Die bisherige Diskussion hat ergeben, daß die Angemessenheit von Brückenhypothesen diesen nicht unmittelbar anzusehen ist. Diese hängt vielmehr von dem *Erklärungszweck*, ihrer *Wesentlichkeit* für das Ergebnis und ihrer empirischen *Triftigkeit* ab. Die Wesentlichkeit ist nur dann zu beurteilen, wenn die Brückenannahme durch alternative Brückenannahmen ersetzt wird und geprüft wird, wie robust die Ergebnisse (dies sind die vorhergesagten Individualeffekte) gegenüber Variationen der Brückenannahmen sind. Ändern sich die Ergebnisse grundlegend, wenn eine vereinfachte Brückenannahme durch eine realistischere, aber kompliziertere Version ersetzt wird, wird man sie ohne weiteres ersetzen wollen. Oftmals werden sich die Ergebnisse aber nur graduell verändern. Dann hängt die Frage nach der angemessenen Brückenhypothese von dem gewünschten Grad der Präzision der Ergebnisse ab.

Die Modellierung sozialer Prozesse ist deshalb grundsätzlich als ein Verfahren zu konzipieren, bei dem mehrere Varianten eines Modells miteinander verglichen werden müssen. Eine Heuristik, wie dabei vorzugehen ist, liefert die Methode der abnehmenden Abstraktion (vgl. Lindenberg 1991). Lindenberg schlägt vor, eine *Theorie eines Gegenstands als Sequenz von Modellen unterschiedlichen Komplexitätsgrades* aufzufassen.

Auch das Verfahren der abnehmenden Abstraktion soll für die Theorie des kollektiven Handelns exemplifiziert werden. Glücklicherweise gibt es bereits eine Anwendung dieser Methode auf diesen Gegenstand, die zugleich als vorzügliches Beispiel strukturell-individualistischer Theoriebildung gelten kann, *The Critical Mass in Collective Action* von Gerald Marwell and Pamela Oliver (1993).

Zwischen Olsons informaler Analyse und seiner formalen Analyse besteht eine Kluft, die breiter ist als man aufgrund unserer bisherigen Darstellung vermuten könnte. Dies liegt darin begründet, daß Olson sich in der Logik kollektiven Handelns nicht recht entscheiden kann, ob ihm an einer wohlfahrtsökonomischen Analyse des Allokationsmechanismus kollektives Handeln, also dezentraler Entscheidungen für kollektive Güter, gelegen ist, oder an einer empirisch orientierten Analyse der Chancen zur Produktion kollektiver Güter. Dadurch wird das empirische Problem der Erklärung kollektiven Handelns mit dem wohlfahrtsökonomischen Problem der Suboptimalität nicht-marktlicher Handlungskoordination (die Unterversorgung mit kollektiven Gütern in Großgruppen) konfundiert. Empirisch sind wir vordringlich daran interessiert, welche strukturellen Bedingungen kollektives Handeln fördern bzw. behindern. Ob und in welchem Maße kollektives Handeln suboptimale Allokation von Ressourcen zur Folge hat, ist für eine empirisch orientierte Theorie ein sekundäres Problem, zumal, wenn die Meßlatte ein idealisierter Wettbewerbsmarkt ist, der per definitionem zur Versorgung mit kollektiven Gütern ungeeignet ist.

Marwell und Oliver streben eine solche Theorie der strukturellen Bedingungen kollektiven Handelns an. Dabei gehen sie von der Beobachtung aus, daß viele kollektive Handlungen zunächst nur von besonders engagierten Partizipanten getragen werden, um später auch von durchschnittlich Interessierten gestützt zu werden. Es bedarf erst einer *kritischen Masse*, die die Kettenreaktion sozialer Mobilisierung katalysiert.[5] Die Fragestellung ist entsprechend: Wie verändern strukturelle Bedingungen die Wahrscheinlichkeit, daß ein bestimmtes Niveau an Beiträgen mobilisiert wird. Unter welchen strukturellen Bedingungen ist dieses Niveau ausreichend, um weitere Akteure zur Teilnahme zu motivieren?

Das Grundmodell von Marwell und Oliver lautet (in der hier verwendeten Notation):

$$(5) \qquad _i(b_i) = U_i\,[G(B + b_i) - G(B)] - C_i(b_i)$$

Es besagt, daß der Nutzen des i-ten Akteurs, den der Beitrag b_i (eine kontinuierliche Variable, die, wenn sie den Wert null annimmt, besagt, daß der Akteur nichts beiträgt) stiftet, die Differenz zwischen dem Nutzen des kollektiven Gutes, G, für das Individuum einschließlich seines Betrags ($B+b_i$) und dem Nutzen des kollektiven Guts für das Individuum ohne dessen Beitrag (B) abzüglich der subjektiven Kosten des individuellen Beitrags [$C_i(b_i)$] ist. Dieses Grundmodell ist sehr einfach, es läßt sich aber erweitern (s.u.).

Dabei könnte dieses Modell noch stärker vereinfacht werden, wenn die Transformation der Beiträge in das kollektive Gut nicht durch die allgemeine Funktion G (B) ausgedrückt würde, sondern durch eine lineare Be-

---

5   Eine mögliche Transformationsregel für das kollektive Phänomen *kritische Masse* wäre die partielle Definition: Eine kritische Masse kollektiven Handelns besteht dann, wenn der durchschnittliche Interessent an der kollektiven Handlung teilnimmt.

ziehung, G(B)=B, wie dies bei Olson geschieht. Die Nutzendifferenz $U_i[G(B+b_i)-G(B)]$ wäre dann einfach der Nutzen des kollektiven Gutes aufgrund des eigenen Beitrags $U_i[G(b_i)]$. Damit wäre der Nutzen des eigenen Beitrags völlig unabhängig von den Beiträgen, die die anderen Interessenten an der kollektiven Handlung leisten. Marwell und Oliver haben jedoch ein Vorverständnis von kollektiven Handeln, daß davon ausgeht, daß die Akteure miteinander in Beziehung stehen und nicht als isolierte Individuen zu betrachten sind. Das Phänomen der kritischen Masse bedeutet ja, daß die Entscheidungssituation eines durchschnittlich interessierten Akteurs in der Initiierungsphase der kollektiven Handlung eine andere ist als zu dem Zeitpunkt, in dem die kritische Masse erreicht ist. In der Initiierungsphase ist der Nettonutzen seines Beitrages nicht ausreichend, ihn zur Teilnahme zu motivieren. Doch verändert sich der Nettonutzen durch die Beiträge der hochengagierten Akteure der ersten Stunde derart, daß der Akteur einen eigenen Beitrag leistet. Ein solche Interdependenz läßt sich durch geeignete Brückenannahmen über die Gestalt der Funktion, die die Transformation der aggregierten Beiträge in das kollektive Gut beschreibt, sehr einfach modellieren. Wenn diese Transformationsfunktion z.B. eine einfache quadratische Funktion der Beiträge ist $[G=B^2]$ und jeder Akteur nur einen festen Beitrag von einer Einheit beitragen kann, dann ist der Grenzbeitrag des Akteurs, der zuerst zu dem kollektiven Gut beiträgt $G(1)=[(0+1)^2-(0)^2]=1$, der Grenzbeitrag des Akteurs, der als zweiter beiträgt $G(2)=[(1+1)^2-(1)^2]=3$, der des zehnten Akteurs $G(10)=[(9+1)^2-(9)^2]=19$ und der des n-ten Akteurs $G(n)=2n-1$. Die Analyse der Effekte unterschiedlicher Transformationsfunktionen ist für Marwell und Oliver so wichtig, daß sie eine allgemeine Transformationsfunktion in das Grundmodell aufnehmen und nicht die einfachste, eine lineare Transformationsfunktion. Dabei nehmen sie in Kauf, daß es keine einfache analytische Lösung für das Entscheidungsproblem gibt. Der Effekt unterschiedlicher nicht-linearer Transformationsfunktionen muß fallweise berechnet werden. Um trotzdem zu generalisierbaren Ergebnissen zu kommen, werden Computersimulationen verwendet, in denen die Parameter systematisch zu variieren sind. Computersimulationen werden in den letzten Jahren in den Sozialwissenschaften in zunehmenden Maße eingesetzt, da die adäquate Modellierung vieler wichtiger sozialer Prozesse zu einer Komplexität des Modells führt, die eine allgemeine mathematische Lösung für die Ergebnisse nicht mehr erlaubt.

Mit diesem Grundmodell werden in einem ersten Schritt der Einfluß verschiedener Makrovariablen auf die Mobilisierung einer kritischen Masse, d.h. die Mobilisierung von Beiträgen außerordentlich engagierter Akteure, untersucht. Da unterschiedliche Transformationsfunktionen für diese Frage nur eine untergeordnete Rolle spielen, wird hier eine einfache lineare Funktion gewählt. Die Makrovariablen ergeben sich aus den Fragen (a) ob es sich um ein kollektives Gut handelt, um das die Akteure rivalisieren, (b) wie groß die Gruppe ist und (c) ob die Interessen und Ressourcen innerhalb der Gruppe gleichmäßig oder ungleichmäßig verteilt sind. Während die Gutsrivalität und die Gruppengröße Parameter des Entscheidungsmodells sind, ist die Gruppenheterogenität eine Makrovariable, von der abhängt, wie viele Akteure der Gruppe unter den modellierten Bedingungen bereit sind, Beiträge zu leisten. Als Ergebnisse dieses Schrittes sind zu nennen: Eine zunehmende Gruppengröße wirkt sich nachteilig auf die Mobilisierung einer kritischen Masse aus, wenn es sich um ein Gut handelt, um das Rivalität herrscht. Wenn keine Rivalität vorliegt, hat die Gruppengröße bei homogenen Gruppen auch keinen Effekt auf das Zustandekommen der kollektiven Handlung. Sie fördert die Mobilisierung einer kritischen Maße, wenn die Gruppe heterogen ist: Die Wahrscheinlichkeit, daß sich eine ausreichende Menge stark interessierter Akteure findet, steigt mit bei zunehmender Gruppengröße an. Das Modell ist also in der Lage, den von Olson behaupteten Zusammenhang zwischen Gruppengröße und kollektiven Handlungen zu qualifizieren.

In einem zweiten Schritt wird der Effekt unterschiedlicher Transformationsfunktionen auf die gesamte Mobilisierung, d.h. nicht nur der engagierten Teilnehmer der ersten Stunde, sondern auch der durchschnittlich und unterdurchschnittlich interessierten Gruppenmitglieder untersucht. Dabei zeigt sich, daß Situationen, die für die Mobilisierung engagierter Teilnehmer günstig sind, für die Mobilisierung weiterer Mitglieder ungünstig sind, und daß Situationen, in denen die Mobilisierung weiterer Mitglieder kein Problem ist, große Hürden für die Mobilisierung der ersten Mitglieder bilden. Sie lassen sich aber überwinden, wenn die Gruppe der engagierten Interessenten am kollektiven Gut ihre Handlungen untereinander abstimmt. Dabei ist zu beachten, wie diese Handlungskoordination modelliert wird. Der Modellierung liegt die Annahme zugrunde, daß die Akteure einer Untergruppe die Möglichkeit haben, einen Vertrag zu schließen. Dieser beinhaltet, daß entweder alle oder keiner dieser Gruppe zu dem kollektiven Gut beitragen.

Marwell und Oliver untersuchen nun die Effekte der Makrovariablen Vertragstechnologie. Damit ist ein ganzes Bündel unterschiedlicher Mechanismen gemeint, die bewirken, daß eine Untergruppe koordiniert handeln kann (z.B. aufgrund von Gruppensolidarität oder einer formalen Organisation). Auf eine detaillierte Modellierung dieser Mechanismen verzichten die Autoren jedoch. Sie hätte eine enorme Steigerung der Komplexität des Modells zur Folge gehabt.

In einem dritten Schritt der Modellierung wird schließlich die Annahme aufgegeben, daß die Gruppe lediglich ein Aggregat von Akteuren darstellt.[6] Es wird davon ausgegangen, daß solche Verträge durch einen Organisator angeboten werden. Dieser Organisator kann nun nicht jeden Akteur ansprechen, sondern nur diejenigen, mit denen er soziale Beziehungen unterhält. Das Netzwerk sozialer Beziehungen schränkt also die Möglichkeiten der Formierung solcher Verträge ein. Ein Netzwerk kann in zwei Hinsichten verstanden werden: Als Netzwerk, durch das Informationen und andere Ressourcen übertragen werden, oder als Netzwerk von Vertrauensbeziehungen. Marwell und Oliver haben die erste Bedeutung im Sinn, weil sie daran interessiert sind, wie sich Strukturvariablen, die das Netzwerk beschreiben, auf die Möglichkeit auswirken, eine kritische Masse von Akteuren, für die der Vertrag einen positiven Nettonutzen hat, zu organisieren.

Im Mittelpunkt des vierten Modellierungschritts steht die Frage, inwieweit sich die Ergebnisse verändern, wenn die unrealistische Annahme aufgegeben wird, jeder potentielle Organisator könnte jeden, mit dem er sozial verbunden ist, ansprechen und zum Vertragsbeitritt motivieren. Vielmehr wird davon ausgegangen, daß er nur mit einer beschränkten Menge der möglichen Ansprechpartner Kontakt aufnehmen kann. Dabei wird die bisher grundlegende Annahme abgeschwächt, daß die Akteure vollständig informiert sind. Im Falle vollständiger Information würde der Organisator natürlich diejenigen ansprechen, die die höchsten Beiträge zu liefern bereit sind. Allerdings wird diese weichere Modellierung nicht durch ein Entschei-

---

6   Wer Olson sorgfältig liest, dem wird auffallen, daß Olson zwei unterschiedliche Konzepte einer Gruppe gebraucht, die er nicht deutlich voneinander unterscheidet: (1) Die Gruppe im technischen Sinn als Aggregat von Akteuren, die sich von anderen Akteuren dadurch unterscheidet, daß sie an dem kollektiven Gut interessiert sind. (2) Die Gruppe im soziologischen Sinn als soziales Gebilde von Akteuren, die untereinander soziale Beziehungen pflegen und dieses soziale Kapital zur Lösung von Koordinationsproblemen nutzen können.

dungsmodell beschränkter Rationalität vollzogen oder durch Annahmen über idiosynkratische Wahrscheinlichkeitseinschätzungen (was extreme Modellkomplexität zur Folge hätte), sondern durch einfache Annahmen über den Informationsstand des Organisators über Verteilungen von Interessen und Ressourcen im Netzwerk.

Aus dieser Beschreibung läßt sich entnehmen, wie Marwell und Oliver im Rahmen ihrer Theoriebildung die Methode der abnehmenden Abstraktion anwenden. Sie beginnen mit einem sehr einfachen Grundmodell, das zwar mit leicht handhabbaren, aber unrealistischen Brückenannahmen auskommt. Mit diesem Grundmodell werden die Effekte der zentralen Makrovariablen modelliert. Das Grundmodell wird sukzessive erweitert und mit realistischeren Annahmen über die Handlungsmöglichkeiten der Akteure ausgestattet, die allerdings im einzelnen so modelliert werden, daß das Modell überschaubar bleibt. Dabei wird die Robustheit der grundlegenden Makroeffekte stets überprüft und der Zusammenhang der Makrovariablen mit den hinzugefügten Beschränkungen herausgestellt. Dies ist ein entscheidender Punkt bei der Methode der abnehmenden Abstraktion, der üblicherweise zu wenig reflektiert wird. Gewöhnlich werden Brückenannahmen nicht nur in einer Dimension variiert, sondern das Modell wird in unterschiedliche Richtungen ausgeweitet. Die entstehende Theorie kann dann nicht einfach als Hierarchie von Modellen unterschiedlicher Komplexität interpretiert werden, in denen der Gewinn an empirischer Adäquanz in Analogie zu einem einfachen hierarchischen F-Test bewertet werden kann. Allerdings ist es auch nicht möglich, jeweils die gesamten Strukturvariablen komplexer, mehrdimensionaler Modelle miteinander interagieren zu lassen. Dies erfordert, auf jedem Komplexitätsniveau ein Grundmodell zu identifizieren, auf dessen Basis der Erkenntniszugewinn eingeschätzt werden kann.

Es gilt als grundlegende Heuristik des Strukturindividualismus, daß zunehmende Modellkomplexität soweit wie möglich durch realistischere Annahmen über die Beschränkungen der Akteure erreicht werden soll. Und nur wenn diese Karte ausgereizt ist, sollen die Annahmen über die Nutzenargumente der Akteure angereichert werden. Realistischere Annahmen über die Erwartungen und kognitiven Verarbeitungsmechanismen gilt es nur im äußersten Notfalle in die Modelle einzufügen. Marwell und Oliver folgen dieser Heuristik in beispielhafter Weise.[7]

---

7   Für den Grenzfall, daß wir (1) an einem kollektiven Phänomen interessiert sind, das sich
    aufgrund einer einfachen Aggregation (Aufsummierung) von unabhängigen

Die Theorie kollektiven Handelns von Marwell und Oliver ist nicht zuletzt deshalb ein herausragendes Beispiel strukturell-individualistischer Theoriebildung, weil sie fast die ganze Bandbreite dessen, was Sozialwissenschaftler unter Struktur verstehen, thematisiert: Verteilungen in der Population, Technologien, soziale Beziehungsnetzwerke. Doch wie sieht es mit den Zielen der Akteure aus?

8. Präferenzen und soziale Produktionsfunktionen

Brückenannahmen über Zielorientierungen der Akteure sind in der Regel ein wesentlicher Bestandteil der Modellierung sozialer Prozesse. Üblicherweise argumentieren Ökonomen, daß die Erklärung von Präferenzen nicht zu ihrem Geschäft gehört. Präferenzen werden in nutzentheoretischen Erklärungen nicht als Explananda verwendet, sondern werden als exogene Variablen behandelt. Dagegen möchten Politikwissenschaftler und Soziologen aber zumeist wissen, warum die Leute wollen, was sie wollen. Es gibt bei Sozialwissenschaftlern, die am methodologischen Individualismus orientiert sind, im wesentlichen zwei Strategien, mit diesem Problem umzugehen. Die erste Strategie besteht darin, Theorien der Entstehung und Veränderung von Präferenzen anzuwenden bzw. zu entwickeln, in denen die Mechanismen der Bildung von Motivstrukturen expliziert werden. Hinsichtlich der dabei in den Vordergrund gestellten Mechanismen können zwei Varianten unterschieden werden: In der einen Variante wird der Wandel von Präferenzen als Effekt intentionaler Mechanismen interpretiert. Beispielsweise kann man die Veränderung von Präferenzen ihrerseits als Resultat von Wahlhandlungen auffassen, durch die ein Akteur auf Basis nutzentheoretischer Überlegungen seine Präferenzen an veränderte Situationen anpaßt (vgl. den Überblick bei Elster 1987: 106-114). Bei der zweiten Variante stehen subintentionale Mechanismen im Vordergrund. Innerhalb dieser Variante scheinen derzeit sozial-kognitive Lerntheorien bevorzugt zu

---

Entscheidungen typisierter Akteure ergibt (ohne daß Interdependenzen mit den Handlungen anderer Akteure auftreten), und (2) auch die relevanten Parameter (Beschränkungen, Alternativen, Bewertungen, Erwartungen) als Individualdaten zur Verfügung stehen (z.B. in der Wahlforschung oder der Partizipationsforschung), ist eine strenge Orientierung an dieser Heuristik kaum sinnvoll. Es wäre z.B. sicher sehr umständlich und keineswegs empfehlenswert, objektive Wahrscheinlichkeiten aus Makrostrukturkonstellationen zu berechnen, wenn subjektive Wahrscheinlichkeitseinschätzungen zur Verfügung stehen.

werden (vgl. Wiswede 1987). Lernen wird hier, wie im älteren Behaviorismus, als Ergebnis von Verstärkungserlebnissen gedeutet. Das Verstärkungsprinzip besagt, daß dann, wenn ein Verhalten belohnt (bestraft) wird, dieses Verhalten in Zukunft wiederholt (vermieden) wird. Primäre (und auch ontogenetisch zunächst zum Tragen kommende) Verstärker sind jene Stimuli, die in der Lage sind, primäre Bedürfnisse physiologischer Natur zu befriedigen; sekundäre Verstärker sind solche, die über Prozesse der Assoziation mit primären Belohnungsquellen Verstärkerqualität erwerben. Sozial-kognitive Erweiterungen dieser Basisannahmen betonen die Bedeutung kognitiver Prozesse, die als intervenierende Variablen zwischen Stimulus und Reaktion treten. Dabei kann es sich z.b. um soziale Vergleichsprozesse handeln, durch die der Wert von Belohnungen durch Vergleich mit den Belohnungen signifikanter Bezugspersonen beeinflußt wird.

Strukturindividualisten werden demgegenüber auch Präferenzen durch die Makrostruktur erklären wollen. Im Unterschied zur ersten Strategie wird man auf die genaue Explikation der psychischen Mechanismen, die zur Entstehung bzw. Änderung von Motivstrukturen führen, verzichten. Dieses Vorgehen läuft auf die hinsichtlich solcher Mechanismen eher ignorante Formulierung von Hypothesen über zu erwartende typische Präferenzen von Gruppen von Akteuren hinaus. Doch wie ist eine solche Modellierung mit der Theorie der rationalen Wahl zu vereinbaren?

Versteht man Präferenzen als durch Makrostrukturen determinierte Ergebnisse rationaler Wahl, liegt eine Antwort in dem Vorschlag, zwei Arten von Präferenzen zu unterscheiden: (1) Universelle Präferenzen, von denen angenommen wird, daß sie für alle Personen identisch sind und (2) instrumentelle Präferenzen, die als Mittel der Realisierung der universellen Präferenzen fungieren. Lindenberg (1990) nennt dies die *Theorie sozialer Produktionsfunktionen*. Inhaltlich unterscheidet er zwei universelle Präferenzen, die er als "physisches Wohlbefinden" und als "soziale Anerkennung" bezeichnet. Menschen streben also in allen Gesellschaften nach physischem Wohlbefinden und nach sozialer Anerkennung. Was einzelne Gesellschaften und was die einzelnen Mitglieder innerhalb einer Gesellschaft unterscheidet, sind die Mittel zur Realisierung dieser *Superwünsche*. Diese Mittel variieren mit der Ressourcenausstattung der Akteure und damit mit ihrer sozialen Position, d.h. mit der Zugehörigkeit zu sozialen Gruppen und Beziehungsnetzen. Daher auch die Bezeichnung soziale Produktionsfunktion: Die instrumentellen Präferenzen sind der je nach sozialer Position der Akteure variierende Input einer Funktion, deren Output in der Produktion physischen Wohlbefindens und/oder sozialer Anerkennung besteht. Die Heuristik zur Spezifikation sozialer Produktionsfunktionen lautet dann ungefähr so: Untersuche die Situation, in der sich Akteure befinden, daraufhin, welche Mittel ihnen in der jeweiligen Situation zur Verfügung stehen, um die universellen Präferenzen zu realisieren (vgl. zu weiteren Antworten den Beitrag von Hennen und Rein in diesem Band). Allerdings liegt nach unserer Kenntnis bisher kein ernsthafter Versuch vor, die Idee der sozialen Produktionsfunktionen auch empirisch einzulösen.

9.   Warum rationale Wahl?

Für eine methodologisch-individualistische Erklärung lassen sich zweifellos auch andere Individualtheorien als die Theorie der rationalen Wahl heranziehen. Beispielsweise entspricht der Vorschlag, Präferenzen lerntheoretisch zu erklären, den Anforderungen einer methodologisch-individualistischen Erklärung in der gleichen Weise, wie der Vorschlag, sie auf der Grundlage der rationalen Wahl (als Wahl von instrumentellen Zielen unter Beschränkungen) zu erklären. Dennoch läßt bereits die Kennzeichnung der Theorie der rationalen Wahl als theoretischer Kern des Ansatzes vermuten, daß zumindest einige Autoren nicht bereit sind, die Theorie der rationalen Wahl auf eine Stufe mit anderen Individualtheorien zu stellen. Plakativ könnte man sagen: Alternative Individualtheorien sind als Brückentheorien und Hilfstheorien willkommen, haben aber im theoretischen Kern nichts zu suchen (sondern sollen als Brückentheorien erklären, warum der Akteur in dieser Situation aufgrund seiner kognitiven *Beschränkungen* eine Handlung ausführt, die er ohne diese Beschränkungen nicht ausführen würde). Damit wird der Theorie der rationalen Wahl ein Sonderstatus zugebilligt, der sich dahingehend kritisieren läßt, daß für die Theorie der rationalen Wahl das entscheidende Kriterium realwissenschaftlicher Theorien, ihre mögliche Falsifizierbarkeit, nicht erfüllt wird.

Tatsächlich wird oft argumentiert, daß die Theorie der rationalen Wahl eine allgemeine Handlungstheorie ist, die derart unspezifisch ist, daß sie erlaubt, das Handeln möglichst aller Personen zu möglichst allen Zeiten und an möglichst allen Orten zu erklären. Dann ist aber schwer zu begreifen, warum allgemeinere Individualtheorien, die zur Verfügung stehen, nicht emphatisch begrüßt werden. Bei der Theorie der rationalen Wahl geht es nach dem gegenwärtig vorherrschenden Verständnis um eine Explikation instrumenteller Rationalität, die üblicherweise als Konsistenz des Handelns mit den Wünschen und Vorstellungen des Akteurs gesehen wird. Lindenbergs (1990) Vorschlag, das Modell des findigen, beschränkten, erwartenden und bewertenden Maximierers (*resourceful, restricted, expecting, evaluating, maximizing man* [RREEMM]) als allgemeines Modell der Sozialwissenschaften zu wählen, kann als eine solche Explikation verstanden werden. Das Modell besagt, daß Menschen nur beschränkte Handlungsmöglichkeiten haben, und daß sie aus diesen Alternativen diejenige auswählen, die eine Funktion ihrer Erwartungen und Bewertungen maximiert. Dabei sei jede konkrete Modellierung einer sozialen Situation stets nur vorläufig, da Menschen auch *findig* seien, d.h. in der Lage, gegebene Beschränkungen, Erwartungen und Bewertungen zu verändern (vgl. ausführlich Hennen und Rein in diesem Band).

Die vorherrschende Modellierung der zu maximierenden Funktion der Erwartungen und Bewertungen, die mit diesem Modell im Einklang steht, ist das zuvor diskutierte Modell des erwarteten Nutzens. Dieses Modell ist eine Spezifikation des RREEMM-Modells, da angegeben wird, wie Beschränkungen, Bewertungen und Erwartungen eines Akteurs miteinander in Beziehung stehen. Dabei steht die Spezifikation im Einklang mit der Idee des rationalen Handelns. Wenn Akteure sich an bestimmte Regeln halten - es handelt sich hier um die Axiome der Theorie -, handeln sie in konsistenter Weise, und erlauben zudem die üblichen Rechenoperationen, die Sozialwissenschaftler mit diesem Modell anzustellen pflegen (vgl. von Neumann, Morgenstern 1947). Leider halten sich die Akteure nicht immer an diese Regeln, wie die von Tversky und Kahnemann (1987) durchgeführten Experimente zeigen: Die Subjekte entscheiden sich unterschiedlich, je nach dem, ob die Entscheidungssituation als Gewinn- oder als Verlustsituation dargestellt wird. Dieses Phänomen verstößt gegen eine wichtige Regel der Theorie der rationalen Wahl, nämlich, daß es nichts ausmacht, ob man um positive oder negative Geldbeträge spielt, sofern die Differenzen identisch sind. Es gibt Regelsysteme (Axiomatiken), die einem solches Verhalten gerecht werden. Sie werden aber von den Vertretern der rationalen Wahl nicht einhellig begrüßt. Dies liegt nur zum Teil an ihrer komplizierteren und unhandlicheren Struktur. Ihnen wird auch vorgehalten, daß sie nicht mehr im Einklang mit der Idee rationalen Handelns stehen. Offensichtlich optieren etliche Theoretiker für eine Theorie rationalen menschlichen Handelns, wenn sie vor die Wahl gestellt werden, sie gegen eine allgemeinere

Theorie menschlichen Handelns einzutauschen, bei der allerdings nicht mehr zu erkennen ist, wo der Bezug zur Handlungsrationalität liegt.

Das Argument, daß der Theorie der rationalen Wahl ein Sonderstatus gebührt, weil sie den Bezug zur Handlungsrationalität im Gegensatz zu anderen Individualtheorien sichert, findet sicherlich keine uneingeschränkte Zustimmung. Diese Sichtweise basiert letztlich darauf, daß eine Erklärung menschlichen Verhaltens nur dann befriedigend ist, wenn dieses in der Rekonstruktion einer allgemein einsehbaren *Handlungsbegründung* geschieht. Doch kann der Sonderstatus auch damit begründet werden, daß die Theorie der rationalen Wahl (und damit eine Heuristik, die primär auf Beschränkungen als Erklärungsgründe abhebt), besonders geeignet ist, *Tiefenerklärungen* hervorzubringen.

Popper (1973) hat - anhand von Beispielen aus den Naturwissenschaften - die größere Tiefe einer Theorie T_1 gegenüber einer Theorie T_2 als korrigierende Erklärung von T2 durch T1 expliziert. Eine korrigierende Erklärung liegt dann vor, wenn bei der Ableitung von T_2 aus T_1 zusätzliche Annahmen gemacht werden müssen, die die Bedingungen spezifizieren, unter denen T_2 gilt. Zur Erklärung der Unterversorgung von Gruppen mit kollektiven Gütern könnte man die allgemeine Makrohypothese vorschlagen: Je größer eine Gruppe, desto geringer die Wahrscheinlichkeit der Versorgung mit Kollektivgütern. Zumindest wird Olson oft so verstanden. Wie jedoch die strukturell-individualistische Theorie von Marwell und Oliver zeigt, ist der Strukturindividualismus ein vorzügliches Instrument, um solche allgemeinen Makrohypothesen zu qualifizieren. Die Stärke strukturell-individualistischer Theoriebildung liegt darin, daß sie - im Rahmen der entwickelten Theorien - dazu anleitet die Bedingungen anzugeben, unter denen - wiederum im Rahmen der Theorie - spezifische Zusammenhänge gelten. Die Theorie der rationalen Wahl fordert dabei auf, bei jedem Scheitern einer Erklärung nach den Bedingungen zu fragen, warum der Akteur in dieser Situation entgegen den theoretischen Erwartungen gehandelt hat, d.h. die Rekonstruktion der Situation durch die Brückenannahmen zu überprüfen. Damit ist die Theorie der rationalen Wahl von ihrer Struktur her auf die Generierung von Tiefenerklärungen ausgerichtet. Ob dieses im Einzelfall auch gelingt, ist jeweils empirisch zu zeigen.

Literaturverzeichnis

Alexander, J./Giesen, B./Münch, R./Smelser, N.J. (Hg.), 1987: The Micro-Macro Link. Berkeley, CA u.a.

Coleman, J., 1990: Foundations of Social Theory. Cambridge, MA u.a.

Eichner, K./Habermehl, W. (Hg.), 1977: Probleme der Erklärung sozialen Verhaltens. Meisenheim

Elster, J., 1987: Subversion der Rationalität. Frankfurt/New York

Elster, J., 1989: Nuts and Bolts for the Social Sciences. Cambridge

Esser, H., 1993: Soziologie. Allgemeine Grundlagen. Frankfurt, New York

Esser, H./Troitzsch, K.G. (Hg.), 1991: Modellierung sozialer Prozesse. Neuere Ansätze und Überlegungen zur soziologischen Theoriebildung. Bonn

Finkel, S.E./Muller, E. N./Opp, K.-D., 1989: Personal Influence, Collective Rationality, and Mass Political Action. In: American Political Science Review, 83, 885-903

Heinemann, K. (Hg.), 1987: Soziologie wirtschaftlichen Handelns. Sonderheft 28 der Kölner Zeitschrift für Soziologie und Sozialpsychologie. Opladen

Hogarth, R.M./Reder, M.W. (Hg.), 1987: Rational Choice. The Contrast between Economics and Psychology. Chicago/London: University of Chicago Press

Holmström, K., 1982: Moral Habits in Teams. In: Bell Journal of Economics, 13, 324-340

Lindenberg, S., 1981: Erklärung als Modellbau. Zur soziologischen Nutzung von Nutzentheorien. In: Schulte (Hg.), 1981, 20-35

Lindenberg, S., 1990: Homo Socio-oeconomicus: The Emergence of a General Model of Man in the Social Sciences. In: Journal of Institutional and Theoretical Economics, 146, 727-748

Lindenberg, S., 1991: Die Methode der abnehmenden Abstraktion. Theoriegesteuerte Analyse und empirischer Gehalt. In: Esser/ Troitzsch (Hg.), 1991, 29-78

Marwell, G./Oliver, P. 1993: The Critical Mass in Collective Action. A Micro-Social Theory. Cambridge

Oberschall, A., 1993: Social Movements. Ideologies, Interests, Identities. New Brunswick, London

Olson, M., 1965: The Logic of Collective Action. Cambridge, Mass.

Popper, K., 1973: Objektive Erkenntnis. Ein evolutionärer Entwurf. Hamburg

Schulte, W. (Hg.), 1981, Soziologie in der Gesellschaft. Bremen

Tversky, A./Kahnemann, D., 1987: Rational Choice and the Framing of Decisions. In: Hogarth/Reder (Hg.), 1987, 67-94

Von Neumann, J./Morgenstern, O., 1947: The Theory of Games and Economic Behavior, 2. Aufl. Princeton

Wippler, R./Lindenberg, S., 1987: Collective Phenomena and Rational Choice. In: Alexander et al. (Hg.), 1987, 135-152

Wiswede, G., 1987: Über die Entstehung von Präferenzen. In: Heinemann (Hg.), 1987, 40-53

B   Anwendungen

3.   Die Ökonomische Theorie der Politik

Siegfried F. Franke

Zusammenfassung

Die Neue Politische Ökonomie benutzt das Eigennutzaxiom zur Erklärung nichtmarktmäßiger Entscheidungsprozesse. Damit knüpft sie an die Klassiker der Volkswirtschaftslehre an, die Politik und Wirtschaft als gemeinsames Untersuchungsobjekt von Politikwissenschaft und Ökonomie begriffen. Die ersten Arbeiten von Downs und Herder-Dorneich konzentrierten sich auf Entscheidungsprozesse in der Demokratie. Inzwischen hat der Ansatz des methodologischen Individualismus - unabhängig von der Staats- und Regierungsform - zu fruchtbaren Analysen politischer und administrativer Prozesse geführt. Der Beitrag erläutert Grundzüge, Weiterentwicklungen und interdisziplinäre Bezüge der Ökonomischen Theorie der Politik. Sie erlaubt die Ableitung von Hypothesen, die sich auf die Gestaltungsmuster der Politik richten. Dies wird am Beispiel der Steuerpolitik verdeutlicht.

1. Einführung

Bekanntlich folgen Politiker, Bürokraten und Funktionäre bei praktischen - politischen Entscheidungen selten den Empfehlungen der Wissenschaft. Zwar verkörpern Amtsinhaber bei ihrer Arbeit persönliche Stile, wesentlich für ihre Entscheidungen ist jedoch der strukturelle Rahmen, in den sie gestellt sind. Damit sind institutionell gegebene Bedingungen und Regeln gemeint, die nur langfristig veränderbar sind, d.h., sie gehen kurz- und mittelfristig als konstante Faktoren in das politische Kalkül ein.

Bereits den Klassikern der Ökonomie waren diese Zusammenhänge selbstverständlich, weshalb sie die Bereiche der Politik *und* der Wirtschaft zusammen analysierten. Dies wurde oft schon in den Titeln ihrer Arbeiten ausgedrückt: *On the Principles of Political Economy and Taxation* (Ricardo 1817) und *Lehrbuch der politischen Ökonomie* (Rau 1826) sind Beispiele dafür. Politische Ökonomie war ein Synonym für Volkswirtschaftslehre. Bald danach entwickelte sich allerdings das gemeinsame Untersuchungsgebiet von Politik und Wirtschaft auseinander: Die Politikwissenschaft als rein politische Institutionenlehre ignorierte die Wirtschaft, während die Volkswirtschaftslehre politische Entscheidungen und Bedingungen in den Datenkranz (Neoklassik) verbannte. Anfangs war diese Spaltung gewollt, um die komplexer werdenden Zusammenhänge innerhalb eines jeden Teilbereichs durchdringen und fundiert analysieren zu können. Die notwendige Wiederannäherung setzte sehr spät ein, und sie wurde hauptsächlich von der Ökonomie getragen. Grundlegend waren die frühen Arbeiten von Downs (1957) und Herder-Dorneich (1959), die ihrerseits auf Analysen von Hotelling (1929), Rice (1928) und vor allem von Schumpeter (1942) aufbauten.

2. Grundsätzliche Verhaltensmuster von Parteien und Wählern

Bei der Analyse des wirtschaftlichen Geschehens hatte sich die Annahme eines persönlichen Nutzenkalküls (*Eigennutzaxiom*) als ergiebiges Erklärungsinstrument erwiesen. Es lag deshalb nahe, dieses Kalkül auf das Verhalten von Wählern, Partei- und Verbandsmitgliedern, vor allem aber auf das Verhalten von Politikern, Partei- und Verbandsfunktionären zu übertragen: Es ist nicht einzusehen, daß die Menschen ihre Nutzenvorstellungen ändern, wenn sie in den politischen Bereich wechseln. Die rein

54

ökonomische Rationalität wurde also um die *politische Rationalität* ergänzt (vgl. Berg, Cassel 1992: 176ff.), um wirtschafts- und gesellschaftspolitische Willensbildungs- und Entscheidungsprozesse erklären zu können.

Eigennütziges Verhalten von Politikern und Verbandsführern dokumentiert sich besonders im Streben nach (Wieder-)Wahl. Dies liegt allemal näher als die Orientierung am verschieden interpretierbaren Allgemeinwohl. Persönliches Nutzenstreben schließt indessen echte Bemühungen um die Verbesserung der sozialen Lage der Bürger nicht aus. Im Gegenteil: Um eigene Ziele zu realisieren, konkurrieren Politiker und Parteien wie auch Verbände und ihre Funktionäre mit attraktiven Programmen und Versprechungen um die Gunst der Wähler bzw. (potentiellen) Verbandsmitglieder. Zentraler Gegenstand solcher Absichtserklärungen ist das Angebot von speziellen Gütern, nämlich den sogenannten politischen Gütern (vgl. Abschnitt 4).

Aus der Übertragung des Eigennutzkalküls auf politische Entscheidungsprozesse in demokratischen Staaten resultiert der Ausdruck *Ökonomische Theorie der Demokratie* (Downs 1957; zur strukturalistischen Rekonstruktion vgl. den Beitrag von Dreier in diesem Band). Weil dieser Ansatz Politik und Wirtschaft im Sinne der klassischen Politischen Ökonomie zusammenführt, spricht man auch von *Neuer Politischer Ökonomie* (Herder-Dorneich 1992: 2ff.; Kirsch 1993: 1ff.), *Moderner Politischer Ökonomie* (Frey 1977) oder - in angelsächsischer Terminologie - von *Public Choice* (Kirchgässner, Pommerehne 1993: 107). Ihr Hauptziel ist es, Bedingungen und Abläufe politischer Prozesse darzustellen und zu erklären. Sie begreift sich konsequenterweise als *positive Ökonomie,* im Gegensatz zum normativen Ansatz einer marxistisch geprägten Politischen Ökonomie. Da sich der Ansatz des *methodologischen Individualismus* - unabhängig von der Staats- und Regierungsform - zur Analyse bürokratischer und politischer Prozesse eignet (vgl. z.B. Jackson 1983; Kirsch 1993: 312ff.; Schneider 1982: 59; Tietzel 1991; Weede 1990: 101ff.), wird hier der umfassende Ausdruck *Ökonomische Theorie der Politik* gewählt.

Zentral für die Ökonomische Theorie der Politik in demokratisch verfaßten Staaten ist die Annahme einer Wählerverteilung über der Bandbreite möglicher ideologischer Einstellungen. An ihr orientieren die Parteien ihr reaktives und aktives Handeln. Zunächst seien nur zwei politische Parteien angenommen, die sich zu festgesetzten Zeiten zur Wahl stellen. Sie akzeptieren die politischen Spielregeln und versuchen nicht, die siegreiche

Partei an der Weiterführung bzw. der Übernahme der Regierung zu hindern. Alle mündigen Bürger sind wahlberechtigt. Dieses Recht können sie in allgemeinen, freien, gleichen und geheimen Wahlen ausüben. Vereinfachend wird weiterhin angenommen, daß sich die vielfältigen politischen Themen *(issues)*, auf eine politische Dimension verkürzen und auf einer Skala nach den Unterscheidungsmerkmalen *links - Mitte - rechts* abtragen lassen.

Jeder ideologischen Einstellung entspricht eine bestimmte Zahl von Wählern. Plausiblerweise kann man annehmen, daß die extremen Positionen am linken bzw. rechten Rand spärlich besetzt sind. Demgegenüber verdichten sich die Besetzungen zu den gemäßigten Positionen der Mitte hin. Unterstellt man schließlich, daß die Wählerdichte über der Ideologieskala normalverteilt ist, so ergibt sich das in Abbildung 1 dargestellte Bild einer unimodalen Wählerverteilungskurve mit dem Zusammenfallen von Modus, Median und ideologischem Mittelpunkt. Vor diesem Hintergrund läßt sich das Verhalten der beiden Parteien beschreiben.

Abbildung 1: Wählerverteilung bei normalverteilter Dichtefunktion

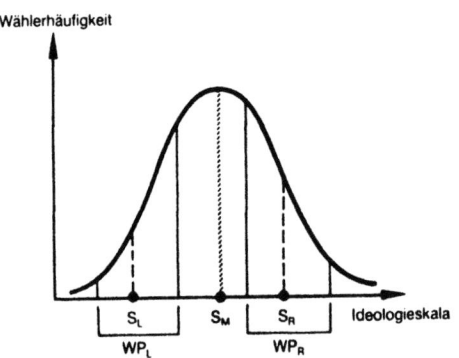

Erläuterung: S_L = ideologischer Standpunkt der Links-Partei, S_R =ideologischer Standpunkt der Rechts-Partei, S_M =ideologischer Mittelpunkt, WP_L = Stammwähler der Links-Partei (bei S_L), WP_R = Stammwähler der Rechts-Partei (bei S_R).

Gegeben sei eine solche unimodale, normalverteilte Wählerverteilung, wobei eine der beiden Parteien ihren ideologischen Standpunkt deutlich rechts, die andere deutlich links der Mitte hat (*Rechts*- bzw. *Links-Partei*). Die Standortwahl der Parteien mag historisch bedingt sein. Im näheren Umfeld ihres Standpunktes ist die Rechts-Partei auch für Wähler einer anderen ideologischen Einstellung wählbar, solange die Distanz zwischen ihrem Standpunkt und dem der Partei geringer ist als zu dem der Links-Partei. Das gleiche gilt für die Links-Partei. Streng genommen müßte sich jeder Wähler bei nur zwei existierenden Parteien für eine der beiden entscheiden, weil ihm eine immer relativ näher steht als die andere. Kommt seine präferierte Partei an die Macht, so hätte er einen Nutzengewinn (*Parteidifferential*; vgl. Herder-Dorneich, Groser 1977: 103ff.).

Allerdings ist zu berücksichtigen, daß nicht alle ideologischen Positionen von den Wählern gleich intensiv empfunden werden und daß die parteipolitischen Bindungen mit zunehmendem Abstand des Standpunktes der Partei von der eigenen ideologischen Einstellung abnehmen. Wird zudem berücksichtigt, daß die Stimmabgabe Kosten und psychische Mühen verursacht, so ist es plausibel anzunehmen, daß die Anziehungskraft der Parteien zu den extremen Rändern und zur Mitte hin merklich geringer wird. Kosten und Mühen der Information und der Wahl übersteigen den Nutzen des Parteidifferentials (vgl. Herder-Dorneich, Groser 1977: 112ff.). Neben die Stimmabgabe für die Rechts- oder die Links-Partei tritt deshalb die Stimmenthaltung als weitere rationale Entscheidung.

Nach den bisherigen Überlegungen verfügt jede der beiden Parteien zwar über ein beträchtliches Potential an Stammwählern, das sich aus jenen Wählerschichten zusammensetzt, die die Distanz des parteipolitischen Standpunktes zum eigenen Standpunkt als noch erträglich beurteilen und die vielleicht starke parteipolitische Bindungen empfinden. Der Stamm an sicheren Stimmen reicht jedoch nicht aus, um bei den Wahlen der Mehrheit der abgegebenen Stimmen sicher zu sein, was Voraussetzung zur Führung der Regierungsgeschäfte ist. Das parteipolitische Wählerkalkül richtet sich deshalb auf die stimmenträchtige Mitte: Verlagern die Parteien ihren Standpunkt zur Mitte, so übersteigen die dort erzielbaren Stimmengewinne die an den Rändern in Kauf zu nehmenden Verluste ganz erheblich (vgl. Abb. 2).

Abbildung 2: Programmatische Tendenz zur Mitte bei normalverteilter Dichtefunktion

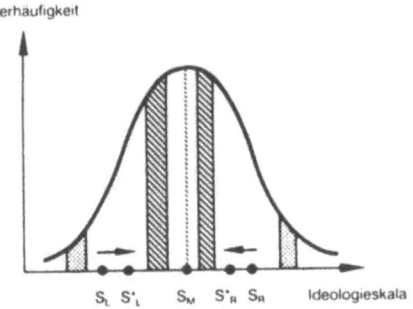

Erläuterung: S_L, S^*_L = ideologischer Standpunkt der Links-Partei (ursprünglich und zur Mitte verschoben), S_R, S^*_R =ideologischer Standpunkt der Rechts-Partei (ursprünglich und zur Mitte verschoben), S_M =ideologischer Mittelpunkt, gestrichelt = Stimmengewinne u. -verluste, punktiert = bei Tendenz zur Mitte.

Optimal wäre es freilich, in der Mitte möglichst große Stimmenzugewinne zu erreichen, ohne an den Rändern allzu viele Stimmen einzubüßen. Dies ist möglich, wenn die Parteien einen eindeutig fixierten ideologischen Standpunkt zugunsten eines breiteren Spektrums belegbarer Positionen aufgeben. Taktisch geschieht dies in der politischen Realität durch eine Vielzahl von Aktionen, die im wesentlichen darauf hinauslaufen, wichtige Wählergruppen durch sogenannte *Identifikationsfiguren* an die Partei zu binden. Das sind zum einen Parteipolitiker und -politikerinnen, die mit ihren Aussagen und ihrem Handeln Flügelkämpfe vermeiden helfen und Randwähler zu halten versuchen. Zum anderen sind es solche Parteiakteure, die der stimmenträchtigen Mitte signalisieren, daß es keine abrupten Änderungen geben wird. Die parteipolitische Strategie führt zur Erweiterung der ideologischen Bandbreite der Parteien, sie hat jedoch zur Folge, daß sich ihr Standpunkt nicht mehr eindeutig bestimmen läßt: Er wird diffus und schwankt innerhalb bestimmter Grenzen. Dies ist der Preis für die Entwicklung von ideologisch fixierten Weltanschauungsparteien zu Volksparteien, die offener sind und die Probleme moderner Industriegesellschaften pragmatischer angehen.

Die abgeleiteten Verhaltensmuster dienen im Zwei-Parteien-System der Erweiterung des Wählerpotentials, um Wahlen zu gewinnen. Sie erklären, weshalb die Parteien insbesondere vor Wahlen zur Mitte rücken, weshalb sich ihre programmatischen Aussagen annähern und Wahlkämpfe weniger von Sachauseinandersetzungen als vielmehr von personenbezogener Sympathiewerbung bestimmt sind. Allerdings gilt das Streben der Parteien zur programmatischen Mitte uneingeschränkt nur dann, wenn die beiden Parteien faktisch über das Parteibildungsmonopol verfügen (vgl. Herder-Dorneich, Groser 1977: 126). Die Bildung neuer Parteien als ernst zu nehmende Konkurrenten zweier bestehender Parteien kann durch strenge Parlamentszutrittsschranken (5 v.H.-Klausel; Bundesrepublik Deutschland), durch ein ausschließlich wahlkreisbezogenes Mehrheitswahlrecht (Großbritannien) oder durch immens hohe Geldsummen verschlingende Vorwahlen (*primaries*; USA) außerordentlich erschwert sein.

Liegen solche Bedingungen vor, so ändert sich an der Analyse nichts Wesentliches, wenn die Annahme einer Gleichverteilung der Wähler durch die einer schiefen oder einer bimodalen Dichtefunktion ersetzt wird. So kann für die Bundesrepublik Deutschland eine unimodale, aber linksschiefe Wählerverteilung als wahrscheinlich angenommen werden (vgl. Knappe 1980: 80f., 102ff.; Scheuch, Scheuch 1994), während für Großbritannien die Situation eher durch eine bimodale Verteilung gekennzeichnet ist (vgl. Abb. 3). Bei schiefen Wählerverteilungen und bei bimodalen Verteilungen mit asymmetrischen Besetzungsdichten über der idelogischen Skala entspricht der ideologische Mittelpunkt nicht mehr der häufigsten ideologischen Einstellung (Modus); auch können Modus und Median auseinanderfallen (vgl. Knappe 1980: 81). Die beiden miteinander konkurrierenden Parteien richten sich nun am *Medianwähler* aus, weil dort die mehrheitsbringenden Wähler zu finden sind (vgl. Teichmann 1993: 164f.).

Die bisherigen Ableitungen basieren auf der Annahme vollkommener Information, d.h., die Wählerverteilung ist gegeben und den Parteien bekannt. Die Wähler wiederum kennen den ideologischen Standpunkt der Parteien und ihre Einstellung zu den politischen Themen. Diese Voraussetzungen sind natürlich in der Realität nicht vorzufinden: Weder sind die Parteien noch die Wähler vollständig informiert: Für die Wähler ist es sogar - weil ihrem infinitesimal kleinen Stimmengewicht unverhältnismäßig hohe Informationskosten sowie psychischer Streß gegenüberstehen - rational, im Stande relativer Unkenntnis zu verharren (vgl. Mueller 1991: 205f., 349ff.).

Außerdem bleibt die Wählerverteilung nicht konstant. Dementsprechend ändern sich die Verhaltensweisen von Wählern und Parteien.

Abbildung 3: Tendenz zum Medianwähler bei bimodaler Dichtefunktion

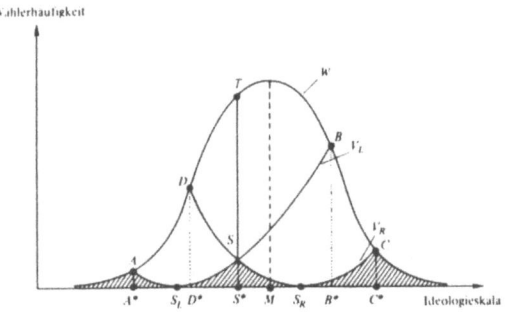

Erläuterung: S_L = ideologischer Standpunkt der Links-Partei, S_R =ideologischer Standpunkt der Rechts-Partei, S_M =ideologischer Mittelpunkt (im vorliegenden Fall zugleich der Median)

Zahlreiche Wahlversprechungen sollen das Stimmenpotential der Parteien erweitern. Daß sich diese zum Teil widersprechen und nur abgeschwächt verwirklichen lassen, müßte informierten Wählern eigentlich bekannt sein. Hier hilft den Parteien, daß die meisten Wähler aus rationalen Gründen uninformiert bleiben. An die Stelle sachkundiger Entscheidungen tritt ihre emotionale Ansprechbarkeit: Sie urteilen nach der persönlichen Glaubwürdigkeit und Sympathie einzelner Kandidaten und orientieren sich bei ihrer Wahlentscheidung an den Stimmenführern. Hinzu tritt der psychologische Mechanismus der *selektiven Wahrnehmung*. Viele nehmen nur zur Kenntnis, was ihre vorgefaßte Meinung bestätigt, anderes, vor allem Unangenehmes, wird verdrängt. Verbleibende Diskrepanzen werden von den Wählern nach dem Verhaltensmuster der *Theorie der kognitiven Dissonanz* abgebaut, d.h., man sucht nachträglich nach Gründen für die eigene Stimmabgabe (vgl. Festinger 1957). Eine gebräuchliche Rechtfertigung stellt die gewählte Partei als das kleinere Übel dar.

Die Regierung versucht den divergierenden Interessen gerecht zu werden, indem sie leicht beeindruckbaren Gruppen einprägsame plakative Formeln (z.B. *von der Besteuerung nach der Leistungsfähigkeit, der sozialen Ausgewogenheit, der Belastung Besserverdienender* o.ä.) anbietet.

Informierten und durchsetzungsfähigen Gruppen hingegen bietet sie spezielle Vergünstigungen an, wobei diese in schwer durchschaubare Normen gekleidet werden, weil es nicht opportun ist, wenn sie allgemein publik werden. Diese Verhaltensmuster erklären, warum vor allem das Steuerrecht, aber auch andere Rechtsgebiete im Laufe der Zeit immer komplizierter geworden sind (vgl. Franke 1993b: 279f., 409ff.).

Die bisherige Analyse ging von einem Zwei-Parteien-System aus. Bei einem Drei-Parteien-System mit zwei großen und einer relativ kleinen Partei (z.B. CDU/CSU, SPD und FDP) gibt es keine wesentlichen analytischen Probleme. In der Regel kommt es zwischen einer der beiden großen Parteien, die nicht die absolute Mehrheit im Parlament hat, und der kleineren Partei zu einer Koalition. Diese Verbindung kann sehr lange halten, denn die beiden Koalitionspartner bilden faktisch eine Partei, die ein besonders breites Wählerpotential abdeckt. Zu Problemen kommt es erst dann, wenn etliche Wähler dieser Koalition die Funktion der kleineren Partei nicht mehr würdigen und statt dessen zum größeren Koalitionspartner tendieren oder wenn sie sich aus Unmut über den Seniorpartner der Opposition zuwenden. Daraus resultierende Schwierigkeiten potenzieren sich, wenn die kleinere Partei zudem unter dem Damoklesschwert von Parlamentszutrittsschranken (5 v.H.-Klausel) steht. Schwieriger wird es, wenn in einem Lande mehrere Parteien mit engen ideologischen Standpunkten existieren und wenn es keine Zugangsbeschränkungen zum Parlament gibt. Sind - wie z.B. in Italien - viele Parteien auf der ideologischen Skala von links über die Mitte bis rechts verteilt, so kann es kaum einer Partei gelingen, die absolute Mehrheit zu gewinnen. Bestenfalls sind etwa 30 v.H. der Wählerstimmen erreichbar. Oft ist in solchen Ländern zu beobachten, daß es eine starke linksorientierte und eine starke rechtsorientierte Partei gibt. Eine Koalition zwischen ihnen ergäbe zwar eine klare arithmetische Mehrheit, sie ist dennoch politisch ausgeschlossen. Der Abstand ihrer ideologischen Positionen ist zu groß, als daß sie ohne Gefahr zahlreicher Stimmen- und Mitgliederverluste diese Verbindung eingehen könnten. Zugleich scheiden Koalitionen mit extrem linken oder rechten Parteien aus, weil diese zu klein sind für eine Parlamentsmehrheit. Darüber hinaus würde ein solches Zusammengehen große Stimmenverluste bei den gemäßigten Wählern hervorrufen.[1]

---

[1] Diese Zusammenhänge erklären z.B., warum die ehemalige Democrazia Cristiana (DC) bei Strafe massiver eigener Verluste den von der Kommunistischen Partei Italiens (KPI)

3. Das Konzept der Verlustfunktion

Ausgangspunkt ist das Zwei-Parteien-Modell, wobei jede Partei eine bestimmte Position auf der Ideologieskala einnimmt. Zu dieser Position gibt es eine zugehörige parabelförmige Verlustfunktion, deren Verlauf von der wahrgenommenen Differenz zwischen der politischen Einstellung eines Wählers und der ihm nahestehenden Partei bestimmt wird. Abbildung 4 zeigt für die Positionen S_R und S_L der Rechts- bzw. der Links-Partei die zugehörigen Verlustfunktionen, die beim *angenommenen* Anstieg das Ausmaß an Stimmenthaltungen symbolisieren, das die Parteien im Bereich der von ihnen eigentlich erreichbaren Klientel hinnehmen müssen. Eine Politik, die beispielsweise der Position S_L entspricht, maximiert den Nutzen für all jene Wähler, die genau diese Position teilen; sie haben daher keinen Grund, sich der Stimme zu enthalten. Wähler hingegen, deren politische Einstellung von S_L abweicht, erleiden Nutzenverluste, die sich mit wachsender Distanz zu S_L vergrößern.

Die Verlustfunktion der Links-Partei (V_L) endet bei den Punkten A bzw. B der Wählerverteilungskurve, denn es kann insgesamt nicht mehr an Stimmenthaltungen als Wählerstimmen geben, die einer bestimmten politischen Position zuzurechnen sind. Entsprechendes gilt für die Verlustfunktion (V_R) der Rechts-Partei. Den Punkten A und B entsprechen die Punkte A* und B* auf der Ideologieskala. Damit ist zugleich die *potentielle* politische Spannweite der Links-Partei umrissen, wenn sie den Standpunkt S_L einnimmt. Allerdings kann die Links-Partei dieses große Potential nicht voll ausschöpfen. Ihre *effektive* politische Reichweite hängt von der Position der konkurrierenden Rechts-Partei ab. Skizziere S_R den politischen Standpunkt der Rechts-Partei mit der zugehörigen Verlustfunktion V_R, so ist deren *potentielle* politische Reichweite durch C*D* beschrieben. Die Verlustfunktionen der beiden Parteien (V_L und V_R) schneiden sich im Punkte S, der schließlich ihre *effektiven* politischen Reichweiten, nämlich A*S* für die Links-Partei und S*C* für die Rechts-Partei, beschreibt.

---

lange Zeit beharrlich angestrebten Historischen Kompromiß (Berlinguer) nicht eingehen konnte, der die Probleme des Landes durch die Bildung einer großen Koalition zwischen der DC und der KPI lösen sollte.

Abbildung 4: Wählerreservoir für kleinere Parteien bei normalverteilter Dichtefunktion

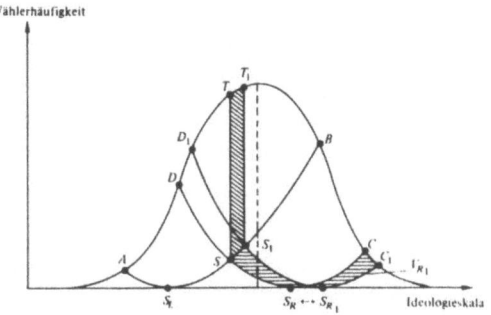

Erläuterung: W = Wählerverteilungskurve, S_L = ideologischer Standpunkt der Links-Partei, S_R =ideologischer Standpunkt der Rechts-Partei, V_L = Verlustfunktion der Links-Partei, V_R = Verlustfunktion der Rechts-Partei, M =ideologischer Mittelpunkt, A^*B^*= Potentielle politische Spannweite der Links-Partei, C^*D^*= Potentielle politische Spannweite der Rechts-Partei, A^*S^*= Effektive politische Spannweite der Links-Partei, S^*D^*= Effektive politische Spannweite der Rechts-Partei, gestrichelt = Verluste der Links- bzw. Rechts-Partei aufgrund von Stimmenthaltungen (Wählerreservoir für kleinere Parteien)

Die Verlustfunktion einer Partei zeigt also an, wieviele Wähler trotz vorhandener politischer Differenz zwischen ihrer Einstellung und dem Standpunkt der Partei dieser dennoch ihre Stimme geben, und wieviele Wähler sich der Stimme enthalten, falls es keine bessere Alternative gibt. Für viele stellt gerade die andere Partei eine solche Alternative dar. Nur diejenigen, die letztlich auch durch die zweite Partei nicht angesprochen werden, enthalten sich endgültig der Stimme. Das so beschriebene Gesamtpotential tatsächlicher Stimmenthaltungen ist durch die Addition der schraffierten Flächen in Abbildung 4 gekennzeichnet.

Die Kombination von Wählerverteilungskurve und Verlustfunktionen zeigt, daß keine der beiden Parteien ihre *effektive* politische Reichweite allein bestimmen kann. Sie hängt nicht nur vom eigenen Standpunkt der Partei und der zuzuordnenden Verlustfunktion, sondern auch vom gewählten Standpunkt der konkurrierenden Partei und ihrer daraus resultierenden Verlustfunktion ab. Zweitens wird deutlich, daß die Partei, deren Standpunkt näher zur Mitte liegt, große Wählerstimmengewinne verbuchen kann, die jenseits der Mitte liegen, während die Verluste an den Rändern begrenzt sind. Das sich aus Verärgerung oder Apathie ergebende Stimment-haltungspotential entspricht dem Integral über die zwischen den relevanten Ästen der Verlustfunktionen und der Abszisse liegenden Flächen. Beträgt der numerische Wert für dieses Integral beispielsweise 0,2, das entspricht einer Stimmenthaltung von 20 v.H., so liegt die effektive Wahlbeteiligung bei 80 v.H., da das gesamte Integral über die Wählerverteilungsfunktion 1 sein muß. Das Potential derjenigen Wähler, die sich weder für die Rechts-noch für die Links-Partei entscheiden, bildet zugleich das Reservoir, aus dem neu aufkommende kleinere Parteien Stimmen gewinnen können (vgl. Falter, Schumann 1993: 49).

In Abbildung 5 sind diese Zusammenhänge graphisch illustriert. Aufgrund der von der Rechts-Partei eingenommenen politischen Position S_{R1} und der zuzuordnenden Verlustfunktion V_{R1} konnte sie die absolute Mehrheit der abgegebenen Stimmen gewinnen. Um ihre damit gewonnene Regierungs-macht zu behaupten oder auszubauen, verschiebt die Partei ihre Position noch mehr zur Mitte, und zwar von S_{R1} nach S_R. Dem entspricht zugleich eine veränderte Verlustfunktion: Statt V_{R1} jetzt V_R. Unter der Vorausset-zung, daß die in der Opposition stehende Links-Partei ihre Position beibe-hält und daß sich ihre Verlustfunktion nicht ändert, ergibt sich, daß die Rechts-Partei durch ihre Standpunkte-Verschiebung sowohl Stimmen aus dem Enthaltungspotential der Mitte als auch Stimmen direkt von der Links-Partei hinzugewinnt. Allerdings verliert sie am rechten Rand mehr als bisher an Wählern.

Strategisch folgt für die Parteien daraus, daß es für sie am günstigsten ist, ihren politischen Standpunkt soweit wie möglich in die Mitte zu verlagern und gleichzeitig zu versuchen, ihren Charakter als rechte oder linke Volks-partei nicht zu verlieren. D.h., sie müssen - ausgehend von ihrem gewählten Standpunkt - versuchen, den Anstieg der Äste ihrer Verlustfunktionen so gering wie möglich zu halten. Wie erwähnt, hängt der Anstieg hauptsäch-lich davon ab, mit welcher Intensität die Wähler die Differenz zwischen ihrer Position und der Position ihrer Partei empfinden.

Abbildung 5: Standpunkteverlagerungen und Wählerbeweglichkeit bei normalverteilter Dichtefunktion

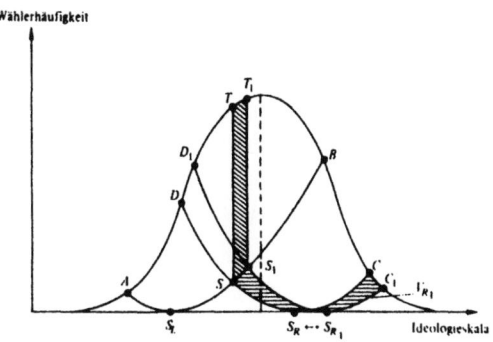

Erläuterung: S_{R1} - S_R = S tandortwechsel der Rechts-Partei, V_{R1} = Verlustfunktion der Rechtspartei bei S_{R1}, gestrichelt (schräg) = Stimmwechsel zwischen Links- und Rechts-Partei bei Standortwechsel S_{R1} - S_R (Wählerbeweglichkeit), gestrichelt (gerade) = Zuwachs bzw. Verlust des Stimmenthaltungspotentials bei Standortwechsel S_{R1} - S_R

Zohlnhöfer (1980) hat mit dem Begriff der *Wählerbeweglichkeit* eine fruchtbare Erklärung der entsprechenden Zusammenhänge ermöglicht. Allgemein versteht man unter der Wählerbeweglichkeit die Neigung eines Wählers, aufgrund des Verhaltens seiner Partei ihr die Unterstützung zu entziehen und sich der Stimme zu enthalten oder aus Protest eine andere Partei zu wählen. Hauptbestimmungsgründe der Wählerbeweglichkeit und damit der Verlustfunktionen sind die individuelle Parteipräferenz der Wähler, ihr Informationsgrad, das Wahlrecht, die Einkommenswirksamkeit politischer Maßnahmen sowie der Homogenitätsgrad der Parteiprogramme. In dem Ausmaß, in dem sich die Parteien wegen ihrer Tendenz zur Mitte in Teilen ihrer Programmatik ähneln, wird es für sie wichtig, ihre Aussagen mit parteispezifischen Symbolen zu verknüpfen (vgl. Prisching 1989: 14f.). Durchschauen die Wähler jedoch dieses symbolische Spiel, so werden sie alternative Stimmabgaben überlegen. Die Neigung, eventuell auch neuen, populistischen Parteien eine Chance zu geben, wird durch die Tatsache verstärkt, daß einige politische Themen über lange Zeit hinweg von den etablierten Parteien vernachlässigt wurden (vgl. Mintzel, Oberreuter 1992a: 501ff.).

4. Die Bedeutung privater und politischer Güter

Im Mittelpunkt der bisherigen Ausführungen standen die Aktivitäten von Parteien und Regierung sowie auf die Erwartungshaltungen der Wähler. Zentral für ihr Handeln ist das Begehren nach *politischen* Gütern, die sich aus *öffentlichen* und *meritorischen* Gütern zusammensetzen, und die zugleich die Produktion und Verteilung *privater* Güter abstecken.

Kennzeichnend für private Güter sind das *Auschlußkriterium* und die Bedingung des *rivalisierenden Konsums*. Das bedeutet, daß sie nur von dem in Anspruch genommen werden können, der den dafür geforderten Preis entrichtet; Zahlungsunwillige sind ausgeschlossen. Gleichzeitig rivalisiert der Konsum privater Güter, weil nämlich ein Wirtschaftssubjekt durch den Kauf eines bestimmten Gutes andere am Besitz desselben Gutes hindert. Der Nutzen aus dem Konsum des betreffenden Gutes fließt ausschließlich dem Käufer zu; er wird also internalisiert. Die Vorstellung von privaten Gütern ist durch die Beschränkung des Nutzens auf den privaten Bereich begründet. Unerheblich ist hingegen, ob die Produktion und Verteilung solcher Güter marktwirtschaftlich oder staatlich erfolgt, wenngleich es für freiheitlich verfaßte Staaten naheliegt, dies privat zu regeln. Entstünden bei der Produktion und Verteilung privater Güter keine Belastungen anderer Bürger oder der Umwelt *(externe Kosten)*, so trügen allein die Käufer sämtliche Produktionskosten. In diesem Falle wären nicht nur die Nutzen, sondern auch die Kosten internalisiert.

Im Gegensatz zu den privaten Gütern gibt es Güter, die für eine Gesellschaft zum geordneten Zusammenleben ihrer Mitglieder, zur weiteren Entwicklung und zu ihrem inneren und äußeren Schutz erforderlich sind. Solche Güter werden mit dem Oberbegriff der öffentlichen Güter erfaßt. Bei näherem Zusehen erweist sich eine Differenzierung nach den Kriterien des Ausschlusses und des rivalisierenden Konsums als zweckmäßig.

Zunächst sind jene öffentlichen Güter zu behandeln, die weder dem Ausschlußprinzip noch dem Merkmal des rivalisierenden Konsums unterliegen *(spezifische öffentliche Güter)*. Die Liste öffentlicher Güter in diesem Sinne ist begrenzt; sie umfaßt Leistungen wie die Führung der Regierungsgeschäfte, die Aufrechterhaltung einer geordneten Verwaltung sowie Schutzfunktionen nach innen und außen. Es ist einsichtig, daß der spezifische Charakter dieser Güter keinen Ausschluß zuläßt und daß sie *unteilbar*, d.h. nichtrivalisierend sind. Anders ausgedrückt: Solche Güter können von den Mitgliedern einer Gesellschaft nur gemeinsam genutzt werden. So verlöre die Rechtspflegefunktion der Justiz ihren Sinn, wenn danach differenziert werden sollte, ob jemand viel, wenig oder gar keine Steuern entrichtet hat; auch ist die Verteidigung der territorialen Integrität nicht möglich, wenn z.B. gesellschaftliche Aussteiger oder Steuerhinterzieher davon ausgeschlossen werden sollten.

Der Kategorie spezifisch öffentlicher Güter kann das zielgerichtete Handeln von Regierung und Tarifpartnern zur Bekämpfung von Inflation und Arbeitslosigkeit zugerechnet werden (vgl. Zohlnhöfer 1975; Franke 1986a: 252f.). Gleiches gilt für den Umweltschutz. Offensichtlich trifft bei solchen Maßnahmen das Kriterium der Unteilbarkeit zu, was die Nichtanwendbarkeit des Ausschlußprinzips impliziert. Gerade deshalb versuchen selbst Befürworter den damit verbundenen Lasten zu entrinnen oder sie auf andere umzulenken.

Darüber hinaus gibt es öffentliche Güter, auf die das Ausschlußprinzip angewandt werden könnte, obwohl das Kriterium des nichtrivalisierenden Konsums zutrifft. Im Rahmen der ausgelegten Kapazität sind die Grenzkosten für ein solches Gut Null. Beispiele dafür sind wenig benutzte Straßen, Brücken oder öffentliche Parks. Die Berechnung eines Preises für ihre Benutzung wäre zwar möglich, allerdings könnte sich ein Ausschluß als ineffizient erweisen. Zum einen könnten die Exklusionskosten die erzielbaren Einnahmen übersteigen, zum anderen könnte gerade die Anwendung des Ausschlußprinzips das vorher nichtrivalisierende Gut zu einem rivalisierenden machen, weil Staus oder Warteschlangen *produziert* werden. Außerdem könnte ein Ausschluß als unsozial empfunden werden.

Eine weitere analytische Kategorie öffentlicher Güter sind Güter rivalisierenden Konsums, auf die das Ausschlußprinzip dennoch nicht angewandt werden kann oder sollte. Dazu gehören vielbefahrene Straßen sowie Kindergärten, Schulen und nicht kostendeckend arbeitende öffentliche Theater, Schwimmbäder oder Bibliotheken. Gründe für die Nichtanwendung des Auschlußprinzips können prohibitiv hohe Kosten, fehlende technische Möglichkeiten oder liberale, rechtsstaatliche und sozialethische Überlegungen sein.

Charakteristisch für alle öffentlichen Güter ist also, daß aus logischen, technischen, pragmatischen, sozialen, liberalen oder rechtsstaatlichen Gründen ein Ausschluß nicht vorgenommen werden kann oder soll. Ein Appell an die Bürger sich freiwillig nach Maßgabe der eigenen Wertschätzung und der Inanspruchnahme solcher Güter an ihrer Finanzierung zu beteiligen, würde jedoch ins Leere greifen (vgl. hierzu auch den Beitrag von Gilleßen und Mühlau in diesem Band). Dem einzelnen kann nichts daran liegen, seine Wertschätzung zu offenbaren und entsprechend besteuert zu werden, während der Nachbar öffentliche Güter in Anspruch nimmt, ohne zu zahlen. Die theoretische Analyse spricht daher von einer *Präferenzverschleierung* bei öffentlichen Gütern. Praktisch wichtiger als die Unterstellung einer solchen vorsätzlichen Präferenzverschleierung ist jedoch, daß aus Gründen der schwierigen personellen Zurechenbarkeit von Kosten und Nutzen öffentlicher Güter, zumal dann, wenn die Kosten bereits jetzt, mögliche Nutzen aber erst zeitlich viel später anfallen, eine halbwegs präzise Ausprägung individueller Präferenzen ausgeschlossen ist. Es bleibt daher gar nichts anderes übrig, als die öffentlichen Güter über eine allgemeine Umlage, d.h. über Steuern, zu finanzieren.

Nicht nur private, sondern auch die meisten öffentlichen Güter könnten marktwirtschaftlich oder in staatlicher Regie produziert werden. Allerdings müßte sich der Staat nach Maßgabe politischer Werte die Verteilung vorbehalten. Für spezifisch öffentliche Güter ist jedoch nach heutiger Auffassung die private Erstellung mit dem Wesen dieser Güter nicht vereinbar.

Neben diesen öffentlichen Gütern gibt es in modernen Wohlfahrtsstaaten zahlreiche private Güter, bei denen der Staat massiv in die Angebots- und Nachfragebedingungen eingreift. Dies wird damit begründet, daß es Bürger gibt, deren Konsumgewohnheiten für sie selbst oder die Gesellschaft abträglich sind. Die durch soziale Herkunft, niedrigen Bildungsstand oder geringe Einkommen geprägten Präferenzen können bei den betreffenden Individuen zur *Präferenzverzerrung* führen, d.h. ihr Konsumverhalten mag sie zwar subjektiv befriedigen, ihnen oder ihren Kindern und darüber hinaus der Gesellschaft aber objektiv schaden. Der Eingriff des Staates zur Korrektur der verzerrten Präferenzen scheint daher geboten. Erzwingt der Staat eine Korrektur angenommener verzerrter Präferenzen, so spricht der Ökonom von *meritorischen* Gütern.

Meritorische Güter regen den Staat zu vielfältigem Handeln an. Am einfachsten scheint es, den Konsum erwünschter Güter durch Transferzahlungen an gering Verdienende zu fördern. Häufig mißtraut der Staat dem Bürger jedoch: Eltern könnten erhaltene Transferleistungen in Schnaps und Zigaretten umsetzen, statt davon Milch für ihre Kinder zu kaufen. Die Konsequenz sind Naturaltransfers in Form des immer wieder diskutierten Schulfrühstücks oder in Form von Nahrungsmittelgutscheinen für Sozialhilfeberechtigte. Eine weitere Möglichkeit besteht in der Setzung von Anreizen für erwünschtes Verhalten. Dies geschieht u.a. durch die Gewährung von Wohnungsbauzuschüssen und den Verzicht auf Schul- und Studiengebühren.

Steuern auf gesundheitsabträgliche Produkte wie Alkohol und Nikotin, die Limitierung von Verkaufszeiten oder der Verkauf solcher Produkte ausschließlich über staatliche Organisationen (namentlich in skandinavischen Ländern) und nicht zuletzt das strafrechtliche Verbot des Verkaufs von harten Drogen sollen den Konsum unerwünschter Produkte einschränken oder vollständig unterbinden. Solche Güter werden auch als *demeritorisch* bezeichnet; das eigentlich *Meritorische* liegt in der staatlichen Aktivität zu ihrer Zurückdrängung. Schließlich ist darauf hinzuweisen, daß Zwang eine ganz erhebliche Rolle spielt: Die gesetzliche Sozialversicherungpflicht, die Kraftfahrzeughaftpflicht, die Schulpflicht, der Zwang, geeignete Kinder auch gegen den elterlichen Willen auf weiterführende Schulen zu schicken, verordnete Beschränkungen des privaten Kraftfahrzeugverkehrs aus Umweltschutzgründen sind Beispiele für staatlich aufgezwungene meritorische Güter.

Auch meritorische Güter können marktwirtschaftlich oder staatlich erstellt werden. Das Beispiel der Kfz-Haftpflicht zeigt, daß die aus guten Gründen staatlich erzwungene Abnahme eines meritorischen Gutes nicht notwendig mit einem staatlichen Angebot - wie bei der Gesetzlichen Sozialversicherung - korrespondieren muß.

5.   Das Problem der gesellschaftlichen Wohlfahrt

Bei gegebenem Einkommen wird die individuelle Nutzenfunktion bekanntlich maximiert, wenn der Konsum der in den Begehrskreis eines Haushaltes fallenden Güter soweit ausgedehnt wird, bis ihre Grenznutzen einander gleich sind *(Gossen 2)*. Analog dazu erreicht die gesellschaftliche Wohlfahrt ihr Maximum, wenn die letzte zur Verfügung gestellte Einheit an öffentlichen Gütern denselben Nutzen stiftet wie die letzte Einheit an privaten Gütern. Dazu müßte allerdings die gesellschaftliche Wohlfahrtsfunktion bekannt sein.

Ein Zuviel oder Zuwenig an privaten oder öffentlichen Gütern schmälert sowohl die individuelle als auch die gesellschaftliche Wohlfahrt. Sie ist zudem beeinträchtigt, wenn Unbeteiligte mit *externen Kosten* der Produktion privater oder politischer Güter belastet werden.[2] Das Problem externer Kosten wird oft verkannt oder verdrängt, weil die Nachteile erst später sichtbar werden und dann kaum noch verursachergerecht zugeordnet werden können. Externe Kosten können in die Zukunft verlagert werden und Generationen treffen, die noch gar nicht geboren sind. Das kann der Fall sein bei schleichender Umweltzerstörung oder bei den Gefahren, die Atomkraftwerke in sich bergen. So folgenschwer die intertemporale Verlagerung externer Kosten sein kann, die praktische Politik stößt auf die psychologische Tatsache, daß die meisten Bürger einer zeitlichen Präferenzverzerrung unterliegen: Sie bewerten systematisch gegenwärtigen Nutzen höher als erst künftig anfallende Kosten wie sie auch umgekehrt jetzt anfallende Kosten stärker empfinden als erst später zu erwartenden Nutzen. Diese Situationen sind typisch für sog. *Rationalitätenfallen* mit dem Auseinanderklaffen privater und gesellschaftlicher Kosten-Nutzen-Überlegungen (vgl. Herder-Dorneich 1983a: 150ff.).

Wenn jedes Wirtschaftssubjekt rational handelt, so könnte man vermuten, daß die Aggregation der einzelwirtschaftlichen Rationalitäten auch die Wohlfahrt der Gesellschaft optimiert. Die Realität hingegen widerlegt die Existenz einer gesellschaftlichen Rationalität. Der Grund dafür ist, daß die einzelnen Individuen in verschiedenen Subsystemen agieren, deren Bedingungen nicht hinreichend auf eine gesellschaftliche Wohlfahrt ausgerichtet sind. Infolgedessen kommt es selbst bei individuell-rationalem Verhalten zu gesellschaftlichen Ineffizienzen. Beispiele für Rationalitätenfallen, die zu unerwünschten wirtschaftlichen Ergebnissen führen, bieten u.a. das Gesetzliche Krankenversicherungssystem und die Belastung der Umwelt. So hat der einzelne Pflichtversicherte nichts davon, wenn er sich kostenbewußt verhält. Übernimmt er selbst einen Teil der Behandlungskosten, so ist er unmittelbar belastet. Weil - wie für anonyme Kollektive typisch - bei den Versicherten die wechselseitige soziale Kontrolle fehlt, wird sein Pflichtbeitrag zur Krankenkasse dennoch nicht sinken. Eher wird er mit weiteren Steigerungen rechnen müssen, weil hohe Zwangsabgaben bei vielen zu der Reaktion führen, jetzt auch mal *etwas aus der Krankenkasse*

---

2   Exemplarisch seien genannt: Luft- und Gewässerverunreinigung durch Emissionen bei der Produktion privater Güter oder, beim öffentlichen Gut Verteidigung, Lärm bei Übungsflügen, Landschaftszerstörungen bei Manövern und die Wehrpflicht für junge Männer ohne ein äquivalentes Entgelt.

herauszuholen. Ebensowenig gibt es für Ärzte, Apotheker, Krankenhäuser und die Pharmaindustrie Impulse zu kostenbewußtem Verhalten. Das gesamtwirtschaftliche Resultat ist die bekannte Kostenexplosion.

Appelle an das Verantwortungsbewußtsein der in Rationalitätenfallen verstrickten Wirtschaftssubjekte fruchten wenig und sind schale Moral, denn ihre Befolgung stellt den einzelnen unmittelbar schlechter, ohne daß ihm Früchte seiner Beschränkung garantiert werden könnten. Entscheidend ist, die Bedingungen so zu verändern, daß es interessant wird, sich kosten- oder umweltbewußt zu verhalten. Allerdings erfordert eine wirksame Kostendämpfung im Gesundheitswesen eine Selbstbeteiligung, und ein effizienter Umweltschutz muß sich marktmäßiger Mittel bedienen (vgl. Frey 1990: 38, 47f.).

Warum ist es indessen so schwer, derartige Ineffizienzen abzubauen? Ihr Abbau müßte doch viele Bürger interessieren; mithin die Qualität eines öffentlichen Gutes haben. Die Probleme liegen in der Wirkungsweise anonymer Kollektive. Weil mit zunehmender Gruppengröße die Verhaltensinterdependenz ihrer Mitglieder abnimmt, wird es schwieriger, die Kosten für Information und Überzeugung aufzubringen, um zielgerichtete Aktionen im wohlverstandenen Eigen- und Gesamtinteresse zu ermöglichen. Je größer eine Gruppe ist, um so unwahrscheinlicher ist es, daß im Grunde gemeinsam gewollte politische Güter konkret gefordert und entsprechender Druck auf die Politiker ausgeübt wird (vgl. hierzu den Beitrag von Gilleßen und Mühlau in diesem Band). Diesem sog. *Olson-Dilemma* (Olson 1965; Kirsch 1993: 141ff.) kann man durch verschiedene Strategien zu entrinnen versuchen, die entweder darauf hinauslaufen, daß das entsprechende Interesse als meritorisches Gut begriffen und dann allen Gruppenmitgliedern aufgezwungen wird, daß über selektive Anreize ein größeres Interesse an gemeinsamen Aktionen geweckt wird oder daß aus größeren Gruppen kleinere Untergruppen abgespalten werden. Nachteil dieser Strategien ist, daß sich wieder Funktionäre oder Politiker als Mittler und Fürsprecher einschalten. So unvermeidbar dies ist, es ist keine Garantie dafür, bestehenden Rationalitätenfallen zu entkommen oder neue nicht entstehen zu lassen, und vor allem schützt es nicht vor ideologiebedingten Manipulationen. Erkennbar stehen wir also in einem circulus vitiosus: Die gleichen Probleme tauchen, wenn auch auf anderer Ebene, wieder auf. Kann nicht - so ist daher zu fragen - das gesellschaftliche Wohl gemehrt werden, indem demokratisch über Prioritäten und Alternativen abgestimmmt wird?

Möglichkeiten dazu böten die Instrumente des Volksbegehrens und der Volksabstimmung. Die Antwort auf diese Frage ist - wie das Abstimmungsparadoxon von Kenneth Arrow (1970) zeigt - ernüchternd.

Zur Verdeutlichung sei vereinfachend eine Gesellschaft mit drei Individuen, A, B und C, angenommen, die drei soziale Ziele, X, Y und Z, durch Abstimmung in einer Wohlfahrtsfunktion gewichten will. Die Ziele seien im übrigen quantifizier- und operationalisierbar, und die individuellen Präferenzordnungen sollen die Bedingungen der Transitivität, der Konsistenz und der Rationalität erfüllen. Die Rangfolge der Präferenzen der drei Individuen laute:

A: $X > Y > Z$
B: $Z > X > Y$
C: $Y > Z > X$

Stellt man nun zunächst die Alternativen X und Y zur Abstimmung, so ergibt sich eine 2:1-Mehrheit für die Rangfolge X > Y. Eine anschließende Abstimmung über Y und Z führt zu einer Mehrheit von 2:1 für die Priorität Y > Z. Nach den unterstellten Bedingungen ist mithin zu schließen, daß die Gesellschaft insgesamt der Präferenz X > Y > Z zuneigt; diese Ordnung könnte als gesellschaftliche Wohlfahrtsfunktion interpretiert werden. Eine Gegenprobe zeigt freilich, daß dieses Ergebnis allein aufgrund der Abstimmungsfolge zustande kam. Wenn nämlich die erste Abstimmung über die Alternativen X und Z liefe, so hätte sich eine Mehrheit für die Rangfolge Z > X ergeben, die zusammen mit einer weiteren Abstimmung über X und Y zur Prioritätenskala Z > X > Y führt. Diese steht jedoch im Widerspruch zur zuvor abgeleiteten Wohlfahrtsfunktion.

Der dargestellte Widerspruch enthält zwei Implikationen, die in der Neuen Politischen Ökonomie als *Unmöglichkeitstheorem* und *zyklische Mehrheiten* diskutiert werden. Das Unmöglichkeitstheorem kennzeichnet Situationen, in denen eine gesellschaftliche Wohlfahrtsfunktion aus logischen Gründen nicht konstruierbar ist.[3] Eine den Regeln der formalen Logik gehorchende

---

3   Im Beispiel wäre das Problem lösbar, wenn die Präferenzen des B lauten würden: X > Z > Y. Die gesellschafts- und wirtschaftspolitischen Zielsetzungen in einer hochindustrialisierten und pluralistisch strukturierten Gesellschaft und die daraus abzuleitende Fülle an wünschenswerten privaten und politischen Gütern schließen zusammen mit der nach Millionen zählenden Mitgliederzahl derart ideal aufeinander abgestimmte Präferenzen aus. Hinzu kommt, daß sich die Präferenzen im Zeitablauf wandeln.

gesellschaftliche Wohlfahrtsfunktion ist mithin auf dem Wege simpler Abstimmungen nicht zu ermitteln. Die Meinung freilich, daß etwa ein allwissender, wohlmeinender Diktator eine solche Funktion aufstellen könnte, ist erst recht verfehlt.

Das Problem der zyklischen Mehrheiten gewinnt im politischen Prozeß an Bedeutung, weil Ressourcen und Zeit begrenzt sind. Daher werden selten alle Alternativen vollständig erwogen. Oft werden Wahlen oder Sitzungen abgebrochen, wenn die zu vergebenden Plätze erschöpft sind oder die zur Verfügung stehende Zeit überschritten ist. Wie gezeigt, entscheidet dann die Reihenfolge der Wahlen oder der Tagesordnungspunkte und nicht die individuellen oder gruppenmäßigen Präferenzen über das Ergebnis. Wahlsysteme sowie die taktisch und psychologisch geschickte Regie der Abstimmungen über Personen und Anträge z.B. auf Partei- und Gewerkschaftstagen spielen daher eine wichtige Rolle (vgl. Herber 1982; Herder-Dorneich 1983b; aktuell am Beispiel des § 218 StGB: Wahl, Pappenberger 1994).

6.   Grob- und Feinsteuerung der Politik

In pluralistischen Gesellschaften gibt es eine schier unerschöfliche Fülle von regelungsbedürftigen Problemen. Sie resultieren aus der zunehmenden technischen, sozialen und rechtlichen Vernetzung, die zum Teil völlig neue Probleme, zum Teil Folgeprobleme aus nicht ideal aufeinander abgestimmten Subsystemen kreiert. Die Konsequenz sind immer wieder sich neu artikulierende Forderungen nach politischen Gütern. Wegen der Begrenzung von Ressourcen und Zeit und aufgrund der begrenzten Aufnahme- und Verarbeitungskapazität der Politiker und der Bürokratie kann aber nur ein Bruchteil der Probleme bearbeitet werden. Welche davon aber werden von Regierung und Parteien aufgegriffen, und welcher Lösung werden sie im einzelnen zugeführt? Das Konzept der Wählerbeweglichkeit und der Grob- und Feinsteuerung der Wirtschaftspolitik von Zohlnhöfer (1980) hat sich für diese Fragestellung als fruchtbares Analyseinstrumentarium erwiesen.

Analytisch ist zunächst zu untersuchen, welche Problemfelder von den Parteien als regelungsbedürftig angesehen werden. Ausgangspunkt ist das Konzept der *Wählerbeweglichkeit* (vgl. Zohlnhöfer 1980: 85ff.). Es stellt auf die Neigung der Wähler ab, aufgrund eines politischen Tatbestands für eine andere Partei als in der Vergangenheit zu stimmen oder sich zumindest der

Stimme zu enthalten. Die weitere Differenzierung unterscheidet die *allgemeine* Wählerbeweglichkeit, die von der Verteilung und Intensität der parteipolitischen Präferenzen sowie dem Homogenitätsgrad der parteiprogrammatischen Alternativen abhängt, und die *bereichsspezifische* Wählerbeweglichkeit, für die der Informationsgrad der Wähler und die Einkommenswirksamkeit vorgesehener oder durchgeführter Maßnahmen bestimmend sind. Damit zeigt sich, daß die Determinanten der Wählerbeweglichkeit zugleich die Verlustfunktion der Parteien bestimmen.

Für die allgemeine Wählerbeweglichkeit gilt also zum einen, daß sich die Wähler um so eher einer anderen Partei zuwenden, je geringer ihre parteipolitischen Präferenzen ausgeprägt sind. Hohe Präferenzen für eine Partei können zum anderen jedoch dann zu einer Stimmenthaltung oder zur Wahl der gegnerischen Partei führen, wenn den Anhängern der Partei der programmatische Abstand zwischen den Parteien zu gering geworden erscheint. Ein solches Verhalten kann als einmaliges Protestzeichen verstanden werden (vgl. Hirschman 1974: 70ff.).

Ein hoher allgemeiner Informationsgrad und spezielle Kenntnisse über die Einkommenswirksamkeit bestimmter Maßnahmen sind immer in besonderen Bereichen zu verorten. Der Wechsel der Stimmabgabe erfolgt nicht aus allgemeinen Überlegungen, sondern im Hinblick auf erhoffte konkrete Vorteile (z.B. durch die Steuergesetzgebung).

Regierungsbezogen ist die Wählerbeweglichkeit als jener Teil der Wählerschaft definiert, der im Falle von als Fehlleistung eingestuften Handlungen der Regierung bereit ist, die Opposition zu wählen. So gesehen dokumentiert sich in der Wählerbeweglichkeit der Leistungsdruck, dem die Regierung unterliegt. Konsequenterweise will die Regierung Fehlleistungen vermeiden, während die Opposition ihr möglichst viel anzulasten versucht.

Um Fehlleistungen zu vermeiden, wird die Regierung ihre begrenzte Energie in erster Linie auf wählerwirksame Bereiche konzentrieren und versuchen, die Wählerbeweglichkeit zu senken. Demgegenüber zielt die Opposition darauf ab, bestimmte Bereiche so aufzugreifen, daß sich nachteilige Folgen für die Regierung ergeben.

Der Wettbewerb der Parteien, der die Grobsteuerung der Politik bestimmt, führt somit dazu, daß von den Parteien einige Problembereiche übereinstimmend als sensibel erkannt, freilich in unterschiedlicher Aufbereitung den Wählern präsentiert werden, während andere als wenig relevant - weil nicht stimmenergiebig - vernachlässigt werden.[4] Diese negative Selektion erklärt, warum bislang noch keine Regierung bestimmte Felder ernsthaft aufgegriffen hat. Dazu gehört - trotz eines eigenen Ministeriums - die Entwicklungshilfepolitik, die Beschäftigung mit Problemen von Randgruppen und die Lösung vieler zukunftsorientierter Fragen. Diese Bereiche sind von geringer Wählerbeweglichkeit, weil die Mehrheit der Wähler gegenwärtige Nutzen stets höher bewertet als erst künftig anfallende Kosten.

Analytisch folgt der Grobsteuerung die Frage nach den konkreten Lösungen für die aufgegriffenen Problemfelder. Weil die Regierung im Verlaufe des Problemlösungsprozesses auf die Übernahme von Fakten, Analysen und Bewertungen anderer angewiesen ist, muß sie mit den Verbänden und der Ministerialbürokratie zusammenarbeiten, die über große Detailkenntnisse verfügen. Reicht die Informationsbasis nicht, wird gegebenenfalls die Wissenschaft um Beratung gebeten. Da die Regierung Unsicherheit abbauen muß und weil die Fülle der Informationen stufenweise bis hin zur Entscheidungsvorlage beim Minister oder Kabinett rigoros verdichtet werden muß, haben die Interessen besondere Erfolgsaussichten, die geschickt vorgebracht und als besonders wählerwirksam dargestellt werden können.

Für die Opposition ist es außerordentlich schwierig, an problembezogenen Lösungen mitzuwirken. Denn die Wähler neigen erstens dazu, Erfolge der Regierung zuzurechnen, zweitens ist ihre *Vergessensrate* bei Mißerfolgen der Regierung außerordentlich hoch (vgl. Kirchgässner 1986:114), und drittens schließlich verurteilen sie eine ausschließlich destruktive Haltung der Opposition. Erfolgversprechende Alternativen der Opposition werden jedoch von der Regierung usurpiert und als eigener Vorschlag präsentiert. Insofern befindet sich die Opposition im Dilemma (vgl. Zohlnhöfer 1975: 541, 1980: 95). Die Opposition wird sich deshalb darauf beschränken, der Regierung grobe Versäumnisse vorzuwerfen und vorgetragene Lösungen für unzureichend halten. Da sie selbst die Finanzierbarkeit ihrer Vorschläge vernachlässigen kann, kann sie die Regierung in das Dilemma bringen, ständig mehr zu versprechen als sie einnahmenpolitisch eigentlich halten kann (vgl. Franke 1993b: 362, 363, 408). Dieses Vorgehen kann erfolgver-

---

4   Nicht stimmenergiebige Themen können hin und wieder in die politische Diskussion gelangen, sofern sie im Sinne der Grobsteuerung des Parteienwettbewerbs nicht ausdrücklich ausgeschlossen sind und wenn sie von sog. Fach- und Machtpromotoren mit Beharrlichkeit und Überzeugungskraft vorgetragen werden.

sprechend sein, weil die Wähler mehrheitlich gegenwärtigen Nutzen höher bewerten als künftige Kosten (s.o.) und weil sie in einer komplexen Umwelt der Einkommenserzielung mehr Aufmerksamkeit widmen als den vielfältigen Einkommensverwendungsmöglichkeiten.

Der Weg vom aufgegriffenen Problem bis zur Lösung wird als *Fein-steuerung der Politik* bezeichnet. Deren Verästelungen, Querbeziehungen, Hintergründe und idiosynkratischen Bedingungen sind derart komplex, daß ihre konkreten Resultate häufig unvorhersehbar sind sowie als undurchdacht und ungewollt erscheinen; sie ereignen sich gewissermaßen. So sind manche Regelungen für politische Güter kaum noch nachvollziehbar. Die behauptete Unvorhersehbarkeit bezieht sich indessen nur auf konkrete Einzelregelungen. Beispiele bieten das Steuerrecht, das Sozialrecht und das Arbeitsrecht. Aus den skizzierten Bedingungen des politischen Willens- und Entscheidungsbildungsprozesses lassen sich jedoch Hypothesen über politische Gestaltungsmuster ableiten, die als *pattern predictions* im Sinne v. Hayeks (1972) bezeichnet werden können und die prinzipiell überprüfbar sind. Dies sei im folgenden Kapitel am Beispiel der Steuerpolitik kurz referiert (vgl. ausführlich Finding 1992; Franke 1983, 1984, 1993b; zu weiteren Beispielen vgl. Franke 1986a, 1986b, 1993a).

7. Politikfeldanalyse: Das Beispiel Steuerpolitik

Die Steuerpolitik zählt zu den Bereichen mit hoher Wählerbeweglichkeit, weil sie unmittelbar einkommenswirksam ist. Die Regierung unterliegt daher starkem Druck der Verbände, die auf Vergünstigungen für ihre Mitglieder drängen. Gefordert werden sowohl gruppenspezifische Ausgabenerhöhungen wie auch Steuervergünstigungen. Wie beschrieben, unterstützt die Opposition solche Forderungen, weil sie nicht auf deren Finanzierbarkeit achten muß. Die Regierung gerät dadurch in das Dilemma, ausgaben- und steuerpolitisch mehr zu versprechen, als sie einnahmenpolitisch verantworten kann. Daher sucht sie stets nach Möglichkeiten, die merklichen (direkten) Steuern optisch wirksam zu senken und die unmerklichen (indirekten) Steuern anzuheben. In Form der Staatsverschuldung wird zudem die nicht organisationsfähige künftige Generation belastet.

Das in diesem Zusammenhang oft zitierte Leistungsfähigkeitsprinzip dient steuerpolitisch lediglich als Argumentationshilfe. Nach außen soll es als plakative Formel einfache Wähler ideologisch an die Partei binden, intern erleichtert es Partei- und Koalitionskompromisse. Unter dem Deckmantel solcher Kompromisse kann die Regierung Partikularinteressen entsprechen, um sich konglomeral zusammengesetzte Mehrheiten zu sichern. Dies führt dazu, daß den organisationsfähigen Interessen ein differenziertes Steuerrecht angeboten wird. Konkret geschieht dies in der parlamentarischen Ausschußarbeit; hier können die einzelnen Gruppen ihre Anliegen einbringen, also *rent-seeking* betreiben (vgl. Buchanan 1983). Ihre Interessen können im Rahmen von Kompromissen berücksichtigt werden, und ihren Mitgliedern wird bedeutet, sich zu informieren und die durch das Steuerrecht gegebenen gruppenspezifischen Entlastungen zu nutzen. Das Steuerrecht wird auf diese Weise kompliziert und für den Laien undurchschaubar.

Von der Interessenvertretung der Steuerbeamten sind brauchbare Vorschläge zur Auflösung des Dilemmas nicht zu erwarten. Die Forderung nach radikalen Steuervereinfachungen ist als reines Ritual zu begreifen; müßte sie doch bei ihrer Realisierung die Vernichtung des Humankapitals ihrer Mitglieder fürchten. Außerdem ist sie am steuerpolitischen Willens- und Entscheidungsbildungsprozeß beteiligt und weiß um die Vorteile eines hohen Wertberücksichtigungspotentials. Daraus resultierende Steuerdifferenzierungen kann sie zum Anlaß nehmen, mehr Personal zu fordern, was nicht zuletzt die eigene Verbandsmacht stärkt.

8. Funktionsschwächen parlamentarisch-repräsentativer Demokratien: Ein kurzer Ausblick

Mit Hilfe der Ökonomische Theorie der Politik läßt sich das Verständnis für die Zusammenhänge und Abläufe politischer Willensbildung- und Entscheidungsprozesse vertiefen. Insofern haben zahlreiche Analysen mit Hilfe des skizzierten Ansatzes der Neuen Politischen Ökonomie das Wissen in der Demokratie-, Verbands- und Bürokratieforschung beträchtlich erweitern können (vgl. z.B. die von Boettcher u.a. ab 1980 herausgegebenen Jahrbücher für Neue Politische Ökonomie). Ungelöst bleiben aber die im Laufe des Beitrags zum Teil angesprochenen Funktionsschwächen parlamentarischer Entscheidungsprozesse: Zum einen werden nicht organisationsfähige Interessen, und seien sie noch so wichtig, systematisch vernachlässigt. Zum anderen hat die Opposition keine Veranlassung, an konstruktiven Lösungen für schwierige Probleme mitzuarbeiten. Mit steigendem Problemdruck sinkt zudem die zu ihrer Lösung zur Verfügung stehende Zeit. Damit scheiden marktwirtschaftliche Wege zunehmend aus, und die Gefahr undurchdachter und dirigistischer Eingriffe in den komplizierten Wirtschaftsprozeß wächst. Der Einfluß der Wissenschaft ist gering, zugleich verharrt die Ministerialbürokratie zu lange bei traditionellen Problemlösungsverfahren.

Die Beseitigung oder Milderung dieser Funktionsschwächen ist wesentlich für die weitere Akzeptanz der demokratischen Regierungsform, gibt es doch nach allen Erfahrungen keine bessere Möglichkeit der Wertberücksichtigung und der Interessenkoordination auf politischer Ebene. Im Gegensatz zu nichtdemokratischen Systemen gewährleistet die Demokratie die *gleichzeitige* Berücksichtigung vieler Interessen, und Fehlentwicklungen kann durch mögliche und tatsächlich stattfindende Regierungswechsel begegnet werden. Die Analysen der Neuen Politischen Ökonomie legen nahe, daß es zur Erhaltung der Vorteile der demokratischen Interessenberücksichtigung bei möglichst gleichzeitiger Vermeidung gesamtwirtschaftlicher Nachteile wirksamer verfassungsrechtlicher Beschränkungen der Steuer- und Ausgabenpolitik des Staates bedarf. Dafür tritt schon seit langem der amerikanische Nobelpreisträger James M. Buchanan ein (vgl. Buchanan 1986a; 1986b; 1991: 19f.; vgl. auch Brennan, Buchanan 1988: 252ff., 257ff.).

Darüber hinaus sind weitere konstitutionelle wie auch pragmatisch orientierte Reformen nötig. Zu den konstitutionellen Reformen zählt der kürzlich wieder aktuell gewordene Vorschlag von Friedrich v. Hayek (1969) eines Zwei-Kammer-Systems, wobei die zweite Kammer ausschließlich rechtsetzende Aufgaben wahrnehmen und für etwa 15 Jahre gewählt sein sollte. Pragmatisch orientierte Reformen zielen u.a. auf eine Verlagerung von Kompetenzen vom Finanzministerium auf das Wirtschaftsministerium, auf die Einrichtung eines Steuerbeauftragten, auf gößere Kompetenzen des Bundesrechnungshofes oder auf die Stärkung der Opposition durch einen verbesserten parlamentarischen Hilfsdienst.

Literaturverzeichnis

Arrow, K., 1970: Social Choice and Individual Value. London

Bender, D. et al., 1992: Vahlens Kompendium der Wirtschaftstheorie und Wirtschaftspolitik, Bd. 2, 5., überarb. Aufl. München

Berg, H./Cassel, D., 1992: Artikel "Theorie der Wirtschaftspolitik". In: Bender et al., 1992, 163-238

Boettcher, E./Herder-Dorneich, Ph./Schenk, K.-E. (Hg.), 1980ff.: Jahrbücher für Neue Politische Ökonomie. Tübingen (ab Band 10 mit D. Schmidtchen)

Brennan, G./Buchanan, J.M., 1988: Besteuerung und Staatsgewalt. Hamburg

Buchanan, J.M., 1983: Rent Seeking, Noncompensated Transfers, and Laws of Succession. In: Journal of Law and Economics, 26, 71-85

Buchanan, J.M., 1986a: Gespräch mit dem Handelsblatt. In: Handelblatt, Nr. 207, 28. Okt. 1986, 3

Buchanan, J.M., 1986b: Regeln statt Moral. Gespräch mit der Wirtschaftswoche. In: Wirtschaftswoche, Nr. 45, 31. Okt. 1986, 42-45

Buchanan, J.M., 1991: Economics in the Post-Socialist Century. In: EJ, 101, 15-21

Downs, A., 1957: An Economic Theory of Democracy. New York (deutsch: Ökonomische Theorie der Demokratie. Tübingen 1968)

Falter, J. W.; Schumann, S., 1993: Nichtwahl und Protestwahl: Zwei Seiten einer Medaille. In: Aus Politik und Zeitgeschichte, B 11/93, 36-49

Festinger, L., 1957: A Theory of Cognitive Dissonance. Evanston (deutsch: Theorie der kognitiven Dissonanz. Bern 1978)

Finding, M., 1992: Die politische Ökonomie der Steuerreform. Eine Untersuchung der politischen Grenzen von Steuerreformen unter besonderer Berücksichtigung der Steuerreform 1990 (Diss.). Essen

Franke, S.F., 1983: Ein Beitrag zur Steuerreformpolitik in der Demokratie. In: Hansmeyer (Hg.), 1983, 171-188

Franke, S.F., 1984: Zur politischen Funktion konsensmobilisierender Formeln in der parlamentarischen Demokratie. In: StuW, 61, 32-39

Franke, S.F., 1986a: Arbeitsmarktpolitik in der Demokratie. In: Zeitschrift für Wirtschaftspolitik, 35, 251-272

Franke, S.F., 1986b: Kleinere Parteien im Modell der Demokratie. In: Boettcher et al. (Hg.), 1986, 68-87

Franke, S.F., 1993a: Bipolare Mehr-Parteien-Systeme und das Aufkommen neuer Parteien: Das Beispiel der Republikaner. In: Wechselwirkungen (Jahrbuch 1992. Aus Lehre und Forschung der Universität Stuttgart), 57-67

Franke, S.F., 1993b: Steuerpolitik in der Demokratie. Berlin

Frey, B.S., 1977: Moderne Politische Ökonomie. München, Zürich

Frey, B.S., 1990: Ökonomie ist Sozialwissenschaft. München

v. Hayek, F.A., 1969: Recht, Gesetz und Wirtschaftsfreiheit. In: Ders.: Freiburger Studien, Tübingen, 47-55

v. Hayek, F.A., 1972: Die Theorie komplexer Phänomene. Tübingen

Herber, R., 1982: Wahlsysteme im Vergleich. In: Boettcher et al. (Hg.), 1982, 39-56

Herder-Dorneich, Ph., 1959: Politisches Modell zur Wirtschaftstheorie: Theorie der Bestimmungsfaktoren finanzwirtschaftlicher Staatstätigkeit (Teilauflage unter dem Pseudonym F.O. Harding). Freiburg

Herder-Dorneich, Ph., 1983a: Gesetzliche Krankenversicherung heute. Köln

Herder-Dorneich, Ph. 1983b: Systemvariation und Abwahlrisiko. In: Boettcher et al. (Hg.), 1983, 86-101

Herder-Dorneich, Ph., 1992: Neue Politische Ökonomie als Paradigma. In: Boettcher et al. (Hg.), 1992, 1-5

Herder-Dorneich, Ph./Groser, M., 1977: Ökonomische Theorie des politischen Wettbewerbs. Göttingen

Hirschman, A.O., 1974: Abwanderung und Widerspruch. Tübingen

Hotelling, H., 1929: Stability in Competition. In: EJ, 39, 41-57

Jackson, P.M., 1983: The Political Economy of Bureaucracy. Totowa, New Jersey

Kirchgässner, G., 1986: Rationale Erwartungen und ökonomische Theorie der Politik. In: Boettcher et al. (Hg.), 1986, 103-121

Kirchgässsner, G./Pommerehne, W. W., 1993: Low-cost Decisions as a Challenge to Public Choice. In: Public Choice, 77, 107-115

Kirsch, G., 1993: Neue Politische Ökonomie, 3. überarb. und erw. Aufl. Düsseldorf

Knappe, E., 1980: Einkommensumverteilung in der Demokratie. Freiburg

Mintzel, A./Oberreuter, H., 1992a: Zukunftsperspektiven des Parteiensystems. In: Mintzel/Oberreuter (Hg.), 1992b, , 485-508

Mintzel, A./Oberreuter, H. (Hg.), 1992b: Parteien in der Bundesrepublik Deutschland, 2. akt. und erw. Aufl. Bonn

Mueller, D. C., 1991: Public Choice II. A revised edition of Public Choice (reprinted; first published 1989). Cambridge u.a.

Olson, M., 1965: The Logic of Collective Action, Cambridge, Mass. (deutsch: Die Logik des kollektiven Handelns, 2. Aufl. Tübingen 1992)

Prisching, M., 1989: Rational Politicians and Symbolic Politics (Paper Presented at the Annual Meeting of the European Public Choice Society, April 1989. Linz)

Rau, K. H., 1826: Lehrbuch der politischen Ökonomie. Heidelberg

Ricardo, D., 1817: On the Principles of Political Economy and Taxation. London

Rice, St. A., 1928: Quantitative Methods in Politics. New York

Scheuch, E. K./Scheuch, U., 1994: Noch ist es keine Rückkehr zu Weimarer Verhältnissen. In: Das Parlament, Nr. 1, 7. Jan. 1994, 2

Schneider, F., 1982: Politisch-ökonomische Modelle: Übersicht und neuere Entwicklungen. In: Boettcher et al. (Hg.), 1982, 57-88

Schumpeter, A., 1942: Capitalism, Socialism and Democracy, New York 1942 (deutsch: Kapitalismus, Sozialismus und Demokratie [zuerst 1946], 5. Aufl. München 1980)

Teichmann, U., 1993: Wirtschaftspolitik, 4. akt. und erw. Aufl. München

Tietzel, M., 1991: Der Neue Institutionalismus auf dem Hintergrund der alten Ordnungsdebatte. In: Boettcher et al. (Hg.), 1991, 3-37

Wahl, J./Pappenberger, K., 1994: Der manipulierte Bundestag? Die Abstimmung über § 218 StGB im Deutschen Bundestag am 25. Juni 1992 aus dem Blickwinkel der Social-Choice-Theorie. Diskussionspapier. Universität Magdeburg, Fakultät für Wirtschaftswissenschaft

Weede, E., 1990: Wirtschaft, Staat und Gesellschaft. Tübingen

Würgler, H. (Hg.), 1975: Stabilisierungspolitik in der Marktwirtschaft, 1. Band. Berlin

Zohlnhöfer, W., 1975: Eine politische Theorie der schleichenden Inflation. In: Würgler (Hg.), 1975, 533-553

Zohlnhöfer, W., 1980: Das Steuerungspotential des Parteiwettbewerbs im Bereich staatlicher Wirtschaftspolitik. In: Boettcher et al. (Hg.), 1980, 82-102

4. Theorien des rationalen Handelns in den Internationalen Beziehungen

Versuch eines Überblicks

Bernhard Zangl und Michael Zürn

Zusammenfassung

In diesem Beitrag soll ein mit Beispielen angereicherter Überblick über die Rolle von Theorien rationalen Handelns in der akademischen Disziplin Internationale Beziehungen vermittelt werden. Unterschiedliche Verwendungen der Theorien rationalen Handelns werden diskutiert und jeweils anhand eines Beispiels illustriert. Das Ziel ist es nicht, eine Generalkritik an solchen Ansätzen vorzutragen und mithin zu argumentieren, daß sie einen Holzweg für die Theoriebildung in den Internationalen Beziehungen darstellen. Das Ziel des Beitrags besteht auch nicht darin, die Theorien des rationalen Handelns, oder eine spezifische Variante davon, zum Königsweg der Theoriebildung in den Internationalen Beziehungen zu erheben. Wir wollen vielmehr versuchen, einen einigermaßen ausgewogenen Überblick zu geben, der eine schnelle und übersichtliche Information über die Verwendung der Theorien des rationalen Handelns in den Internationalen Beziehungen ermöglicht.

1. Einleitung

Theorien des rationalen Handelns gehen grundlegend davon aus, daß soziale Akteure (a) über eine gegebene und wahrgenommene Menge von Verhaltensoptionen verfügen, (b) die Konsequenzen der verschiedenen Verhaltensoptionen abschätzen, (c) die verschiedenen Verhaltensoptionen gemäß ihren erwarteten Konsequenzen in eine Reihenfolge der Wünschbarkeit bringen, (d) die Verhaltensoption wählen, die ihre Nutzenerwartungen befriedigt (vgl. auch den Beiträge von Gillessen und Mühlau sowie Kunz in diesem Band). Diese Annahmen über soziale Akteure stellen freilich eine grobe Vereinfachung der sozialen Realität dar. Soziale Akteure handeln nicht immer als *homo oeconomicus*, sondern eben auch als *homo sociologicus* oder *homo psychologicus*. Gleichwohl spricht vieles dafür, daß die Annahmen von *Rational Choice*-Ansätzen über den *homo oeconomicus* für die Akteure in den internationalen Beziehungen vergleichsweise realitätsnah sind. Denn die internationalen Beziehungen sind dadurch gekennzeichnet, daß eine *begrenzte Anzahl* von korporativen Akteuren in *Abwesenheit eines legalen Gewaltmonopols* und bei im Vergleich zu anderen sozialen Systemen *geringer funktionaler Differenzierung* unter der Bedingung *ausgeprägter und sichtbarer Interdependenz* miteinander interagieren. Internationale Beziehungen finden zudem im wesentlichen *zwischen* politischen Gemeinschaften statt, Weltpolitik geschieht also nicht im Rahmen einer ausgeprägten kollektiven Identität. Die meisten der Akteure zeichnen sich deshalb (und ganz offensichtlich) durch eine hohe Wertschätzung von strategischem Denken aus. Sie beschäftigen ganze bürokratische Apparate (a) zur Ermittlung von Verhaltensalternativen, (b) zur Abschätzung ihrer Konsequenzen sowie (c) zu deren Evaluation, um so (d) eine befriedigende Entscheidung zu treffen. Angesichts dieser besonderen Bedingungen erscheinen die Internationalen Beziehungen ähnlich wie die Ökonomie ein vergleichsweise ideales Anwendungsgebiet für Theorien rationalen Handelns.

In der Tat beruht das bis heute wohl dominante Paradigma der Analyse internationaler Politik, nämlich die *Realistische Theorie der internationalen Politik*, auf einer Reihe von Prämissen, die mit der Theorie des rationalen Handelns weitgehend übereinstimmen. Es wird im Realismus davon ausgegangen, daß Staaten, die dort als Schlüsselakteure der internationalen Politik gelten, soziale Akteure sind, die mit rationalen Mitteln ihr Interesse, das ist insbesondere die Machtvermehrung, verfolgen (vgl. Morgenthau, 1954, 1963; Carr, 1946). Der moderne Klassiker des Realismus, die *Theory of*

International Politics von Kenneth Waltz (1979), geht dabei noch einen Schritt weiter. Sein Buch ist explizit an die neoklassische Theorie des Marktes angelehnt. Demnach erzeugt die Anarchie (verstanden als die Abwesenheit einer Zentralgewalt) als grundlegendes Organisationsprinzip des internationalen Systems den unbedingten Verhaltensimperativ *hilf Dir selbst*. Die Anarchie sorgt mithin dafür, daß alles Verhalten dem Prinzip der Selbsthilfe entsprechen *muß*, da Einheiten, die sich nicht systemkonform verhalten, vernichtet und somit ausgeschieden werden. In diesem Sinne beruht die Waltzsche Argumentation nicht nur auf der Vorstellung, daß Staaten rational ihre Interessen verfolgen müssen, um bestehen zu können. Vielmehr umfaßt sie auch eine zwingende Theorie der Zielorientierung: Nur die Staaten können bestehen, die die Machtvermehrung zu ihrem Interesse erklären.

Die *Kritiker des Realismus* stellen demgegenüber insbesondere in Frage, ob Staaten tatsächlich aufgrund der anarchischen Struktur des internationalen Systems immer nach Macht streben müssen (vgl. z.B. Baldwin 1993; Keohane 1986; Milner 1992; Zürn 1994). Insofern zielt die Kritik insbesondere auf die im Realismus enthaltene Theorie der Interessenbildung. Daß Staaten und andere Akteure versuchen, ihre Interessen und die Interessen ihrer Gesellschaften zu vertreten, unterlag lange Zeit kaum einem Zweifel. Erst neuerdings wird in der Theoriediskussion auch die Annahme von der Interessengeleitetheit des Handelns in der internationalen Politik generell in Frage gestellt (vgl. Adler, Haas 1992; Hurrell 1993; Jachtenfuchs 1993; Jönsson 1993; Müller 1994). Würde man also in einem Beitrag über Theorien des rationalen Handelns und internationale Politik die Prämisse von der rationalen Interessenverfolgung der Akteure als einziges Inklusionskriterium wählen, so schriebe man unweigerlich einen fast umfassenden Überblick über den Stand der Theorie der Internationalen Beziehungen. In diesem Beitrag über die Theorien des rationalen Handelns und internationale Politik wollen wir daher einen etwas enger umgrenzten Bereich der Theoriebildung darstellen und diskutieren. Wir wollen solche Beiträge zur Theoriebildung in den Internationalen Beziehungen detaillierter erörtern, die (a) auf der Prämisse der rationalen Interessenverfolgung sozialer Akteure beruhen und die zusätzlich (b) entweder die Problematik möglicher Divergenzen von individueller und kollektiver Rationalität zum Ausgangspunkt nehmen oder die mit explizit formalen Methoden arbeiten. In der Sache handelt es sich dabei zum einen um den rationalistischen Strang des Neoinstitutionalismus (Analysen über den Zusammenhang von Interessen und Institutionen, vgl.

als Überblick Keck 1991) und zum anderen um die ökonomische Theorie der internationalen Politik (Staaten als Nutzenmaximierer von knappen Gütern, vgl. als Überblick Weede 1989). Theorien der internationalen Politik, die zwar Macht und Interesse zu den Grundkategorien der Analyse internationaler Politik erklären, die aber sowohl auf die Analyse des Spannungsverhältnisses von individueller und kollektiver Rationalität als auch auf die Verwendung formalisierter Konzepte verzichten, werden hier also nicht einer näheren Betrachtung unterzogen.

Trotz dieser Einschränkung ist der Kranz an *Rational Choice* orientierten Theoriearbeiten im Bereich der Internationalen Beziehungen noch zu bunt und vielfältig, um ihn einigermaßen übersichtlich darstellen zu können. Es müssen also unterschiedliche Stränge der Diskussion herausgearbeitet werden. Zu diesem Zwecke ist es sinnvoll, zunächst eine grundlegende Unterscheidung bezüglich des *Untersuchungsgegenstandes*, der sog. abhängigen Variable, vorzunehmen. Da sich die akademische Disziplin Internationale Beziehungen aus zwei Teilgebieten, der Außenpolitik und der internationalen Politik, zusammensetzt, bietet sich eine Unterscheidung entlang dieser Trennung an. In dem Teil der Literatur, in dem das Außenverhalten von Staaten, also die *Außenpolitik* analysiert wird, kann beispielsweise die Frage auftauchen, welche Außenpolitikstrategie am besten dazu geeignet ist, Kooperation bei den Interaktionspartnern zu induzieren. Außenpolitik beschreibt dabei beobachtbare Verhaltensmuster eines Staates gegenüber politischen Einheiten, die außerhalb der nationalen Jurisdiktion liegen. In einem anderen Teil der Literatur ist hingegen die internationale Politik der Gegenstand der Untersuchung. Die Frage, unter welchen Rahmenbedingungen sich eine institutionalisierte Kooperation zwischen zwei Staaten ausbilden kann, mag hier als Beispiel dienen. Internationale Politik kann definiert werden als die Menge der grenzüberschreitenden Interaktionen korporativer Akteure (Staaten, internationale Organisationen, multinationale Konzerne etc.), die auf die Ausbildung, Veränderung oder Auflösung von internationalen Rahmenbedingungen, seien sie materieller oder institutioneller Art, zielen, innerhalb derer die Zuteilung von Werten erfolgt.

Neben der Differenzierung von Außenpolitik und internationaler Politik können unterschiedliche Analyserichtungen danach unterschieden werden, ob sie das *Problem der Verteilung knapper Ressourcen* oder das *Problem der Realisierung allseitig gewinnbringender Kooperation* zum Gegenstand

haben.[1] Diejenigen Autorinnen und Autoren, die die Realisierung gewinnbringender Kooperation zum analytischen Fokus nehmen, unterscheiden
sich von herkömmlichen Realistischen Analysen der internationalen Politik
insbesondere dadurch, daß sie der institutionalisierten Kooperation im internationalen System einen deutlich bedeutenderen Platz zuweisen. Während
Realisten in der Tradition von Thomas Hobbes Institutionen in Abwesenheit
einer Zentralgewalt kaum einen dauerhaften Charakter zuerkennen können,
heben *Rational Choice* orientierte Kooperationstheoretiker die Möglichkeit
institutionalisierter Kooperation auch in Abwesenheit einer hierarchischen
Ordnung hervor. Demgegenüber sind die Autorinnen und Autoren, die die
Verteilungsfrage in den Mittelpunkt ihrer Überlegungen stellen, im allgemeinen deutlich skeptischer, was die Realisierung von Kooperation im internationalen System anbetrifft. Sie betonen, daß Kooperation selbst dann,
wenn sie für alle beteiligten Staaten Gewinne abwirft, scheitern kann, weil
sich die Akteure nicht auf die Verteilung der Gewinne einigen können. Sie
heben zudem hervor, daß in Abwesenheit einer Zentralgewalt für die Staaten
stets ein Anreiz besteht, sich bei der Verteilung knapper Güter durch die
Androhung oder Anwendung von Gewalt einen zusätzlichen Vorteil zu
verschaffen.

Wenn diese beiden Unterscheidungen[2] nun zusammengeführt werden,
ergeben sich vier Stränge der rationalistischen Theoriebildung in den Internationalen Beziehungen. In Tabelle 1 sind diese vier Felder dargestellt,
wobei in jedem Feld ein idealtypisches Beispiel zur Illustration genannt ist.
Im folgenden sollen die Grundargumentationen von jedem dieser Analyse-

---

1   Dabei folgen wir Jon Elsters (1989) Unterscheidung zwischen *collective action*-Theorien
     und *bargaining*-Theorien, die die zwei grundlegenden Probleme der Realisierung sozialer
     Ordnung benennt. Während *collective action*-Theorien die Trittbrettfahrerproblematik als
     Haupthindernis von sozialer Ordnung und Kooperation thematisieren (vgl. hierzu den Bei-
     trag von Gilleßen und Mühlau in diesem Band), verweisen *bargaining*-Theorien auf das
     Problem der Verteilung der Ressourcen, die durch die Kooperation *zusätzlich* realisiert
     werden konnten (vgl. ähnlich Scharpf 1993: 138-139, 1991: 626). Im Gegensatz dazu
     wollen wir unter der Kategorie Verteilung knapper Ressourcen auch solche Analysen dis-
     kutieren, welche die Verteilungsproblematik knapper Ressourcen unabhängig von vorher-
     gehender oder avisierter Kooperation thematisieren.

2   Beide Unterscheidungen haben freilich keine einhundertprozentige Trennschärfe. Es wäre
     vermutlich angemessener, sie als idealtypische Pole zu verstehen, zwischen denen reale An-
     sätze auf einem Kontinuum abgetragen werden können.

stränge generell vorgestellt, anhand des genannten Beispiels illustriert und hinsichtlich seiner Stärken und Schwächen beleuchtet werden.

Tabelle 1: Anwendungen der Theorie des rationalen Handelns in den Internationalen Beziehungen

Untersuchungs- gegenstand: Analytischer Fokus:	Außenpolitik	Internationale Politik
Verteilung knapper Ressourcen	(1) Abschreckungstheorie	(2) realistische Kooperationstheorie
Realisierung von Kooperationschancen	(3) Außenpolitikstrategie	(4) Regimeanalyse

2. Die Verteilung knapper Ressourcen

Das Problem der Verteilung knapper Ressourcen läßt sich spieltheoretisch durch folgende Situation vom Typ *Koordinationsspiel mit Verteilungskonflikt* illustrieren: [3]

Abbildung 1: Das Koordinationsspiel mit Verteilungskonflikt

Spieler B: Spieler A:	Kooperation C	Selbsthilfe D
Selbsthilfe D	4 / 3 P;N	2 / 2 M
Kooperation C	1 / 1	3 / 4 P;N

---

3   Die spieltheoretische Auszahlungsmatrix verdeutlicht, daß die Spieler A und B jeweils über zwei Handlungsoptionen *Kooperation* und *Selbsthilfe* verfügen. Diese lassen sich zu vier Interaktionsergebnissen kombinieren. Die Matrix zeigt weiterhin an, daß die Akteure bezüglich der vier Interaktionsergebnisse unterschiedliche Präferenzen haben. Diese kommen durch die Nutzenkennziffern zum Ausdruck. Das von einem Spieler am meisten gewünschte Interaktionsergebnis erhält die Nutzenkennziffer 4' das am wenigsten gewünschte Ergebnis die Kennziffer 1.

In dieser Situation stellt sowohl das Interaktionsergebnis (C-D) als auch das Interaktionsergebnis (D-C) eine kollektiv rationale Lösung[4] dar. Für Spieler A wie für Spieler B besteht ein Anreiz, das Verhalten mit dem jeweils anderen zu koordinieren, um eines dieser beiden kollektiv rationalen Interaktionsergebnisse zu realisieren. Da Spieler A und Spieler B jedoch über unterschiedliche Präferenzen bezüglich der Wahl eines der kollektiv sinnvollen Interaktionsergebnisse verfügen, entsteht ein Verteilungskonflikt, bei dem jeder der Spieler das von ihm bevorzugte kollektiv sinnvolle Interaktionsergebnis gegen die Interessen des anderen durchsetzen will. Es ist die Gefahr gegeben, daß beide Spieler im Glauben an ein Einlenken des jeweils anderen die individuell rationale Verhaltensoption[5] Selbsthilfe wählen und damit eine kollektiv sinnvolle Lösungsmöglichkeit verfehlen (D-D).

In den internationalen Beziehungen sind problematische Situationen vom Typ *Koordinationsspiele mit Verteilungskonflikt* sehr häufig. Beispielsweise kann die Harmonisierung von technischen und rechtlichen Standards in der Europäischen Gemeinschaft als solche betrachtet werden. Zwar lag allen EG-Staaten daran, zur Realisierung des Binnenmarktes die technischen und rechtlichen Standards zu vereinheitlichen, gleichwohl war jeder Staat daran interessiert, seine nationalen Standards zu EG-Standards zu machen und anfallende Anpassungskosten zu sparen. Ebenso waren die Interessen der europäischen Staaten bei der Einführung einheitlicher Schienenbreiten im europäischen Eisenbahnverkehr sowie bei der Vereinheitlichung der Telegraphennetze im ausgehenden 19. Jahrhundert gelagert. Auch diese Probleme lassen sich als Koordinationsspiele mit Verteilungskonflikt abbilden.

---

4   In spieltheoretischen Arbeiten werden kollektiv rationale Interaktionsergebnisse als paretooptimal bezeichnet. Ein Pareto Optimum (P) liegt dann vor, wenn jede denkbare Abweichung zur Schädigung mindestens eines der beteiligten Spieler führt.

5   In spieltheoretischen Arbeiten werden die Interaktionsergebnisse individueller Rationalität, die sich ergeben, wenn beide Seiten bedingungslos ihre eigenen Interessen verfolgen, entweder durch das Nash-Equilibrium (N) oder die Maximin-Lösung (M) indiziert. Das Nash-Equilibrium stellt das Interaktionsergebnis dar, das keiner der Akteure verlassen kann, ohne sich selbst zu schädigen. Die Maximin-Lösung ergibt sich, wenn beide Akteure die Option wählen, die ihnen den maximalen Minimalnutzen garantiert. Im vorliegenden Fall eines Koordinationsspiels mit Verteilungskonflikt weicht nur die Maximin-Lösung von den kollektiv sinnvollen Interaktionsergebnissen ab. Die Nash-Equilibria decken sich hingegen mit den Pareto-Optima.

Feld 1: Außenpolitik und die Verteilung knapper Ressourcen

Ein erster Strang der an *Rational Choice*-Ansätzen orientierten Theoriearbeiten im Bereich der Internationalen Beziehungen befaßt sich mit der Frage, mittels welcher *Strategien* Staaten versuchen, sich bei der *Verteilung von knappen Gütern* gegenüber aktuellen oder potentiellen Konkurrenten *durchzusetzen*. Es geht hier also darum, bestimmte außenpolitische Strategien als rationale Verhaltensweise zur Erzielung von Vorteilen in Situationen vom Typ Koordinationsspiele mit Verteilungskonflikt zu ermitteln. Als rationale Strategien oder strategische Züge werden dabei solche Verhaltensweisen bezeichnet, die in einer interdependenten Entscheidungssituation die Entscheidung des Konkurrenten derart beeinflussen, daß er Entscheidungen trifft, die die bessere Verwirklichung der eigenen Interessen ermöglichen (vgl. Schelling 1980: 160).

Der entsprechende Diskussionsstrang kann als historischer Einstieg der Verwendung von *Rational Choice*-Ansätzen zur Analyse von internationalen Beziehungen gelten. Ihm sind insbesondere militärtaktische Anwendungen, die Abschreckungstheorie, Teile der Kriegsursachentheorie und Krisentheorie sowie Teile der Verhandlungstheorie zuzurechnen. Bereits sehr früh nach ihrer Einführung erfuhr die Spieltheorie zunächst präskriptive Anwendungen im militärtaktischen Bereich, die v.a. auf der Analyse von Nullsummenspielen beruhten. Dem folgten spieltheoretische Arbeiten im Rahmen der sog. *Strategic Studies*, die zum einen zu einer präziseren Formulierung der Abschreckungstheorie beitrugen, aber auch die Schwachpunkte des Abschreckungssystems deutlich vor Augen führten. Beispielsweise zeigte Schelling (1980), daß der zentrale Faktor einer funktionierenden Abschreckung die Glaubwürdigkeit der Vergeltung ist und daß diese bei der *Massive Assured Destruction*-Doktrin im Falle eines Angriffs der Sowjetunion auf Westeuropa schwerlich gegeben sein kann. Umgekehrt wurde ebenfalls aufgrund spieltheoretischer Analysen gezeigt, daß eine zu große Kriegsführungsfähigkeit, die die Glaubwürdigkeit der Vergeltung erhöht (beispielsweise durch die Einführung von leicht verwundbaren ballistischen Mittelstreckenraketen oder durch die Installierung von ABM-Systemen jeglicher Art), auch die Präemptionsneigung des Opponenten erhöht und somit ebenfalls destabilisierend wirkt (vgl. Ellsberg 1965). [6]

---

6   Die militärischen Analysen decken bei weitem nicht den gesamten präskriptiven Anwendungsbereich der Spieltheorie in den Internationalen Beziehungen ab. Sie dominierten allerdings für lange Zeit und trugen zu manchem Vorurteil gegenüber spieltheoretischen Analysen bei. Für eine neuere Analyse in dieser Tradition vgl. Brams (1985). Erst neuerdings werden spieltheoretische Argu-

Im Bereich der Kriegsursachentheorie hat insbesondere Bueno de Mesquita (1981) das *Rational Choice*-Instrumentarium benutzt, um zu zeigen, daß Staaten dann Kriege führen, wenn sie nach einer rationalen Kalkulation zu dem Ergebnis kommen, daß unter Berücksichtigung der Chancen bzw. des Risikos, den Krieg zu gewinnen bzw. zu verlieren, die möglichen Kriegsgewinne die zu erwartenden Kriegskosten zumindest ausgleichen. Mit dieser Arbeit und den darauffolgenden Anwendungen (vgl. Bueno de Mesquita u.a. 1985) und Erweiterungen (vgl. Bueno de Mesquita, Lalman 1992) ist die Kriegsursachenforschung ein Stück weit aus ihrem induktiv-empiristischen Zustand geführt worden (vgl. Mendler, Schwegler-Rohmeis 1988). Auch im Bereich der Analyse des Verhaltens in internationalen Krisen konnten *Rational Choice*-orientierte Arbeiten einen gewissen Beitrag leisten (vgl. Snyder, Diesing 1977).

Als Beispiel für diesen Strang der Verwendung von *Rational Choice*-Theorien in den Internationalen Beziehungen wollen wir Thomas C. Schellings bahnbrechendes Buch *Strategy of Conflict* etwas näher betrachten. Sein Hauptaugenmerk gilt den Strategien, die Staaten anwenden, um bei der Verteilung von knappen Gütern beispielsweise in internationalen Verhandlungen ihre Interessen durchzusetzen. Er macht deutlich, wann Staaten etwa durch Strategien wie Drohungen, Verpflichtungen oder aber auch Versprechungen eine von ihnen bevorzugte Verteilung von Gütern zu erreichen suchen (vgl. Schelling 1980: 119-161). Bei der *Strategie der Verpflichtungen* begibt sich der Akteur einer Verhaltensoption, indem er sich auf eine bestimmte Verhaltensweise festlegt und diese mithin zur dominanten Strategie macht. Eine Verpflichtung versuchen Staaten insbesondere dann einzugehen, wenn der Verhandlungsgegenstand, wie bei Koordinationsspielen mit Verteilungskonflikt, für denjenigen Akteur, der zuerst eine Entscheidung treffen kann, einen Vorteil bietet (*first mover advantage*). Gelingt es einem der Akteure in einem Koordinationsspiel mit Verteilungskonflikt, sich auf die Verhaltensoption Selbsthilfe zu verpflichten, so bleibt seinem Interaktionspartner - will er eine Selbstschädigung vermeiden - nichts übrig als seinerseits einzulenken und die Verhaltensoption Kooperation zu wählen. Gerade bei den Verhandlungen über die Harmonisierung technischer und rechtlicher Standards in der EG haben einzelne Mitgliedsstaaten wie-

---

mente präskriptiv in bezug auf internationale Verteilungskonflikte (vgl. Weede 1989) sowie in der Diskussion über eine Theorie der internationalen Gerechtigkeit herangezogen (vgl. Young 1989).

derholt versucht, sich auf ihre nationalen Bestimmungen zu verpflichten, um die EG-Partner zur Anpassung an diese Bestimmungen zu zwingen.

Zumeist werden Verpflichtungen jedoch in Situationen vom Typ Koordinationsspiele mit Verteilungskonflikt genutzt, um eine *Strategie der Drohung* glaubhaft zu machen. Während durch eine verhandlungstaktische Verpflichtung Akteure ihre weiteren Aktionen unabhängig von der Verhaltensweise anderer festlegen, können in Form von Drohungen Reaktionen auf bestimmte Verhaltensweisen der Verhandlungspartner vorbestimmt werden. Bei Drohungen wird das Verhalten also vom Verhalten des Interaktionspartners abhängig gemacht, mit dem Ziel den Interaktionspartner dadurch zu einer gewünschten Verhaltensweise zu zwingen. Beispielsweise versuchten die USA durch die Drohung, im Falle kriegerischer Aggressionen der UdSSR in Europa mit massiver Vergeltung zu reagieren, die UdSSR zum Aggressionsverzicht zu bewegen. Sie versuchten darüber hinaus durch die Stationierung von US-Truppen auf dem europäischen Kontinent, sich auf diese Reaktionsweise zu verpflichten. Denn ohne eine solche zusätzliche Verpflichtung wäre die US-amerikanische Vergeltungsdrohung nur bedingt glaubhaft gewesen. Weshalb hätte sich die USA auf eine nukleare Auseinandersetzung mit der Sowjetunion einlassen sollen, *nur* weil Teile von Westeuropa besetzt worden sind? Wie hätte das innenpolitisch im Falle eines Falles durchgesetzt werden können? Indem nun aber US-Truppen in Europa stationiert waren, wäre jeglicher sowjetische Angriff auch ein Angriff auf amerikanische Truppen gewesen. Dadurch haben sich die USA zusätzlich verpflichtet, Westeuropa zu schützen und notfalls einen sowjetischen Angriff zu vergelten. Allgemein: Erst durch eine Verpflichtung auf eine angedrohte Reaktionsweise kann ein Akteur seine Drohung glaubhaft machen, da die zusätzlichen Kosten des Gesichtsverlusts die angedrohte Reaktion zur ersten Präferenz werden lassen.

Bei einem verhandlungstaktischen *Versprechen* fixieren die Akteure wie bei der Drohung ihre Reaktionsweise in Abhängigkeit vom Verhalten des Interaktionspartners. Im Unterschied zur Drohung kündigen sie jedoch nicht ein den Interaktionspartner schädigendes Verhalten an, vielmehr sollen Begünstigungen die gewünschte Verhaltensweise hervorrufen. Versprechen müssen wie Drohungen zumeist durch Verpflichtungen glaubhaft gemacht werden. Ein Versprechen, das nicht glaubhaft ist, ist kaum dazu geeignet, die gewünschte Verhaltensänderung beim Interaktionspartner zu bewirken. Solange ein Anreiz besteht, auf das gewünschte Verhalten des Interaktionspartner nicht mit der ursprünglich versprochenen Verhaltensweise zu reagieren, sondern strikt seine eigenen Interessen zu verfolgen, wird nur ein gutgläubiger Interaktionspartner bereit sein, sein Verhalten umzustellen. Versprechen werden zumeist durch öffentliche Bekundungen, die Unterzeichnung von Verträgen oder die Einbindung in internationale Institutionen glaubhaft gemacht.

Den Grundgedanken von Schelling, daß Staaten, vertreten durch ihre Regierungen, bei internationalen Verhandlungen versuchen, durch strategisches Verhalten die Verteilung von knappen Gütern zu ihren Gunsten zu beeinflussen, hat Putnam (1988) mit seinem Konzept der *two-level games* aufgenommen. Er versucht jedoch die problematische Annahme älterer *Rational Choice*-orientierter Analysen, der Staat handle bei internationalen Verhandlungen als einheitlicher Akteur, zu überwinden und neben der internationalen (gouvernementalen) eine nationale (gesellschaftliche) Ebene in die Erklärung außenpolitischen Verhaltens einzubeziehen. Er geht davon aus, daß von Regierungen bei internationalen Verhandlungen erwartet wird, innergesellschaftliche Anforderungen so weit wie möglich zu befriedigen. Regierungen spielen demnach stets an zwei Brettern, wobei ihre Züge immer für beide Bretter gelten: international mit anderen Regierungen und national mit gesellschaftlichen Gruppen.

Aus der Sicht von Putnams Zwei-Ebenen-Modell können Regierungen gerade diese Stellung im Knotenpunkt von nationalen und internationalen Anforderungen nutzen, um in internationalen Verhandlungen durch den Verweis auf innenpolitische Schwierigkeiten erfolgreich abzuschneiden. Die interne Schwäche einer Regierung kann sich demnach als externe Verhandlungsstärke erweisen, da sie einer Regierung die Möglichkeit gibt, den eigenen Forderungen mehr Nachdruck zu verleihen und die Grenzen einer zustimmungsfähigen Vereinbarung eng zu setzen (*small win-set*). Umgekehrt kann die interne Stärke einer Regierung sich als externer Nachteil bei Verhandlungen erweisen, da die Regierung ihre Drohungen nicht durch Verpflichtungen nach innen glaubhaft stützen kann (vgl. Putnam 1988: 440). Der dargelegte Zusammenhang ist beispielsweise anhand der Agrarverhandlungen zwischen den USA und der EG zu illustrieren. Beide Seiten versuchten bei den Agrarverhandlungen im Rahmen der Uruguay-Runde des GATT unter Hinweis auf den Druck, den die landwirtschaftlichen Interessenvertretungen sowohl in den USA als auch in der EG zu erzeugen vermochten, den jeweiligen Verhandlungspartner zum Einlenken zu bewegen. Im Ergebnis setzte sich bei den verschiedenen Verhandlungsgegenständen jeweils die Seite durch, die auf den größeren gesellschaftlichen Druck verweisen konnte (vgl. Zangl 1994: 48-108).[7]

Es ist in diesem Überblick sicherlich nicht möglich, sich mit den vorgestellten Arbeiten im Detail kritisch auseinanderzusetzen. Allerdings sind einige Kritikpunkte anzuführen, die an diesen Strang der *Rational Choice*-Anwendung in den Internationalen Beziehungen meist als Ganzes gerichtet wurden. Eine erste, fundamentale Kritik zielt von einem normativen Standpunkt aus auf die Perspektive solcher Analysen, bei denen nach den Möglichkeiten der Durchsetzung individueller Interessen gefragt wird. Ein solches Denken kann als Teil des globalen Spiels der sich selbst erfüllenden Prophezeiung des Hobbesschen Weltbildes angesehen werden, dessen „trügerische Richtigkeit die Herrschaft des Irrtums verewigt" und letztlich zur „(selbst)zerstörenden Prophezeiung" wird (Junne 1972: 159; vgl. auch Höffe 1975: 42-99).

Eine zweite, ähnlich fundamentale Kritik bezieht sich auf das Ausmaß an Rationalität, welches den Akteuren in diesen Analysen unterstellt wird. Diese Kritik ist insbesondere im Zusammenhang mit der Abschreckungs- und Krisentheorie vorgetragen worden. So sind zahlreiche Krisensituationen historisch analysiert worden, in denen das Staatenverhalten schwerlich Rationalitätskriterien entsprach bzw. in denen die Abschreckungstheorie scheiterte (vgl. insbesondere Allison 1971 sowie Lebow, Gross-Stein 1989). Demgegenüber haben allerdings Aachen, Snidal (1989) argumentiert, daß die Ergebnisse dieser Studien auf einer verzerrten Auswahl beruhen. Wenn Krisen zum Untersuchungsgegenstand gemacht wurden, habe die Abschreckung bereits versagt und gleichzeitig blieben die zahllosen Fälle ausgeblendet, in denen es aufgrund der gegenseitigen Abschreckung erst gar nicht zu einer Krise gekommen sei (vgl. hierzu den *Special Issue* von World Politics, 41:3, 1989).

Obgleich die vorgestellten Analysen internationale Politik im allgemeinen gerade nicht als ein Nullsummenspiel begreifen (wie das krude Versionen des Realismus getan haben), ist drittens schließlich nicht zu verkennen, daß

---

7   Für weitere Fallstudien, die diese und andere Mechanismen in Zwei-Ebenen-Verhandlungssituationen aufzeigen, vgl. Evans, Jacobson und Putnam (1993). Darüber hinaus verweist Putnam (1988: 455-456) auf die Möglichkeit, daß Regierungen internationale Vereinbarungen nutzen, um interne Umverteilungen durchsetzbar zu machen (vgl. hierzu auch Noehrenburg 1993).

in diesen Analysen internationale Politik als harter Wettbewerb um knappe Güter konzeptualisiert wird. Staaten werden meist als *parametrische Akteure* konzeptualisiert, die in diesem Wettbewerb qua Selbsthilfe bestehen müssen. Staaten werden kaum als *strategische Akteure* konzeptualisiert, die vor dem Hintergrund der Einsicht arbeiten, daß das allseitige Beharren auf die einseitige Interessendurchsetzung die Möglichkeit verbaut, Einigungen zu erreichen und gemeinsame Gewinne zu erzielen.

Feld 2: Internationale Politik und die Verteilung knapper Güter
Ein zweiter Strang von Theorien der internationalen Beziehungen, die auf den Annahmen des *Rational Choice*-Ansatzes beruhen, stellt zwar auch die Verteilung knapper Güter in den Mittelpunkt der Analyse, nimmt jedoch eine andere Perspektive ein. Diese Analysen verlassen die Perspektive, bei der es um die Ermittlung durchsetzungsfähiger Strategien geht und versuchen stattdessen reale Verhandlungs- und Austauschergebnisse in der internationalen Politik mittels der ökonomischen Theorie der Politik zu erklären.

Zu diesem Strang der rationalistischen Theorien der internationalen Beziehungen, der sich aus den bereits diskutierten Ansätzen strategischen Außenpolitikverhaltens entwickelt hat, ist u.a. die Allianztheorie zu rechnen. Hierbei geht es insbesondere um Fragen der Erklärung der Anzahl der Allianzmitglieder und der Lastenverteilung zwischen ihnen (vgl. Fritz-Assmus 1990). Gleichermaßen gehört der Teil der Verhandlungstheorie in dieses Feld, der untersucht, unter welchen Bedingungen Verhandlungen über knappe Güter zu einer Einigung führen bzw. scheitern. Beispielsweise hat Sebenius (1983) den Einfluß der Verknüpfung verschiedener Verhandlungsgegenstände (*issue linkage*) sowie die Hinzuziehung weiterer Verhandlungsteilnehmer herausgearbeitet. Mayer (1992) stellt die Bedeutung von Seitenzahlungen, die bestimmten gesellschaftlichen Gruppen in den beteiligten Staaten zugute kommen, für den erfolgreichen Abschluß von internationalen Verhandlungen in den Vordergrund. In solchen Arbeiten ist auch immer wieder auf die Rolle von sogenannten *fokalen Punkten* (also Punkte, die sich als Kompromiß aufgrund kultureller Gepflogenheiten anbieten wie etwa die 50%-50% Aufteilung oder Flüsse als Grenzen von Staaten etc.) hingewiesen worden (vgl. auch Schelling 1980: 53-80).

In diesem Feld wollen wir die Analysen etwas näher beleuchten, welche *Rational Choice*-Konzepte benutzen, um die vorrangige Rolle von Machtressourcen und die Grenzen der Kooperationschancen in den internationalen Beziehungen herauszustellen. Diese Arbeiten werden paradoxerweise unter dem Begriff *neorealistische Kooperationstheorie* zusammengefaßt, dem wir hier der Einfachheit halber folgen wollen. In dieser Literatur wird im Unterschied zur liberalen Kooperationstheorie weniger die Angst, von potentiellen Kooperationspartnern hintergangen zu werden, sondern vielmehr die Einigung auf eine bestimmte Verteilung der gemeinsamen Gewinne, die sich aus der Zusammenarbeit ergeben, als das gravierendste Hindernis internationaler Kooperation angesehen.

Joseph Grieco (1988, 1990) argumentiert, daß die Staaten in einem internationalen anarchischen Selbsthilfesystem in einer Vielzahl von Problemfeldern ihr Verhalten nicht an absoluten, sondern an relativen Gewinnen orientieren. Staaten fragen demnach bei der Beurteilung potentieller internationaler Kooperation nicht, wieviel sie *absolut* durch Kooperation gewinnen, sondern wieviel sie *in Relation zu anderen* Staaten durch die Kooperation gewinnen. Die Bedeutung relativer Gewinne ergibt sich - so argumentiert Grieco (1988) - aus der anarchischen Selbsthilfesituation, in der sich die Staaten im internationalen System befinden. Die Kooperationspartner von heute können die Kriegsgegner von morgen sein und dabei die relativen Kooperationsgewinne als Kriegsvorteil nutzen. Kooperation, die zwar absolute Gewinne verspricht, jedoch relative Verluste impliziert, würde demnach das Überleben des betreffenden Staates gefährden, mithin den Selbsthilfeimperativ verletzen. Daraus ergibt sich, daß in der internationalen Politik alle Spiele eine kompetitive Transformation erfahren, die die Kooperationschancen wesentlich einschränkt.[8] Kooperative Interaktionsergebnisse sind gemäß dieser Sichtweise deshalb in den internationalen Beziehungen sehr unwahrscheinlich. Sie können sich nur dann einstellen, wenn es den Staaten gelingt, eine Verteilung der gemeinsamen Kooperationsgewinne zu erreichen, die die bestehenden Machtverhältnisse nicht tangiert. Eine kooperative Bearbeitung von Situationen, die strukturell Koordinationsspielen mit Verteilungskonflikt entsprechen, ist aus dieser Sicht nur schwer möglich.[9] Um

---

8   Der von Grieco (1988) vorgeschlagenen Transformationsregel zufolge ergibt sich der Nutzen N eines Akteurs durch den absoluten Gewinn A minus des relativen Gewinns für den Konkurrenten (N= A - (B-A)).

9   Aus der Sicht der neorealistischen Kooperationstheorie ist die Orientierung der Akteure an relativen Gewinnen freilich nicht das einzige Kooperationshindernis. Sie betonen darüber hinaus das Problem, daß Staaten nicht sicher sein können, ob sich ihre Kooperationspartner an die Kooperationsvereinbarung halten. Da dieses Kooperationshindernis jedoch keinen

nun zu zeigen, daß die Orientierung von Staaten an relativen Gewinnen nicht nur in Problemfeldern, die unmittelbar die Sicherheit von Staaten tangieren, internationale Kooperation verhindert, sondern in einer Vielzahl unterschiedlicher Problemfelder und Handlungszusammenhänge der internationalen Beziehungen gegeben ist, versuchte Grieco (1990) seinen Ansatz in Problemfeldern und Handlungszusammenhängen empirisch zu stützen, in denen eine Orientierung der Akteure an relativen Gewinnen besonders unwahrscheinlich ist ('hard case strategy'). Er untersuchte Problemfelder aus den internationalen Handelsbeziehungen zwischen den GATT-Mitgliedern. Dabei konnte er zwar zeigen, daß Verteilungskonflikte in diesen Problemfeldern die Kooperation erschwert haben. Die Frage allerdings, ob diese Verteilungskonflikte einer Orientierung der Staaten an relativen Gewinnen geschuldet war, muß offen bleiben.

Stephen D. Krasner (1991) betont in einer Arbeit mit dem Titel *Life on the Pareto Frontier* ähnlich wie Grieco die Verteilungskonflikte, die sich bei der Auswahl eines kooperativen Interaktionsergebnisses aus der Menge der möglichen kooperativen Interaktionsergebnisse ergeben. Auch er schätzt die Chancen für das Zustandekommen von dauerhafter Kooperation in der internationalen Politik skeptisch ein. Neben der in der Praxis eher unwahrscheinlichen Gleichverteilung von Gewinnen aus einer Zusammenarbeit arbeitet Krasner allerdings noch einen zweiten Modus heraus, wie solche kooperationshemmenden Verteilungskonflikte überwunden werden können. Er hält Kooperation in der internationalen Politik dann für möglich, wenn ein mächtiger Staat in einem Problemfeld in der Lage ist, dasjenige Ergebnis aus der Menge der kooperativen Interaktionsergebnisse durchzusetzen, das seinen Interessen am meisten entspricht. Mächtige Staaten können insbesondere durch die Verknüpfung von Problemen (*linkage*) glaubhafte Drohungen aussprechen und so die weniger mächtigen Staaten zum Einlenken bewegen. Seine Hypothese stützt Krasner durch Fallstudien aus dem Bereich der globalen Kommunikation. Er konnte zeigen, daß bei der Koordinierung des Staatenverhaltens jeweils der mächtigste Staat - zumeist die USA - das von ihm am meisten gewünschte kollektiv sinnvolle Interaktionsergebnis durchsetzen konnte. In diesem Sinne stützt diese Analyse die neorealistische Überzeugung, daß dauerhafte Kooperation in der internationalen Politik nur

---

Verteilungsaspekt impliziert, kann es an dieser Stelle übergangen werden. Es wird im Zusammenhang mit der Regimeanalyse (s.u.) noch eingehender besprochen.

dann zustandekommen kann, wenn eine stark asymmetrische Machtverteilung vorhanden ist, d.h. wenn die sanktionierende Zentralinstanz mit Gewaltmonopol durch das funktionale Äquivalent einer hegemonialen Macht ersetzt wird. Damit gewinnt die These von der *hegemonialen Stabilität*, die ursprünglich vor dem Hintergrund des Entstehen von Kooperation in Dilemmasituationen entstanden ist (s.u., vgl. auch Krasner 1976; Keohane 1980, 1984; Snidal 1986), auch Relevanz für die internationale Kooperation in Situationen vom Typ Koordinationsspiele mit Verteilungskonflikt.

Ein gewichtiger Teil der Kritik der neorealistischen Kooperationstheorie wurde zunächst im Rahmen der *Rational Choice*-Theorie, d.h. ohne bezug auf die Empirie formuliert. So wurde gezeigt, daß das Streben nach relativen Gewinnen bei rationalen Akteuren nur in wenigen, mit Hilfe von nichtrealistischen Ansätzen klar zu spezifizierenden Situationen eine wichtige kooperationshindernde Rolle spielen kann (vgl. Milner 1992: 270-273; Keck 1993; Powell 1992; Snidal 1991; Zürn 1992: 172). Erstens muß die Anzahl der beteiligten Akteure im Problemfeld klein sein, zweitens muß die zugrundeliegende Situationsstruktur eher einem Koordinations- denn einem Dilemmaspiel gleichen, drittens darf es nicht die Möglichkeit der Ausgleichszahlungen über verschiedene Problemfelder hinweg geben, viertens müssen die relativen Gewinne leicht in militärische Überlegenheit umgemünzt werden können und fünftens haben die Gesamtbeziehungen der beteiligten Akteure sehr kompetitiv zu sein bzw. die Wahrnehmung der Möglichkeit einer kriegerischen Auseinandersetzung enthalten. Ob Staaten also nach relativen Gewinnen streben oder nicht, hat wenig mit der anarchischen Struktur des internationalen Systems zu tun. Die relative Gewinnorientierung von Staaten ist eine Möglichkeit, eine Variable, die von vielen spezifischen Rahmenbedingungen abhängig, aber keineswegs als Konstante aus der anarchischen Struktur des internationalen Systems abzuleiten ist.

Zudem ist deutlich gemacht worden, daß Staaten, die in Verhandlungen unnachgiebig sind und auf eine für sie günstigere Verteilung der Kooperationsgewinne drängen, sich nicht notwendigerweise an relativen Gewinnen orientieren. Die Beobachtung des Strebens nach einer ausgeglichenen Gewinnverteilung ist mit unterschiedlichen Motivationen des Handelns vereinbar: Es kann sowohl von Neid und Gerechtigkeitssinn getragen als auch dem Streben entsprungen sein, die eigenen absoluten Gewinne möglichst hoch zu halten. In ähnlicher Weise wie in der Auseinandersetzung mit der These von der relativen Gewinnorientierung von Staaten ist mit Hilfe spieltheoretischer Analysen auch gezeigt worden, daß die Lösung von Kooperationsproblemen nicht nur mittels eines *Hegemons*, der überlegene Machtressourcen besitzt, erreicht werden kann.[10]

Schließlich lassen sich auch eine Reihe von empirischen Studien anführen, die Zweifel an den vermeintlichen Grenzen der Kooperation in den Internationalen Beziehungen stützen. Zum einen ist im Rahmen der *Regimeanalyse* für zahlreiche Problemfelder und Interaktionszusammenhänge der Nachweis von institutionalisierten Formen der Kooperation gelungen. Allein deren Anzahl muß aus der Sicht der neorealistischen Kooperationstheorie verwundern (vgl. als Überblick Rittberger 1993). Zum zweiten konnten institutionalisierte Formen der Kooperationen in Interaktionszusammenhängen nachgewiesen werden, in denen relative Gewinnorientierungen vorherrschten und in denen es keinen Hegemon gab. So ist die Existenz von internationalen Regimen in den Ost-West-Beziehungen des Kalten Krieges mit der neorealistischen Kooperationstheorie schlicht nicht zu erklären (vgl. Rittberger, Zürn 1990). Zum dritten hat sich in einigen empirischen Studien gezeigt, daß die Frage der Durchsetzung in Konflikten über gemeinsame Kooperationsgewinne nicht einfach durch die Machtressourcenverteilung präjudiziert wird (vgl. Milner 1992: 470, 480). Beispielsweise konnten Lehmann, McCoy (1992) demonstrieren, daß sich bei den Verhandlungen über die Umschuldung der Staatsschulden von Brasilien die brasilianische Regierung gegen die Regierung der erheblich mächtigeren USA durchsetzte, weil sie die Möglichkeit hatte, auf starken gesellschaftlichen Druck zu verweisen.

3.   Realisierung von Kooperationschancen

Um die Probleme internationaler Kooperation spieltheoretisch zu veranschaulichen, greifen die Autorinnen und Autoren, die sich vornehmlich mit der Realisierung von Kooperationschancen in den internationalen Beziehungen befassen, häufig auf das sogenannte *Gefangenendilemma* zurück:

---

10   Kooperation kann beispielsweise auch durch geschickt eingesetzte Selbstbindung, bei 'first-mover'-Vorteilen oder in sog. k-Gruppen erreicht werden.

Abbildung 2: Das Gefangenendilemma

Spieler B: Spieler A:	Kooperation C	Selbsthilfe D
Kooperation C	3 / 3 P	1 / 4 P
Selbsthilfe D	4 / 1 P	2 / 2 M;N

In dieser Dilemmasituation ist es im gemeinsamen Interesse der beteiligten Akteure, zu einem kooperativen Interaktionsergebnis zu gelangen (C-C). Gleichwohl besteht die Gefahr, daß die Spieler dieses Interaktionsergebnis verfehlen, da für jeden der Spieler die Motivation, die Verhaltensoption Selbsthilfe zu wählen, sehr ausgeprägt ist: Zum einen legt die Furcht, vom jeweils anderen hintergangen zu werden (C-D), diese Verhaltensoption nahe. Zum anderen läßt sich durch die Wahl der Verhaltensoption Selbsthilfe die eigene Auszahlung erhöhen (D-C). Wählen allerdings beide Spieler diese Option, so stellen sie sich sowohl einzeln als auch gemeinsam schlechter als bei beiderseitiger Kooperation. Das resultierende Interaktionsergebnis (D-D) ist kollektiv unerwünscht.

In den internationalen Beziehungen stellte beispielsweise der Rüstungswettlauf zwischen den USA und der ehemaligen UdSSR eine problematische Situation des Typs Dilemmaspiele dar: Jede der Supermächte hoffte, im Zuge des Ost-West-Gegensatzes durch die Steigerung der eigenen militärischen Kapazitäten ein zusätzliches Maß an Sicherheit vor möglichen Aggressionen der jeweils anderen zu gewinnen. Keine der Supermächte konnte jedoch ihre Sicherheit auf Kosten der anderen verbessern, da beide ihre militärischen Kapazitäten fortlaufend ausweiteten. Angesichts der ökonomischen Anstrengungen, die beide in diesem Falle aufwenden mußten, war es für beide sicher vorteilhaft, statt auf die Fortsetzung des Rüstungswettlaufes auf Rüstungskontrollvereinbarungen zu setzen (vgl. Jervis 1983). Gleichwohl führte die Hoffnung auf einseitige Vorteile sowie die Furcht vor der Vorteilnahme des jeweils anderen im Falle einer Unterlegenheit zu einer Fortsetzung der Rüstungsanstrengungen auf beiden Seiten.

Ebenso sind die Handelsbeziehungen zwischen zwei großen Staaten als Dilemmasituation zu verstehen. Beide Seiten bevorzugen liberale Handelsbeziehungen gegenüber beidseitigen protektionistischen Handelspraktiken.

Allerdings verspricht die unilaterale Protektion gegenüber kollektivem Frei-handel einen zusätzlichen Nutzen, so daß die Gefahr besteht, in einen kol-lektiv widersinnigen Protektionswettlauf zu geraten (vgl. Conybeare 1985).

Feld 3: Außenpolitik und die Chancen internationaler Kooperation
Ein dritter Strang von Theorien der internationalen Beziehungen, der auf dem Paradigma des *Rational Choice*-Ansatzes beruht, befaßt sich mit dem Verhältnis von außenpolitischen Strategien und den Chancen internationaler Kooperation in Situationen des Typs Dilemmaspiele. Der Ausgangspunkt besteht hierbei in den Arbeiten von Axelrod (1987) und Taylor (1987), die gezeigt haben, daß Kooperation unter rationalen (also egoistischen) Akteu-ren spontan ent- und bestehen kann, wenn sich die Akteure wiederholt in einer Situation befinden, die wie die Dilemmasituation nur durch allseitige Kooperation kollektiv sinnvoll bearbeitet werden kann. Axelrod hat diesen Zusammenhang in seiner Arbeit *Die Evolution der Kooperation* (1987) empirisch bereits mit einem Beispiel aus der internationalen Politik unter-mauert. Soldaten haben nämlich im Ersten Weltkrieg an einigen Frontab-schnitten ihr Sicherheitsdilemma durch die konditionale Strategie eines *leben und leben lassens* kooperativ lösen können. Sie verzichteten auf ge-zielte Angriffe solange ihre Gegner (Kooperationspartner) dasselbe taten.

Im Unterschied zum einmaligen Spielen ist beim wiederholten Spielen eines Gefangenendilemmas (wenn auch nicht zwingend) sowohl dezentrale Kontrolle als auch dezentrale Sanktionierung möglich. Die Nicht-Kooperation eines Akteurs in einer Spielrunde kann ohne Rückgriff auf eine zentrale Autorität oder Macht beobachtet (kontrolliert) und durch die übri-gen Akteure in einer späteren Spielrunde sanktioniert werden. Die perma-nente Wiederholung des Dilemmas eröffnet den Akteuren die Möglichkeit, kontingente Strategien zu wählen und damit das kooperative Interaktionser-gebnis dezentral durchzusetzen. Die Staaten können ihr Verhalten vom Verhalten der Interaktionspartner abhängig machen, indem sie kooperative Züge mit Kooperation belohnen, nicht-kooperative Verhaltensweisen hinge-gen mit Nicht-Kooperation bestrafen (vgl. Bendor, Mookherjee 1987: 129-131).

Axelrod konnte seine Argumentation zusätzlich durch einen Computersi-mulationswettbewerb untermauern. Er zeigte, daß *tit for tat* eine relativ erfolgreiche *Strategie* zur Induzierung von Kooperation ist. Bei der *tit for tat*-Strategie wählt der Akteur zunächst die Verhaltensoption Kooperation, in den folgenden Spielrunden wiederholt er hingegen stets die Wahl seines Interaktionspartners aus der vorhergehenden Spielrunde. Diese von Anatol Rapoport vorgeschlagene Strategie hat sich in den Wettkampfsimulationen von Axelrod als erfolgreich erwiesen (vgl. Axelrod 1987; Schüßler 1990), weil: sie (a) freundlich ist, da sie kooperativ beginnt; (b) nachsichtig ist, da sie nur mit einem Vergeltungszug auf einen unkooperativen Zug des Gegenüber reagiert, (c) provozierbar ist, da sie sofort auf jede Abweichung vom kooperativen Verhalten reagiert, und (d) für den Spielpartner leicht verständlich ist. Seitdem Axelrod seine Ergebnisse vorgestellt hat, ist immer wieder die Frage gestellt worden, ob nicht andere Strategien noch besser geeignet sind, kooperative Interaktionsergebnisse zu induzieren. Mit Blick auf die internationale Politik wurde mehrfach argumentiert, daß eine strikte *tit for tat*-Strategie mit hoher Wahrscheinlichkeit zu unerwünschten Ergebnissen führt. Denn aufgrund von Informationsdefiziten und Wahrnehmungsverzerrungen muß immer mit einzelnen Fehlinterpretationen von Zügen gerechnet werden. Die beidseitige Anwendung der *tit for tat*-Strategie führt dann mit hoher Wahrscheinlichkeit zu einer unendlichen Folge gegenseitiger Bestrafungen. Eine erfolgreiche Strategie für die internationalen Beziehungen muß folglich noch freundlicher als *tit for tat* sein. Sie sollte zumindest zwei nicht-kooperative Züge der anderen Seite verzeihen können (vgl. Axelrod, Keohane 1986; Patchen 1987). Ganz im Sinne dieser Argumentation haben empirische Studien gezeigt, daß im Entstehungsprozeß internationaler Regime meist eine der beteiligten Parteien eine Strategie verfolgte, die zwar Elemente von Reziprozität enthielt, aber doch keinesfalls jede Abweichung vom kooperativen Standard sofort bestrafte.[11]

Eine umfassende Studie über die Möglichkeiten, durch bestimmte Verhaltensmuster kooperative Reaktionen zu induzieren, haben Downs und Rocke (1990) in ihrem Buch über *Tacit Bargaining* vorgelegt. Sie argumentieren, daß Rüstungskontrollvereinbarungen am besten aufrechterhalten werden können, wenn eine sogenannte *trigger*-Strategie gewählt wird. Demzufolge sollen Staaten von der einmal gewählten kooperativen Linie endgültig abweichen, wenn die andere Seite ein bestimmtes Maß an Regelverletzung überschreitet. Leichte Regelverletzungen werden bei dieser Strategie zwar in

---

11   Vgl. hierzu Larson (1987) in einer Studie über den österreichischen Staatsvertrag, Zürn (1990) zur Entstehung des innerdeutschen Handelsregimes und Zürn (1993) in einer vergleichenden Studie.

Kauf genommen, gravierende Regelverletzungen gleichwohl mit dem endgültigen Kooperationsverzicht geahndet.

Trotz der angeführten Versuche, die in Computersimulationen erzielten Ergebnisse empirisch zu prüfen, bleibt das Problem der Übertragung solcher Strategien auf die außenpolitische Realität weitgehend ungelöst. Zum einen müssen die Konfliktparteien wissen, welches Spiel sie spielen. Zum anderen ist es in vielen Problemfeldern der internationalen Politik nicht offensichtlich, was eine *tit for tat*- und was eine *trigger*-Strategie ist. Was sind etwa im Bereich des internationalen Handelns die einzelnen Züge, was kann als kooperativer Zug gewertet werden? Hinzu kommt, daß drittens in bestimmten Bereichen der eigene unkooperative Zug zur Bestrafung unkooperativer Verhaltensweisen der anderen Seite enorm kostenträchtig sein kann. Dies gilt beispielsweise im Bereich der militärischen Rüstung oder im Bereich der Menschenrechte. Die Verletzung von Menschenrechten durch ein Staat kann nicht problemfeldintern dadurch sanktioniert werden, daß die sanktionierenden Parteien selbst Menschenrechtsverletzungen verüben. Indem zum vierten die innenpolitische Komponente ausgeblendet wird, trägt dieser Literaturstrang dem Problem nicht ausreichend Rechnung, daß das Abweichen von kooperativen Verhaltensweisen in der internationalen Politik nicht selten auf die Unfähigkeit (statt Unwilligkeit) einer Regierung zurückzuführen ist, einem entsprechenden innenpolitischen Druck zu widerstehen (etwa Frankreich in der Frage des Agrarhandels) oder die eingegangenen Verpflichtungen zu finanzieren (etwa Polen bei den Vereinbarungen zur Reinhaltung der Ostsee). Auf dieses Problem der *unvoluntary defection* hat insbesondere Putnam (1988: 438-439) hingewiesen.

Feld 4: Internationale Politik und die Chancen der Kooperation
Ein vierter Literaturstrang der Verwendung von *Rational Choice*-Theorien in den Internationalen Beziehungen lehnt sich unmittelbar an die ökonomische Theorie der Institutionen und die institutionelle Theorie der Ökonomie an (vgl. North 1981, 1990; Schotter 1981; Williamson 1985). Mit ihrem gemeinsamen Fokus auf die institutionellen Rahmenbedingungen des Handelns machen diese einen wesentlichen Teil des Neoinstitutionalismus und der Regimeanalyse aus. In den Internationalen Beziehungen ist diese Analyserichtung lange Zeit unter dem nicht ganz unproblematischen Label *neoliberaler Institutionalismus* geführt worden. Die Vertreterinnen und Vertreter dieser theoretischen Richtung nahmen die Erkenntnis, daß internationale

Kooperation unter rational agierenden Staaten auch ohne eine übergordnete Zentralinstanz möglich ist, zum Ausgangspunkt und fragten, unter welchen Bedingungen diese Möglichkeit realisiert werden kann. Als ein wesentliches Element jeder Antwort auf diese Frage wurde die Bedeutung von internationalen Institutionen etabliert. So wurden die dauerhaften Kooperationsbeziehungen zwischen den westlichen Industrieländern in den internationalen Wirtschaftsbeziehungen der 50er und 60er Jahre auf der Grundlage der neorealistischen Kooperationstheorie zunächst auf die US-Hegemonie zurückgeführt (vgl. Keohane 1980; Kindleberger 1973; Krasner 1976). Der Ausgangspunkt einer kritischen Auseinandersetzung mit dieser These war dann die empirische Beobachtung, daß die kooperativen Interaktionsmuster den relativen Verfall der USA in den 70er Jahren überdauerten. Robert O. Keohane (1984) argumentierte in Anlehnung an das sogenannte *Coase-Theorem* (Coase 1960), daß internationale Regime, also Prinzipien, Normen, Regeln und Prozeduren, die den zwischenstaatlichen Umgang in einem betroffenen Problemfeld der internationalen Beziehungen regeln, kooperative Interaktionen ermöglichen, indem sie (a) durch die Einhaltung gemeinsam vereinbarter Normen und Regeln stabile *Verhaltenserwartungen* etablieren, (b) *Informationen über die Regeleinhaltung* zur Verfügung stellen, die wiederum zu einer Verstärkung der Verhaltenserwartungen führen, und (c) die *Transaktionskosten*, d.h. Kosten für die Aufrechterhaltung von Kommunikation reduzieren, indem sie ein festes Procedere zur Verfügung stellen.

Rationale Akteure sollten angesichts dieser Leistungen einmal errichtete Institutionen am Leben erhalten, auch wenn die Bedingungen, unter denen sie zustande kamen, nicht mehr unbedingt gewährleistet sind. Mit dieser Argumentation wird die Existenz internationaler Regime sowie ihre Robustheit gegen Veränderungen in der internationalen Machtstruktur auf ihre Wirkung zurückgeführt. Da rationale Akteure gemäß der Argumentation von Keohane in der Lage sind, diese Wirkung von internationalen Regimen zu antizipieren, werden sie in vielen Problemfeldern der internationalen Politik einen Bedarf nach internationalen Regimen feststellen, der sie dazu veranlaßt, existierende internationale Regime *after Hegemony* aufrechtzuerhalten bzw. internationale Regime *without Hegemony* zu begründen.

Die Feststellung eines Bedarfs bzw. einer Nachfrage nach internationalen Regimen kann allerdings nur unbefriedigend erklären, warum Regime angeboten bzw. gebildet werden. Diesen Kritikpunkt aufnehmend, haben einige Autoren und Autorinnen versucht, Bedingungen zu benennen, unter denen die Bildung bzw. das Angebot von internationalen Regimen wahrscheinlich ist. Dabei sind mit Hilfe des spieltheoretischen Instrumentariums verschiedene Typen problematischer sozialer Situationen unterschieden worden, um mittels einer solchen Typologie sowohl Aussagen zur Wahrscheinlichkeit einer Regimebildung als auch zur Form des internationalen Regimes machen zu können (vgl. Axelrod, Keohane 1986; Martin 1992; Oye 1986b; Snidal 1985; Stein 1983; Zürn 1992). In empirischen Studien bestätigte sich, daß im Falle eines Bedarfs oder einer Nachfrage die Wahrscheinlichkeit der Regimebildung in Situationen vomTyp Koordinationsspiele ohne Verteilungskonflikt sehr hoch, in Situationen vom Typ Koordinationsspiele mit Verteilungskonflikt hoch, in Situationen vom Typ Dilemmaspiele dagegen gering und in Situationen vom Typ Überzeugungs- oder Rambospiele sehr gering ist. Je problematischer die Situationsstruktur, aus der heraus ein internationales Regime zu entstehen hat, um so bedeutsamer ist es, ob andere Faktoren die Regimebildung eher fördern oder behindern. Hier werden in der Literatur insbesondere die folgenden Faktoren genannt: (a) Anzahl der Akteure: Je geringer die Anzahl der Staaten, die in einem Problemfeld interagieren, um so größer ist die Wahrscheinlichkeit der Regimebildung. (b) Schatten der Zukunft: Je bedeutsamer die Akteure zukünftige im Vergleich zu aktuellen Interaktionsergebnissen bewerten, um so größer ist die Wahrscheinlichkeit der Regimebildung. (c) Verifizierbarkeit: Je einfacher es ist, die Regeleinhaltung zu verifizieren, umso größer ist die Wahrscheinlichkeit der Regimebildung. (d) Sanktionierbarkeit: Je weniger Kosten die Anwendung von Sanktionen mit sich bringt, desto größer ist die Wahrscheinlichkeit der Regimebildung. (e) Asymmetrische Machtverteilung: Je asymmetrischer die Macht unter den Staaten in einem Problemfeld verteilt ist, um so wahrscheinlicher ist die Bildung eines Regimes in diesem Problemfeld. (f) Transaktionsdichte: Je größer die Transaktionsdichte zwischen den Staaten eines Problemfeldes ist, um so größer ist die Wahrscheinlichkeit der Regimebildung. (g) Klima der Gesamtbeziehungen: Je besser das Klima zwischen den Staaten ist, die in einem Problemfeld miteinander interagieren, um so größer ist die Wahrscheinlichkeit der Regimebildung.

Die Bedeutung der genannten Faktoren wurde mittlerweile in einer Reihe von Fallstudien empirisch untermauert. Es hat sich dabei gezeigt, daß sie sowohl für verschiedene Handlungszusammenhänge wie den Ost-West-Kontext, die West-West-Beziehungen, das Nord-Süd-Verhältnis und den globalen Rahmen als auch für verschiedene Problemfelder aus den Sachbereichen Sicherheit, Wohlfahrt, Umwelt und Herrschaft Gültigkeit beanspruchen dürfen (vgl. hierzu Kohler-Koch 1989; Krasner 1983; Oye 1986a; Rittberger 1990, 1993). Obgleich dieser Literaturstrang sehr viel zum Verständnis internationaler Kooperation und der Rolle von internationalen Institutionen beigetragen hat, sind es insbesondere vier Bereiche, in denen mit Recht auf Schwachpunkte und Grenzen eines solchen Ansatzes hingewiesen wird:

(1) Obwohl der neoliberale Institutionalismus (bzw. Neoinstitutionalismus) die neorealistische Kooperationstheorie in der Auseinandersetzung in vielen Punkten in die Defensive gedrängt hat, bleibt doch der Vorwurf zurecht bestehen, daß der Neoinstitutionalismus in seiner Konzeptualisierung internationaler Politik tendenziell die Rolle von Verteilungskonflikten unterschätzt. Die Unterbelichtung von Verteilungskonflikten kann als eine zentrale Schwäche der neoinstitutionalistischen Regimeanalyse gelten (vgl. Bates 1988: 394; Sebenius 1992: 323-324; Grieco 1993).

(2) Bei der Analyse der Bedingungen, unter denen ein Bedarf nach Regimen realisiert wird, bleibt die Frage ungeklärt, wie die Kooperationsprobleme erster Ordnung, d. h. die Festlegung von Verhaltensvorschriften in einem Problemfeld, mit der Bewältigung der Kooperationsprobleme zweiter Ordnung, d.h. insbesondere die Festlegung von Kontroll- und Sanktionsmechanismen, zusammenhängen. Die Bildung von Regimen stellt nämlich Staaten erneut vor problematische Situationen, die der ursprünglichen Dilemmasituation vergleichbar sind. Es besteht sowohl bei der Festlegung und Durchführung von Kontrollaktivitäten als auch bei der Festlegung und möglichen Durchführung von Sanktionsaktivitäten sowie bei der Ausarbeitung von Verhaltensvorschriften für jeden einzelnen Akteur stets der Anreiz, die anfallenden Kosten auf die Interaktionspartner abzuwälzen. Diese Probleme zweiter Ordnung hat die Regimeanalyse bislang zu wenig berücksichtigt (vgl. Zangl 1994: 3-15).

(3) Ein weiterer Schwachpunkt neoinstitutionalistischer Theoriebildung ist es, Kooperation zumeist als binäres Phänomen zu behandeln. Sie geht zumeist von einem dichotomischen Verhältnis von Kooperation auf der einen Seite und Nicht-Kooperation, also Selbsthilfe, auf der anderen Seite aus. Eine solche Dichotomie ignoriert, daß es in einer Vielzahl von realen sozialen Situationen Interaktionsergebnisse geben kann, die zwar nicht kollektiv optimal (also die Pareto-Grenze nicht erreichen), gleichwohl kollektiv wünschenswerter sind als das Interaktionsergebnis, das sich bei der

(rücksichtslosen) Durchsetzung der Eigeninteressen einstellt (vgl. Sebenius 1992: 327-328).

(4) Als ein weiterer Schwachpunkt der Arbeiten des Neoinstitutionalismus kann die mangelnde Integration verschiedener Faktoren der Regimebildung gelten. Zumeist werden unterschiedliche Hypothesen nebeneinandergestellt und getestet, ohne zu demonstrieren, daß sich diese Hypothesen aus einer Theorie ableiten lassen. M.a.W. es fehlt eine Integration verschiedener Hypothesen in einer kohärenten Theorie internationaler Regimebildung (vgl. Efinger, Mayer, Schwarzer 1993; Young, Osherenko 1993).

4.   Schlußbemerkung

Die Kritikpunkte an dem neoinstitutionalistischen Strang der Anwendung von *Rational Choice*-Theorien in den Internationalen Beziehungen führen unmittelbar zu der grundlegenden Kritik, die in den Internationalen Beziehungen an einer solchen Forschungsstrategie geübt wird. Als ein zentrales Problem jeglicher Anwendung der *Rational Choice*-Theorie für die Erklärung von realen Entwicklungen gilt die Ermittlung der Interessen der Akteure. In *Rational Choice*-Ansätzen sind Interessen immer ein Element der unabhängigen Variable mittels der Variationen in der abhängigen Variable (Verhalten) erklärt werden. Damit stellt sich die Frage, wie die Interessen der beteiligten Akteure *unabhängig* von dem Verhalten, welches erklärt werden soll, ermittelt werden können (vgl. Snidal 1986). Die bislang diskutierten Verfahren der verhaltensunabhängigen Bestimmung von Interessen (vgl. Zürn 1992: 238-248) sind allerdings weit davon entfernt, eine Theorie der Interessenformierung für die Akteure in den internationalen Beziehungen hervorzubringen. Für eine vollständige sozialwissenschaftliche Erklärung auf der Basis des Paradigmas des *Rational Choice* wäre eine solche Theorie der Interessenformierung allerdings unerläßlich (vgl. Elster 1985: 4; sowie Adler, Haas 1992; Hurrell 1993; Milner 1992).

Die Feststellung eines Mangels an Theorien der Interessenbildung für die internationalen Beziehungen führt unmittelbar zu zwei weiteren Kritikpunkten, mit denen sich die Vertreterinnen und Vertreter von rationalen Entscheidungstheorien in den Internationalen Beziehungen immer wieder konfrontiert sehen. Beide diese Kritikpunkte lassen sich fruchtbar machen, um den konstatierten Mangel einer Theorie der Interessenformulierung von Staaten in den internationalen Beziehungen zu beheben. Der erste dieser Kritikpunkte bezieht sich auf die Tendenz von *Rational Choice*-Ansätzen,

Staaten als einheitliche Akteure zu konzeptualisieren und innenpolitische Faktoren bei der Erklärung von Außenpolitik bzw. internationaler Politik auszublenden. Dabei könnte möglicherweise gerade die Berücksichtigung innenpolitischer Faktoren Aufschluß darüber geben, warum bestimmte Staaten bestimmte Interessen verfolgen (vgl. Milner 1992; Zürn 1993). Die Berücksichtigung der Innenpolitik mag mithin die Basis für eine Theorie der Interessenformierung abgeben, die sich unmittelbar in *Rational Choice*-Analysen einspeisen ließe (vgl. Moravcsik 1992, 1993; Zürn 1992: 123-136, 1993). Der zweite Kritikpunkt bemängelt die Blindheit von *Rational Choice*-Ansätzen gegenüber der Rolle, die Faktoren wie Wissen und Ideen auch in den internationalen Beziehungen spielen. Dabei wird insbesondere auf die Bedeutung von Wissen und Ideen bei der Formulierung der Interessen von Staaten verwiesen (vgl. die Beiträge in Haas 1992).

Während die aufgeführten Kritikpunkte letztendlich durch eine Modifizierung bzw. Ergänzung bestehender *Rational Choice*-Ansätze der Internationalen Beziehungen aufgefangen werden könnten, ist die Kritik, die aus der Perspektive sogenannter reflektiver Ansätze formuliert wird, grundsätzlicherer Natur.[12] Sie stellt das *Rational Choice*-Paradigma als Ganzes in Frage. Den reflektiven Ansätzen ist gemeinsam, daß sie die Annahmen des *homo oeconomicus* zurückweisen und stattdessen auf Annahmen eines *homo sociologicus* zurückgreifen. Sie betonen, daß das Verhalten sozialer Akteure und somit auch das von Staaten in den internationalen Beziehungen stets an bestehenden Normen orientiert ist. Staaten folgen demnach nicht (zumindest nicht nur) einer Logik der Konsequentialität (Interessenverfolgung), sondern (auch) einer Logik der Angemessenheit (Normbefolgung). So wird beispielsweise argumentiert, daß die Rolle jedes Staates, Teil einer Gemeinschaft von Staaten zu sein, durch deren Anerkennung er selbst zum Staat wurde, bereits *a priori* die Anerkennung normativer Vorgaben wie die Souveränität der Staaten oder die Achtung von Verträgen beinhaltet. Das Staat-Sein impliziert mithin von vornherein die Achtung gewisser Normen (vgl. etwa Hurrell 1993). Auf dieser Grundlage wird weiterhin argumentiert, daß moralische Überzeugungen wie Gerechtigkeits- und Legitimitätsvorstellun-

---

12   Vgl. hierzu beispielsweise Kratochwil (1988), Ashley (1984). Im deutschen Sprachraum neigen Autorinnen und Autoren wie Kohler-Koch (1989), Jachtenfuchs (1993), Müller (1994) dieser Auffassung zu. Der Begriff *reflektiv* wurde von Keohane (1989b) in Abgrenzung zu *rationalistischen* Ansätzen geprägt.

gen in den internationalen Beziehungen einen bedeutsamen Einfluß auf die Interaktion von Staaten und insbesondere auf die Institutionenbildung haben (vgl. z.B. Franck 1990). Dementsprechend internalisieren Staaten beispielsweise die vereinbarten Normen und Regeln eines internationalen Regimes so sehr, daß die Befolgung der Normen und Regeln eine von den Interessen der jeweiligen Staaten unabhängige Verhaltensmotivation abgibt (vgl. z.B. Müller 1993). Und auch außerhalb eines verregelten Handlungszusammenhangs interagieren Staaten gemäß dieser Sichtweise nicht notwendigerweise auf der Grundlage fixierter Interessen. Häufig bilden sich Interessen erst im Prozeß von Verhandlungen heraus (vgl. z.B. Young 1989). Indem solche Argumentationen letztlich das kausale Verhältnis von Interessen und Normen, von normativen Handlungsumfeldern und Akteuren umkehren, negieren sie den *Rational Choice*-Ansatz als Ganzes.

Aus dem Duktus der vorgetragenen Kritik mag allerdings schon deutlich geworden sein, daß sich die Internationalen Beziehungen von anderen Teildisziplinen der Politik- und Sozialwissenschaften in einem Punkt deutlich unterscheiden: *Rational Choice*-orientierte Analysen stellen in den internationalen Beziehungen in gewisser Weise ein dominantes Paradigma dar, mit dem sich andere Herangehensweisen kritisch auseinanderzusetzen haben. Die grundlegenden Kategorien, mit denen internationale Politik analysiert wird, sind seit langem Interesse, zielgerichtetes Handeln, einheitliche Akteure, Anarchie u. ä. m. Insofern stellen *Rational Choice*-Analysen nicht eine Alternative zu etablierten Ansätzen dar, sie selbst sind *Establishment*. Das ist allerdings auch kein Zufall. Bereits in der Einleitung wurde darauf hingewiesen, daß einige Merkmale der internationalen Politik den Prämissen des rationalistischen Modells der Politik entgegenkommen. *Rational Choice*-Theorien scheinen daher für die Analyse internationaler Politik besser geeignet als etwa für die Analyse des Politikentwicklungsprozesses in einem nationalen politischen System. Ob sie allerdings für die Analyse internationaler Politik auch besser geeignet sind als alternative Ansätze, bleibt zu sehen.

Literaturverzeichnis

Aachen, C. A./Snidal, D., 1989: Rational Deterrence. Theory and Comparative Case Studies. In: World Politics, 41, 143-169

Adler, E. /Haas, P.M., 1992: Epistemic Communities, World Order, and the Creation of a Reflective Research Program. In: International Organization, 46, 367-390

Allison, G.T., 1971: Essence of Decision. Explaining the Cuban Missile Crisis. Boston

Ashley, R.K., 1984: The Poverty of Neorealism. In: International Organization, 38, 225-286

Axelrod, R., 1987: Die Evolution der Kooperation. München

Axelrod, R./Keohane, Robert O., 1986: Achieving Cooperation under Anarchy. Strategies and Institutions. In: Oye (Hg.), 1986a, 226-254

Baldwin, D.A. (Hg.), 1993: Neorealism and Neoliberalism. The Contemporary Debate. New York

Bates, R., 1988: Contra Contractarianism. Some Reflections on the New Institutionalism. In: Politics and Society, 16, 387-401

Bendor, J./Mookherje, D., 1987: Institutional Structure and the Logic of Ongoing Collective Action. In: American Political Science Review, 81, 129-154

Brams, S.J., 1985: Superpower Games. Applying Game Theory to Superpower Conflict. New Haven, London

Bueno de Mesquita, B., 1981: The War Trap. New Haven, London

Bueno de Mesquita, B./Newman, D./Rabuschka, A., 1985: Forecasting Political Events: Hong Kong's Future. New Haven

Bueno de Mesquita, B./Lalman, D., 1992: War and Reason. Domestic and International Imperatives. London

Calleo, D.P. (Hg.), 1976: Money and the Coming World Order. New York

Carr, E.H., 1946: The Twenty Years' Crisis, 1919-1939. An Introduction to the Study of International Relations. London

Coase, R.H., 1960: The Problem of Social Cost. In: Journal of Law and Economics, 3, 1-44

Conybeare, J.A., 1985: Trade Wars. A Comparative Study of Anglo-Hanse, Franco-Italian and Hawley-Smoot Conflicts. In: World Politics, 38, 147-172

Downs, G.W./Rocke, D.M., 1990: Tacit Bargaining, Arms Control. Ann Arbor

Efinger, M./Mayer, P./Schwarzer, G., 1993: Integrating and Contextualizing Hypotheses: Alternative Paths to Better Explanations of Regime Formation. In: Rittberger (Hg.), 1993, 252-282

Ellsberg, D., 1965: Die Grobanalyse strategischer Wahlmöglichkeiten.

In: Shubik, M. (Hg.), 1965, 241-251

Elster, J., 1985: Making Sense of Marx. Cambridge

Elster, J. (Hg.), 1986: Rational Choice. New York

Elster, J., 1989: The Cement of Society. A Study of Social Order. Cambridge

Evans, P.B./Jacobson, H.K./Putnam, R.D. (Hrsg.), 1993: Double Edged Diplomacy. International Bargaining and Domestic Politics. Berkeley u.a.

Franck, T.M., 1990: The Power of Legitimacy among Nations. New York, Oxford

Fritz-Assmus, D., 1990: Zur ökonomischen Theorie der Allianzen. Eine theoretische und empirische Untersuchung am Beispiel des Nordatlantischen Bündnisses. Bern, Stuttgart

Gantzel, K.J. (Hg.), 1988: Krieg in der Dritten Welt. Theoretische und methodische Probleme der Kriegsursachenforschung - Fallstudien. Baden-Baden

Grieco, J.M., 1988: Anarchy and the Limits of Cooperation. A Realist Critique of the Newest Liberal Institutionalism. In: International Organization, 42, 485-507

Grieco, J.M., 1990: Cooperation among Nations: Europe, America, and Non-Tariff Barriers to Trade. Ithaca

Grieco, J.M., 1993: Understanding the Problem of International Cooperation: The Limits of Neoliberal Institutionalism and the Future of Realist Theory. In: Baldwin (Hg.), 1993, 339-362

Haas, P.M., 1989: Do Regimes Matter? Epistemic Communities and Mediterranean Pollution Control. In: International Organization 43, 377-403.

Haas, P.M. (Hg.), 1992: Knowledge, Power, and International Policy Coordination. Special Issue of International Organization 46

Hoffe, O., 1975: Strategie der Humanität. Zur Ethik öffentlicher Entscheidungsprozesse. Frankfurt/Main

Holsti, O.R./Siverson, R.M./George, A.L. (Hg.), 1980: Change in the International System. Boulder

Hurrell, A., 1993: International Society and the Study of Regimes. In: Rittberger (Hg.), 1993, 49-72

Jachtenfuchs, M., 1993: Ideen und Interessen. Weltbilder als Kategorien der politischen Analyse (Arbeitspapier des Mannheimer Zentrums für Europäische Sozialforschung). Mannheim

Jervis, R., 1983: Security Regimes. In: Krasner (Hg.), 1983, 173-194

Jönsson, C., 1993: Cognitive Factors in Explaining Regime Dynamics. In: Rittberger (Hg.), 1993, 202-222

Junne, G., 1972: Die beschränkte Rationalität strategischen Denkens. Düsseldorf

Keck, O., 1991: Der neue Institutionalismus in der Theorie der Internationalen Politik. In: Politische Vierteljahresschrift, 32, 635-653

Keck, O., 1993: The New Institutionalism and the Inter-Paradigm-Debate. In: Pfetsch (Hg.), 1993, 35-62

Keohane, R.O., 1980: The Theory of Hegemonic Stability and Changes in International Economic Regimes, 1967-1977. In: Holsti/Siverson/George (Hg.), 1980, 131-162

Keohane, R.O., 1984: After Hegemony: Collaboration and Discord in the World Political Economy. Princeton

Keohane, R.O. (Hg.), 1986: Neorealism and Its Critics. New York

Keohane, R.O., 1989a: Neoliberal Institutionalism. A Perspective on World Politics. In: Keohane (Hg.), 1989c, 1-20

Keohane, R.O., 1989b: International Institutions. Two Approaches. In: Keohane (Hg.), 1989c, 158-179

Keohane, R.O. (Hg.), 1989c: International Institutions and State Power. Essays in International Relations Theory. San Francisco, London

Kindleberger, C.P., 1976: Systems of International Economic Organization. In: Calleo (Hg.), 1976, 15-39

Kohler-Koch, B., 1989: Zur Empirie und Theorie internationaler Regime. In: Kohler-Koch, B. (Hg.), 1989b, 17-85

Kohler-Koch, B. (Hg.), 1989b: Regime in den internationalen Beziehungen. Baden-Baden

Krasner, S.D., 1976: State Power and the Structure of International Trade. In: World Politics, 28, 317-347

Krasner, S.D. (Hg.), 1983: International Regimes. Ithaca

Krasner, S.D., 1991: Global Communications and National Power. Life on the Pareto Frontier. In: World Politics, 43, 336-366

Kratochwil, F., 1988: The Protagorean Quest: Community, Justice, and the "Oughts" and "Musts" of International Politics. In: International Journal, 43, 205-240

Larson, D., 1987: Crisis Prevention and the Austrian State Treaty. In: International Organization, 41, 27-60

Lebow, R.N./Gross-Stein, J., 1989: Rational Deterrence Theory. I Think, Therefore I Deter. In: World Politics, 41, 67-98

Lehman, H.P./McCoy, J.L., 1992: The Dynamics of the Two-Level Bargaining Game. The Brasilian Debt Negotiations. In: World Politics, 44, 600-644

Mayer, F.W., 1992: Managing Domestic Differences in International Negotiations. The Strategic Use of Internal Side Payments. In: International Organization, 46, 793-818

Mendler, M./Schwegler-Romeis, W., 1988: Auf dem Weg zu einer allgemeinen Theorie der Kriegsursachen? Ein Literaturbericht zum Stand der Forschung. In: Gantzel (Hg.), 1988, 199-289

Milner, H., 1992: International Theories of Cooperation. Strengths and Weaknesses. In: World Politics, 44, 466-496

Moravcsik, A., 1992: Liberalism and International Relations Theory (Ms.), Harvard

Moravcsik, A., 1993: Integrating International and Domestic Theories of International Bargaining. In: Evans/Jacobson/Putnam (Hg.), 1993, 3-42

Morgenthau, H.J., 1954: Politics Among Nations. The Struggle for Power and Peace. New York

Morgenthau, H.J., 1963: Macht und Frieden: Grundlegung einer Theorie der Internationalen Beziehungen. Gütersloh

Müller, H., 1993: The Internalization of Principles, Norms, and Rules by Governments: The Case of Security Regimes. In: Rittberger (Hg.), 1993, 361-388

Müller, H., 1994: Internationale Beziehungen als kommunikatives Handeln. Zur Kritik der utilitaristischen Handlungstheorien. In: Zeitschrift für Internationale Beziehungen, 1, 15-44

Noehrenberg, E.H., 1993: Multilateral Export Controls and International Regime Theory: A Case Study of CoCom (Diss.). Tübingen

North, D.C., 1981: Structure and Change in Economic History. New York

North, D.C., 1990: Institutions, Institutional Change and Economic Performance. Cambridge

Oye, K.A. (Hg.), 1986a: Cooperation Under Anarchy. Princeton

Oye, K.A., 1986b: Explaining Cooperation under Anarchy. Hypotheses and Strategies. In: Oye (Hg.), 1986a, 1-24

Patchen, M., 1987: Strategies of Eliciting Cooperation from an Adversary. Labaratory and International Finding. In: Journal of Conflict Resolution, 31, 164-185

Pfetsch, F.R. (Hg.), 1993: International Relations and Pan-Europe. Theoretical Approaches and Empirical Findings. Münster, Hamburg

Powell, R., 1993: Guns, Butter, and Anarchy. In: American Political Science Review, 87, 115-131.

Putnam, R.D., 1988: Diplomacy and Domestic Politics. The Logic of Two-Level Games. In: International Organization, 42, 427-460

Rittberger, V. (Hg.), 1990: International Regimes in East-West Politics. London, New York

Rittberger, V. (Hg.), 1993: Regime Theory and International Relations. Oxford

Rittberger, V./Zürn, M., 1990: Towards Regulated Anarchy in East-West Relations. In: Rittberger (Hg.), 1990, 9-63

Scharpf, F.W., 1991: Die Handlungsfähigkeit des Staates am Ende des zwanzigsten Jahrhunderts. In: Politische Vierteljahresschrift, 32, 621-635

Scharpf, F.W., 1993: Coordination in Hierarchies and Networks. In: Scharpf (Hg.), 1993b, 125-165.

Scharpf, F.W. (Hg.), 1993b: Games in Hierarchies and Networks. Analytical and Empirical Approaches to the Study of Governance Institutions. Frankfurt

Schelling, T. 1980: The Strategy of Conflict, 2. Aufl. Cambridge.

Schotter, A., 1981: The Economic Theory of Social Institutions. Cambridge

Schüßler, R., 1990: Kooperation unter Egoisten. Vier Dilemmata. München

Sebenius, J.K., 1983: Negotiation Arithmetic. Adding and Subtracting Issues and Parties. In: International Organization, 37, 281-316.

Shubik, M. (Hg.), 1965: Spieltheorie und Sozialwissenschaften. Hamburg

Snidal, D., 1986: The "Game Theory" of International Politics. In: Oye (Hg.), 1986, 25-57

Snidal, D., 1991: Relative Gains and the Pattern of International Cooperation. In: American Political Science Review, 85, 701-726

Snyder, G./Diesing, P., 1977: Conflict Among Nations. Bargaining, Decision-Making, and System Structure in International Crises. Princeton

Stein, A.A., 1983: Coordination and Collaboration: Regimes in an Anarchic World. In: Krasner (Hg.), 1983, 115-140

Taylor, M., 1987: The Possibility of Cooperation. Cambridge

Waltz, K.N., 1979: Theory of International Politics. New York

Weede, E., 1989: Der ökonomische Erklärungsansatz in der internationalen Politik. In: Politische Vierteljahresschrift, 30, 254-272

Williamson, O.E., 1985: The Economic Institutions of Capitalism. New York

Young, O., 1989: International Cooperation. Building Regimes for Natural Resources and the Environment. Ithaca, London

Young, O.R./Osherenko, G., 1993: Testing Theories of Regime Formation. Findings from a Large Collaborative Research Project. In: Rittberger (Hg.), 1993, 223-250

Zangl, B., 1994: Regierung und Gesellschaft in der internationalen Politik: Entfaltung und Illustration des 'two level'-Ansatzes am Beispiel des internationalen Agrarhandelsregimes (M.A.-Arbeit). Tübingen

Zürn, M., 1990: Intra-German Trade: An Early East-West Regime. In: Rittberger (Hg.), 1990, 151-188

Zürn, M., 1992: Interessen und Institutionen in der internationalen Politik. Grundlegung und Anwendungen des situationsstrukturellen Ansatzes. Opladen

Zürn, M., 1993: Bringing the Second Image (Back) in: About the Domestic Sources of Regime Formation. In: Rittberger (Hg.), 1993, 282-311

Zürn, M., 1994: We Can Do Much Better! Aber muß es auf amerikanisch sein? Zum Vergleich der Disziplin „Internationale Beziehungen" in den USA und in Deutschland. In: Zeitschrift für Internationale Beziehungen, 1, 93-115

5. Die empirische Prüfung von Nutzentheorien

Volker Kunz

Zusammenfassung

Im Mittelpunkt des Beitrags stehen empirische Anwendungsprobleme der Wert-Erwartungstheorie, auch als SEU-Modell bezeichnet. Sie führt die Handlungswahlen der Akteure auf die von ihnen wahrgenommenen Auftrittwahrscheinlichkeiten und Bewertungen der Handlungskonsequenzen für jede Handlungsalternative zurück. Die Diskussion konzentriert sich zunächst auf die Kernfrage für empirische Untersuchungen: die Ermittlung der relevanten Handlungskonsequenzen. Hierzu liegen in erster Linie von Ajzen und Fishbein Vorschläge für ein pragmatisches Vorgehen vor. Sie beziehen sich zwar auf die empirische Umsetzung ihrer Theorien bedachter und geplanter Handlungen. Es zeigt sich aber, daß diese Modelle in einem engen Zusammenhang zur Nutzentheorie stehen. Daran schließen sich Überlegungen zum Test der Bestimmungsgleichungen an. Üblicherweise erfolgt die Spezifikation auf Basis korrelationsstatistischer Techniken. Doch führen diese zu erheblichen Interpretationsproblemen, die nur mit geeigneten Transformationen der Variablen bzw. Spezfikationen der Regressionsgleichungen zu vermeiden sind.

1.   Einführung

Das Modell der rationalen Handlungswahl läßt sich auf eine Vielzahl sozial- und politikwissenschaftlich relevanter Sachverhalte anwenden (vgl. McKenzie, Tullock 1984). Man kann daher von einer allgemeinen sozialwissenschaftlichen Theorie sprechen. Sie geht von der grundsätzlichen Vorstellung aus, daß Individuen Präferenzen haben und diese die Handlungswahl beeinflussen. Mit Präferenzen sind die Motive, Bedürfnisse, Wünsche oder Ziele gemeint, die ein Akteur in sich trägt und die für sein Handeln von Bedeutung sind. Diese Wünsche können ganz unterschiedlicher Art sein, doch sind sie nicht die einzigen Bestimmungsgründe der Handlungswahl. Jede Realisierung von Präferenzen unterliegt Handlungsbeschränkungen, seien es persönliche Ressourcen, institutionelle Regelungen oder Reaktionen anderer Akteure. Individuelles Handeln wird also durch Restriktionen bestimmt.

Das Modell der rationalen Handlungswahl geht davon aus, daß die Akteure unter Berücksichtigung der gegebenen Handlungsbeschränkungen ihre Bedürfnisse im höchsten Maße befriedigen, d.h. ihren Nutzen maximieren. Diese Interpretation hat zu vielfältigen Mißverständnissen geführt, sie impliziert aber lediglich, "daß Individuen immer mehr wählen werden von dem, was sie wünschen, als weniger. Entsprechend werden sie weniger von dem wählen, was sie nicht mögen." (McKenzie, Tullock 1984: 29)

Wie im einzelnen Präferenzen und Restriktionen individuelles Handeln bestimmen, wird im Rahmen der *Wert-Erwartungstheorie* oder *Subjectice-Expected-Utility-(SEU)-Theorie* diskutiert. Demnach ergeben sich die Restriktionen aus den wahrgenommenen Handlungskonsequenzen für jede wahrgenommene Handlungsalternative und ihren Auftrittswahrscheinlichkeiten (vgl. Riker, Ordeshook 1973: 16ff. sowie den Beitrag von Gilleßen und Mühlau in diesem Band). Die Präferenzen spiegeln die affektive Bewertung der Handlungskonsequenzen wieder. Bewertung und Ermittlung der Eintrittswahrscheinlichkeiten führen zur Nutzeneinschätzung jeder Handlungsalternative durch die Akteure (vgl. Gleichung 1).

(1) $NN(A_i) = \Sigma_j W_{ij} N_j$

mit:

NN	=	Subjektiv erwarteter Nettonutzen (*exspected utility*) einer Handlung
A_i	=	Handlungalternative i
W_{ij}	=	Subjektive Wahrscheinlichkeit der Handlungskonsequenz j der Handlungsalternative i (j = 1, 2, ..., n)
N_j	=	Subjektive Bewertung der Handlungskonsequenz j

Das Modell geht davon aus, daß diejenige Handlungsalternative gewählt wird, die die subjektive Nutzenerwartung maximiert:

(2) $[NN(A_i) > NN(A_k)] ==> A_i$

zusätzlich mit:

A_k = Handlungalternative k

Präferenzen und wahrgenommene Eintrittswahrscheinlichkeiten sind in den nutzentheoretischen Ansätzen multiplikativ miteinander verknüpft (vgl. Gleichung 1), was eine sehr plausible Annahme ist: Damit erhalten stark positiv bewertete Ereignisse bei wahrgenommenen Eintrittswahrscheinlichkeiten von null keinen Einfluß auf das Auftreten der betreffenden Handlungalternative. Umgekehrt haben neutral bewertete Handlungskonsequenzen einer Handlung selbst bei hoher Eintrittswahrscheinlichkeit keine Bedeutung für die Ausführung dieser Handlung. Für andere Variablenwerte tritt ein kompensatorischer Effekt ein: Gering wahrgenommene Eintrittswahrscheinlichkeiten gewinnen durch hohe subjektive Bewertungen und geringe Bewertungen durch hohe Wahrscheinlichkeiten an Einfluß auf die Handlungswahl.

In den nachfolgenden Abschnitten diskutiere ich zwei wesentliche Anwendungsprobleme des SEU-Modells: (1) das Problem der Spezifikation. Hierbei geht es um die Frage, auf welcher Grundlage die Handlungskonsequenzen bestimmt werden sollen. In diesem Zusammenhang bietet sich der Rekurs auf die Theorien bedachter und geplanter Handlungen von Martin Fishbein und Icek Ajzen an. (2) das Problem der Interaktionen: Hierbei geht es um die Frage, wie die Produktsummenmodelle der Nutzentheorie mit korrelationsstatistischen Methoden zu überprüfen sind (zu weiteren Anwendungsproblemen und theoretischen Differenzierungen vgl. Kunz 1994).

2.   Bestimmung der Handlungskonsequenzen

Die Wert-Erwartungstheorie macht keine Aussagen über die substantiellen Ausprägungen der handlungssteuernden Variablen. Ohne weitere inhaltliche Annahmen ist sie daher empirisch nicht anzuwenden. Dabei ist vor allem die Frage zu klären, auf welcher Basis die relevanten Handlungskonsequenzen formuliert werden sollen. Im besten Falle liegen empirisch bewährte Anschlußtheorien mittlerer Reichweite vor, mit deren Hilfe dieses Problem der Spezifikation zu lösen ist. Ein Beispiel hierfür bietet die Untersuchung

von Elmar Lange zum Übergangsverhalten von Hochschülern in das Berufs-
system (vgl. Lange 1990: 75ff.):

Mittels des SEU-Modells soll vorhergesagt werden, ob Hochschüler nach
Abschluß ihrer Regelstudienzeit ihr Studium so schnell wie möglich been-
den und in das Berufsleben eintreten oder an der Hochschule bleiben und
weiterstudieren. Zur Konkretisierung der abstrakten Handlungskonsequenzen zieht Lange unter anderem die Berufswahltheorie heran. Sie beschäftigt
sich mit den beruflichen Werthaltungen, "die als evaluative Entscheidungs-
prämissen Berufswahlen beeinflussen und hier für die problemspezifische
Fassung der Nutzentheorie als Nutzenargumente oder als werthaltige
Handlungskonsequenzen herangezogen werden können." (Lange 1990: 75)

Insgesamt werden von Lange dreiundzwanzig verschiedene Handlungs-
konsequenzen spezifiziert. Sie waren von den Befragten hinsichtlich ihrer
relativen Wichtigkeit auf einer Skala von eins (sehr wichtig) bis vier (völlig
unwichtig) einzuschätzen. Ähnliche Formate finden sich zum Beispiel bei
Opp et al. (1984) in ihrer Untersuchung zum politischen Protestverhalten.
Die Vorgaben von Lange enthalten Items wie hohes Einkommen, geregelte
Arbeitszeit, Aufstiegsmöglichkeiten, hohes gesellschaftliches Ansehen, etc.
Auf einer Skala von eins (sehr wahrscheinlich) bis vier (sehr unwahrscheinlich) werden die subjektiven Eintrittswahrscheinlichkeiten gemessen. Aus
den Angaben zur Eintrittswahrscheinlichkeit und zur Wichtigkeit der
Handlungskonsequenzen werden die Produktsummen gebildet und die Vor-
hersage der Nutzentheorie überprüft, daß die Handlungsalternative mit dem
höchsten Nettonutzen realisiert wird (zur Diskussion der Ergebnisse vgl.
Lange 1990: 82ff.).

Die Möglichkeit, mittels ausformulierter Anschlußtheorien relevante
Handlungskonsequenzen abzuleiten, dürfte sich nur in Ausnahmefällen
ergeben. Daher wird man in der Regel explorative Voruntersuchungen
durchführen, um so im Rahmen einer offenen oder halboffenen Befragung
die bedeutenden Handlungskonsequnzen zu ermitteln. Das Datenmaterial
läßt sich inhaltsanalytisch auswerten und zu einem strukturierten Katalog
von repräsentativen Handlungskonsequenzen verdichten. Dieses empiristi-
sche Vorgehen entspricht den methodologischen Empfehlungen von Ajzen
und Fishbein zur Lösung des Problems der inhaltlichen Unbestimmtheit in
ihrer Theorie des durchdachten Handelns (vgl. Ajzen, Fishbein 1980: 68ff.).
Diese Theorie ist vor allem in der Sozialpsychologie sehr geschätzt (vgl.
z.B. Tesser, Shaffer 1990: 489ff.), bietet aber auch für sozial- und politik-

wissenschaftliche Fragestellungen weitreichende Anwendungsmöglichkeiten (vgl. u.a. Bierbrauer et al. 1987; Fishbein, Ajzen 1981; Echabe, Rovira, Garate 1988; Muller 1978).

Die Theorie bedachter oder durchdachter Handlungen steht in Analogie zum SEU-Modell (*theory of reasoned action*; vgl. Ajzen, Fishbein 1980; Fishbein, Ajzen 1975). Sie betrachtet im Anschluß an die Handlungstheorie von Dulany (1961, 1968, *theory of propositional control*) auf einer ersten Theorieebene die Intention, eine Handlung auszuführen, als (lineare) Funktion der gewichteten Summe zweier Modellkomponenten: der Einstellung zu dieser Handlung als affektiv-evaluative Variable sowie die subjektiv empfundenen Normen gegenüber bestimmten Handlungsweisen (vgl. Gleichung 3).[13] Die Handlungsabsicht ist als direkte Determinante der Handlungsrealisation definiert. Im Mittelpunkt der Theorie stehen Handlungen, für deren Ausführung den Handlungssubjekten die erforderlichen Ressourcen (Fähigkeiten, materielle Mittel, etc.) zur Verfügung stehen.

(3) $B \sim BI = \pi_1(A) + \pi_2(SN)$

mit:

B	=	Handlung
BI	=	Handlungsintention
A	=	Einstellung zur Handlung
SN	=	Subjektive Norm
π_1, π_2	=	Empirisch zu bestimmende (Regressions-) Gewichte (vgl. Ajzen, Fishbein 1980: 59)

Die Theorie bedachter Handlungen wurde in den achtziger Jahren von Ajzen zur Theorie geplanter Handlungen weiterentwickelt (*theory of planned behavior*; vgl. Ajzen 1985, 1988, 1989; Ajzen, Madden 1986; Schifter, Ajzen 1985). Die Erweiterung ist auch für die Fortführung der einfachen Wert-Erwartungstheorie von großem Interesse. Neben der Einstellung zum

---

[13] Im Gegensatz zu früheren Konzepten, nach denen Kognitionen, Emotionen und Handlungstendenzen eine Einstellung definierten (vgl. Rosenberg, Hovland 1960), handelt es sich im Einstellungskonzept von Ajzen und Fishbein ausschließlich um eine gefühlsmäßige Einschätzung: "An attitude toward any concept is simply a person's general feeling of favorableness or unfavorableness for that concept." (Ajzen, Fishbein 1980:54) Kognitionen sind nach dieser Modellierung den Einstellungen vorgelagert und die Handlungen sind das Resultat von Einstellungen.

Handeln und der subjektiven Norm wirkt zusätzlich die wahrgenommene Kontrollerwartung als gleichberechtigte Einflußgröße additiv auf die Handlungsabsicht (vgl. Gleichung 4). Nunmehr lassen sich auch diejenigen Handlungen betrachten, für deren Ausführung die geeigneten Gelegenheiten fehlen oder die notwendigen Ressourcen nur in begrenztem Maße gegeben sind. Das heißt, es werden Handlungssituationen definiert, in denen die Handlungssubjekte keine vollständige willentliche Kontrolle über die Handlung haben (*volitional control*). Allerdings trennt Ajzen nicht klar zwischen wahrgenommener und tatsächlicher Kontrolle. Im Anschluß an das Konzept der Kompetenzerwartung in der Selbstwirksamkeitstheorie von Bandura erscheint es mir sinnvoll, die Kontrollerwartung als eine Kognition zu interpretieren, die sich auf die subjektive Verfügbarkeit einer Handlung bezieht (vgl. Bandura 1977, 1986, 1988).

(4) $B \sim BI = \pi_1(A) + \pi_2(SN) + \pi_3(C)$

zusätzlich mit:

C	=	Subjektive Kontrollerwartung
π_3	=	Empirisch zu bestimmendes (Regressions-) Gewicht

Auf einer zweiten Theorieebene sind in beiden Modellen die Einstellung und die subjektive Norm als Funktion eines SEU-typischen Produktsummenmodells spezifiziert. Der Einstellung liegen wie im SEU-Modell individuelle Überzeugungen über Handlungsfolgen zugrunde (*behavioral beliefs and outcome evaluations*, vgl. Gleichung 5). Die subjektive Norm ergibt sich aus Überzeugungen über Bezugsgruppen, d.h. der Bezugsgruppenwahrnehmung und der subjektiven Konformität zu den Bezugsgruppen (*normative beliefs and motivation to comply*, vgl. Gleichung 6). Die formale Betrachtung zeigt, daß die subjektive Norm eine neue Modellkomponenente im SEU-Modell darstellt. Theoretisch ist die Einführung allerdings nicht zwingend. Das Grundmodell der Wert-Erwartungstheorie enthält bei entsprechender inhaltlicher Spezifizierung der Handlungsfolgen auch diesen Variablenkomplex. Die Konformitätsbereitschaft entspricht den subjektiven Bewertungen und die Bezugsgruppenwahrnehmung den perzipierten Erwartungen. Die Modellierung von Ajzen und Fishbein macht aber deutlich, daß Folgen wie *Anerkennung von Freunden* oder *Beliebtheit bei Bezugsgruppe j* in empirischen Anwendungen der Wert-Erwartungstheorie enthalten sein sollten (vgl. Marini 1992: 33ff.; Opp 1993: 222f.).

(5) $A = \Sigma_i BB_i e_i$

mit:

A	=	Einstellung zur Handlung
BB_i	=	Überzeugungsstärken: subjektive Annahmen über die Folgen einer bestimmten Handlung i in einer bestimmten Situation $(i = 1, 2, ..., n)$
e_i	=	Bewertung der Überzeugungen: subjektive Bewertung der Handlungsfolgen i

(6) $SN = \Sigma_j NB_j m_j$

mit:

SN	=	Subjektive Norm
NB_j	=	Überzeugungsstärken: subjektive Vermutungen über die Erwartungen der Bezugsgruppe j in einer bestimmten Situation $(j = 1, 2, ..., l)$
m_j	=	Bewertung der Überzeugungen: subjektive Bereitschaft, sich nach den bei der Bezugsgruppe j vermuteten Erwartungen zu richten

Auch die Kontrollerwartung ist im Rahmen eines Produktsummenmodells von kognitiven Antezedentien bestimmt (vgl. Ajzen 1989: 252). Es handelt sich um Überzeugungen zur Verfügbarkeit von Ressourcen und Gelegenheiten (*control beliefs and perceived facilitation*).[14]

---

[14] Setzt man die jeweils rechte Seite der Gleichungen 5 bis 7 in Gleichung 4 ein, ergibt sich die reduzierte Form der Theorie geplanter Handlungen.

(7) $C = \Sigma_k \, CB_k \, f_k$

mit:

C	=	Kontrollerwartung
Cb_k	=	Überzeugungsstärken: subjektive Wahrnehmung verfügbarer Ressourcen und Gelegenheiten für eine bestimmte Handlung (k = 1, 2, ..., q)
f_k	=	Bewertung der Überzeugungen: subjektive Wahrnehmung der Erleichterung (oder Erschwerung) bezüglich der Kontrollvorstellung k

Zur Lösung des Problems der inhaltlichen Unbestimmtheit sollen nach den Vorstellungen von Ajzen und Fishbein die für ihren Theoriekern bedeutsamen Überzeugungen - in den drei vorhergehenden Gleichungen sind das die Terme BB_i, NB_j und CB_k - in einer Vorstudie durch offene Fragen erfaßt werden. Die von den Befragten am häufigsten genannten Vorstellungen sind dann in der Hauptuntersuchung zu verwenden (*modal salient beliefs*). Allerdings besteht bei diesem Vorgehen das Problem der bedeutsamen Häufigkeitsbestimmung. Die Ableitung und Setzung des Kriteriums unterliegt letztlich der willkürlichen Entscheidung des Forschers. Ohne den Rekurs auf eine umfassende Theorie der Präferenzentstehung wird das Problem der Bestimmung der Handlungskonsequenzen letztlich nicht zu lösen sein (vgl. Marini 1992).

3. Test der Bestimmungsgleichungen

Die Mehrzahl der empirischen Untersuchungen zu nutzentheoretischen Ansätzen verwenden statistische Methoden, die auf dem allgemeinen linearen Modell beruhen (vgl. Bortz 1985: 543ff.). Neben einfachen Produkt-Moment-Korrelationen ist auch der Einsatz multivariater Regressionsanalysen üblich (vgl. z.B. Behn, Friedrichs, Kirchberg 1989; Krampen, Wünsche 1985; Roehl 1990). Dabei treten allerdings erhebliche Probleme bei der Datenauswertung auf. Es geht hier um die Frage der korrelations- und regressionsstatistischen Auswertung von Interaktionsvariablen.

In der statistischen Terminologie des allgemeinen linearen Modells wird eine Variable, die aus dem Produkt zweier anderer Variablen besteht, als Interaktion dieser Merkmale bezeichnet. Die multiplikativen Verknüpfungen zwischen den Variablen der Nutzentheorien führen also zu Interakti-

119

onseffekten. Ihre statistische Modellierung ist umstritten. Zur Einführung in das Problem der Interaktionen möchte ich zunächst zwei Beispiele ausführen. Sie verdeutlichen das in nutzentheoretisch orientierten Untersuchungen übliche methodische Vorgehen.

Beispiel 1

In ihrer Untersuchung zur Bedeutung der Zentren von Wolfsburg nutzen Behn, Friedrichs und Kirchberg unter anderem das SEU-Modell (vgl. Behn, Friedrichs, Kirchberg 1989: 123ff.; auch Wolf 1988: 32ff.). Abhängige Variablen sind die drei Handlungsalternativen *Häufigkeit des Besuchs im Hauptzentrum von Wolfsburg*, *Häufigkeit des Besuchs im Subzentrum Fallersleben* und *Häufigkeit des Besuchs im Subzentrum Detmerode*. Die Autoren vermuten, je höher der wahrgenommene Nettonutzen eines Zentrums ist, desto häufiger besuchen die Befragten dieses Zentrum (vgl. Behn, Friedrichs, Kirchberg 1989: 127).

Mit Hilfe eines Pretests wurden elf Handlungskonsequenzen des Zentrenbesuchs als relevante Ereignisfolgen ermittelt. Insofern folgen die Autoren dem im vorhergehenden Abschnitt skizzierten Vorgehen. Dennoch führt das Problem der Bestimmung der relevanten Handlungskonsequenzen dazu, daß offensichtlich bedeutsame Handlungskonsequenzen unberücksichtigt bleiben. Sie werden als eigenständige Erklärungsvariablen in die Regressionsmodelle eingeführt (vgl. Behn, Friedrichs, Kirchberg 1989: 137,151,154). Der Nutzenwert einer Handlungsfolge ergibt sich aus der Bewertung einer City-Eigenschaft auf einer Skala von plus drei bis minus drei (z.B. *ich möchte in einem Zentrum öfter mal auf günstige Sonderangebote treffen*). Die Skalenwerte werden für die Analysen transformiert, indem die Konsequenzen für jeden Befragten in eine Rangreihe gebracht werden. Die den Rangplatz indizierenden Zahlenwerte eins bis elf sind für die Ermittlung der Nettonutzen die Nutzenwerte. Die individuellen Wahrscheinlichkeiten des Auftretens der Folgen der Handlungsalternativen werden mittels einer Skala von null bis drei erfaßt. Der Wert drei bedeutet, daß es sehr wahrscheinlich ist z.B. *in einem Zentrum Sonderangebote anzutreffen* (Etikett: voll vorhanden); der Wert null bedeutet, daß dies sehr unwahrscheinlich ist (Etikett: gar nicht vorhanden). Die Zwischenstufen zwei und eins sind mit *eher vorhanden* und *eher nicht vorhanden* gekennzeichnet (vgl. Behn, Friedrichs, Kirchberg 1989: 132).

120

Der Nettonutzen einer Handlungsalternative (NN_i, i = 1, 2, ... n) ergibt sich aus der Summe der Produkte von Nutzenbewertung und Auftrittswahrscheinlichkeit für jede Handlungsfolge. Mittels einzelner Regressionsanalysen für die drei Zentren wurde unter Einbezug von (aus Sicht der Nutzentheorie ad-hoc-spezifizierter) Kontrollvariablen ($\Sigma_{ij} K_{ij}$, j = 2, 3, ... k) die Abhängigkeit der Besuchshäufigkeit (B_i) vom Nettonutzen überprüft. Das Regressionsmodell, das für jedes Zentrum spezifiziert wurde, lautet:

$$(8)\ B_i^* = a + b_1\ NN_i + b_j\ \Sigma_{ij}\ K_{ij}$$

Behn, Friedrichs und Kirchberg interpretieren die standardisierten Regressionskoeffizienten (β_1, β_j), die für die Nettonutzenvariable den Wert von 0,15 nicht übertreffen. Multikollinearitätsprobleme liegen nicht vor. Die Autoren kommen daher zu dem Ergebnis, daß der Versuch, die Zentrenwahl mit Hilfe der Nutzentheorie zu erklären, gescheitert ist (vgl. Behn, Friedrichs, Kirchberg 1989: 155).

Beispiel 2

Als Beispiel für zahlreiche Untersuchungen von Karl-Dieter Opp und seinen Mitarbeitern zum politischen Protestverhalten sei die Analyse von Wolfgang Roehl zitiert (vgl. Roehl 1990; mit Einzelheiten: Opp et al. 1984; Opp, Roehl 1990; vgl. auch Baumgärtner 1991; Krampen, Wünsche 1985). Die Wert-Erwartungstheorie wird hier als Dispositionstheorie verwendet: Explanandum sind die von den Befragten geäußerten Protestintentionen gegen den Bau von Atomkraftwerken. Operationalisiert werden die Handlungsabsichten über dreiundzwanzig Protesthandlungen (z.B. *Wahl einer Anti-AKW-Partei, Teilnahme an einer Bauplatzbesetzung*). Die Befragten sollten angeben, wie wahrscheinlich sie diese Handlungen künftig ausführen werden. Aus den Angaben ergibt sich mit Hilfe der Faktorenanalyse eine Skala der Protestintentionen. Es wird die Hypothese geprüft, daß die Protestintention um so größer ist, je wahrscheinlicher positive und je unwahrscheinlicher negative Handlungskonsequenzen auftreten. Protest soll demnach durch positive und negative Anreize erklärt werden. Roehl unterscheidet drei Klassen von Anreizen: politische Konsequenzen von Protest, externe Sanktionen und intrinsische Belohnungen. Dies ist ein bemerkenswertes

Beispiel für die theoretische und empirische Offenheit des SEU-Modells, die Karl-Dieter Opp für den Bereich des politischen Protests generalisiert hat.[15]

Jede der von Roehl genannten Anreizklassen wird in bivariaten Produkt-Moment-Korrelationsmodellen mit der Protestintention in Beziehung gesetzt. Aus Platzgründen gehe ich hier nur auf die externen Sanktionen ein. Externe Sanktionen sind Ereignisse, Situationen oder Handlungen anderer Personen, die als Folge von Protest auftreten. Die Teilhypothese besagt, "daß dann verstärkt protestiert wird, wenn bei Protest positiv bewertete externe Sanktionen wahrscheinlicher werden und daß seltener protestiert wird, wenn durch Protest negativ bewertete externe Sanktionen wahrscheinlicher werden." (Roehl 1990: 130) Zur Messung der externen Sanktionen wurde den Befragten eine Reihe von Ereignissen und Reaktionen, die als Folge von Protesthandlungen auftreten können, vorgelegt (z.B. *mein Engagement bringt mir berufliche Nachteile, ich bekomme soziale Anerkennung bei AKW-Gegnern*). Jede Konsequenz war von den Befragten auf einer fünfstufigen Skala von plus eins (*sehr gut*) bis minus eins (*sehr schlimm*) zu bewerten. Die Zwischenstufen sind mit *ziemlich gut, teils gut/teils schlimm* und *ziemlich schlimm* bezeichnet (vgl. Opp et al. 1984: 152). Weiterhin wurde für jede Handlungsfolge erhoben, für wie wahrscheinlich es nach Meinung der Informanden ist, daß diese Konsequenz auftritt, wenn sie gegen Atomkraftwerke protestieren. Als Skalierung wird der Wertebereich von null, mit der Zuschreibung *die Konsequenz tritt keinesfalls auf*, bis eins, mit der Zuschreibung *die Konsequenz tritt ganz sicher auf*, gewählt. Die Befragten hatten hier ebenfalls die Möglichkeit zwischen insgesamt fünf Antwortvorgaben zu wählen. Die Zwischenstufen führen die Etiketten *wahrscheinlich nicht, vielleicht, ziemlich wahrscheinlich*. Die Wertebereiche sind den Variablen nachträglich zugewiesen (vgl. Opp et al. 1984: 153; z.B. auch Wolf 1988: 39). Für jede Konsequenz werden die Nutzen- und Wahrscheinlichkeitswerte miteinander multipliziert.

---

[15] Um der Kollektivgutfalle nach Olson (1965) zu entgehen, modelliert Opp unter anderem eine instrumentelle Kollektivgutmotivation, die sich aus dem wahrgenommenen persönlichen Einfluß, dem Glaube an das Gemeinsamkeits-Prinzip und der wahrgenommenen Pflicht zur Gemeinsamkeit, jeweils gewichtet mit dem wahrgenommenen Gruppenerfolg, zusammensetzt (vgl. Opp 1993:220f.). Das prüfbare Regressionsmodell lautet dann wie folgt: Intention(Protest)* = a + b(PersEinfl x GrErf) + c(GlauGem x GrErf) + d(Pflicht x GrErf). Das Problem der Interaktionen stellt sich hier in gleicher Schärfe.

Die Produkte werden von Roehl allerdings nicht aufsummiert. Vielmehr testet er mittels bivariater Korrelationen jedes Produkt auf seine Erklärungskraft für die Protestintention. Im multivariaten Ansatz ist dieses Vorgehen als Wichtungsmodell bekannt (vgl. Krampen 1986: 52). Die Erklärungkraft der Produktterme wird mit ihren Komponenten verglichen. Roehl geht davon aus, daß nach dem SEU-Modell die Produktterme die Protestintention besser erklären sollen als die einzelnen Nutzen und Wahrscheinlichkeiten (vgl. Roehl 1990: 130). Diese Annahme bestätigt sich nach den angegebenen Korrelationskoeffizienten und den berichteten Ergebnissen der Regressionsanalysen nicht. Darüber hinaus weisen die Korrelationen der Produktvariablen mit der Protestintention inkonsistente Vorzeichen auf.

Diese beiden Beispiele sollen genügen, um auf die methodischen und inhaltlichen Implikationen der multiplikativen Verknüpfungsregel aufmerksam zu machen.[16] Es sollte gezeigt werden, daß Präferenzen und Erwartungen auf sehr unterschiedlichen Skalen gemessen werden. Die Variablen sind nach den Vorstellungen der Forscher skaliert und weisen einen willkürlichen Nullpunkt auf. Diese für Intervallskalen typische Beliebigkeit führt zum Problem der Interaktionen. Dabei ist zunächst festzustellen, daß die Produktregel der Wert-Erwartungstheorie und verwandter Ansätze wichtige inhaltliche Annahmen sind. Aber es ist fraglich, ob das übliche Vorgehen in den korrelations- und regressionsstatistischen Analysen den Skalenniveaus der Variablen angemessen ist.

Auswertungen mit Korrelationen und Regressionen setzen bekanntlich Variablen mit Intervallskalenniveau voraus. Ob diese Bedingung erfüllt ist, läßt sich im Einzelfall sicherlich problematisieren. Oftmals dürften die Variablen nur ordinales Skalenniveau besitzen. Hier soll aber nicht die andauernde Debatte zur Nutzung korrelationsbasierter Methoden für ordinalskalierte Variablen fortgeführt werden (vgl. Borgatta, Bohrnstedt 1981; Johnson, Creech 1983; O'Brien 1985). Vielmehr soll auf die Abhängigkeit des Produkt-Moment-Korrelationskoeffizienten von Variablentransformationen hingewiesen werden.

---

[16] Ich möchte darauf hinweisen, daß die Korrelations- und Regressionsmodelle dieser Studien ausschließlich zur Erläuterung des Problems der Interaktionen herangezogen werden. Ebenso hätte ich zwei der zahlreichen Untersuchungen auf Basis der Fishbein-Ajzen-Modelle zitieren können.

Soweit es sich um einfache Variablen handelt, ist der Korrelationskoeffizient unter allen positiv linearen Transformationen (X = aX + b; a, b = Konstanten) der korrelierten Merkmale invariant und damit für intervallskalierte Variablen geeignet. Im Sonderfall (a = 1 => X + b) wird lediglich der willkürliche Nullpunkt der Variable verschoben, bei der umfassenderen Transformation (aX + b) wird auch die Skalengröße verändert. Beide Transformationen haben aber keinen Einfluß auf die bedeutsamen Skaleneigenschaften (Rangfolge und Abstände). Sie sind daher für Variablen mit Intervallskalenniveau erlaubt. Dies gilt jedoch nicht für den Fall, in dem eine der beiden Variablen eine Interaktionsvariable ist.

Die Probleme von Korrelationen mit Produktvariablen sind bereits Anfang der siebziger Jahre von Frank Schmidt beschrieben worden (vgl. Schmidt 1973): Variieren Mittelwerte oder Varianzen der Komponentenvariablen des Produktterms ändert sich auch die Stärke der Korrelation mit einer dritten Variable. So gilt für die Korrelation zwischen der Variable Y und dem Produkt der Variablen X und Z (XZ, unter der Bedingung der multivariaten Normalverteilung; vgl. Bohrnstedt, Goldberger 1969):

$$(9) \quad r_{y,xz} = cov(Y,XZ) / s_y \, s_{xz}$$

wobei:

$$(10) \quad cov(Y,XZ) = \bar{z} \, cov(Y,X) + \bar{x} \, cov(Y,Z)$$

$$(11) \quad s_{xz}^2 = \bar{x}^2 s_z^2 + \bar{z}^2 s_x^2 + 2 \, \bar{x} \, \bar{z} \, cov(X,Z)$$
$$+ s_x^2 s_z^2 + cov^2(X,Z)$$

$$(12) \quad s_y^2 = \Sigma \, (Y - \bar{Y})^2 / n$$

Die Ableitungen zeigen, daß der Korrelationskoeffizient einer Produktvariable mit einer anderen Variable skalenabhängig ist. Zwar ist der Koeffizient unter positiv linearen Transformationen von Y invariant. Aber die Korrelation ist nicht invariant unter linearen Transformationen der Komponentenvariablen des Produktterms. Die Kovarianz nach Gleichung 10 und die Varianz der Interaktion nach Gleichung 11 ist direkt abhängig von den

Mittelwerten und Varianzen der Komponenten. Dabei verändern einfache Transformationen der Komponentenvariablen (X + b) ihre Mittelwerte, bei komplexeren Transformationen (aX + b) variieren Mittelwerte und Varianzen. Die Gleichungen lassen erkennen, daß sich dann auch der Korrelationskoeffizient ($r_{y,xz}$) ändert.

Damit ergibt sich folgende Schlußfolgerung: Wenn Präferenzen und Erwartungen auf Intervallskalen gemessen werden, führen einfache Produkt-Moment-Korrelationen ihrer Produkte mit dritten Variablen zu Korrelationskoeffizienten, die keinerlei Bedeutung haben. Die Ergebnisse hängen vom willkürlichen Nullpunkt und der ebenso willkürlichen Intervallgröße der Komponentenvariablen ab. Inhaltliche Interpretationen sind ebenso beliebig. Das Beispiel in Tabelle 1 verdeutlicht diesen Sachverhalt auf drastische Weise (nach Orth 1985: 283). Mit den angegebenen Transformationen X2 = X1 - 4 und Z2 = Z1 + 2 ändert sich der Koeffizient für die Korrelation von Y mit dem Produkt der ursprünglichen und reskalierten X- und Z-Werte von -1,00 zu +1,00.

Tabelle 1: Produkt-Moment-Korrelationen mit Produktvariablen

Y	X1	Z1	X1 Z1	X2	Z2	X2 Z2
1,00	3,00	5,50	16,50	-1,00	07,50	-07,50
2,25	4,00	3,50	14,00	0,00	00,00	00,00
3,00	5,00	2,50	12,50	1,00	04,50	04,50
4,00	7,00	1,50	10,50	3,00	10,50	10,50
4,75	9,00	1,00	09,00	5,00	15,00	15,00

Tranformationen: X2 = X1 - 4   /   Z2 = Z1 + 2
Korrelationen: r (Y, X1 Z1) = -1,00   /   r (Y, X2 Z2) = 1,00

Interaktionen mit intervallskalierten Variablen sind nur im Rahmen eines hierarchischen Modelltests mit multivariaten Regressionen zu prüfen (vgl.

Allison 1977; Cohen 1978; Stolzenberg 1980). Dies wird bei formaler Betrachtung eines einfachen nutzentheoretischen Regressionsmodells deutlich.

$$(13)\ Y^* = a + b_1\ XZ$$

Dieses multiplikative Modell läßt sich von einem gemischten Modell, in dem die Interaktionsvariable *und* ihre Komponenten die Prädiktoren sind, nicht unterscheiden. Das von mir als Interaktionsmodell bezeichnete additiv-multiplikative Modell zeigt Gleichung 14:

$$(14)\ Y^* = a + b_1\ XZ + b_2\ X + b_3\ Z$$

Die empirische Indifferenz von Gleichung 13 und 14 liegt in der Skalenabhängigkeit der Regressionskoeffizienten für die beiden Komponentenvariablen begründet. Dies folgt direkt aus der Skalenabhängigkeit der Kovarianz der Produktvariablen mit ihren Komponenten. Für das Regressionsmodell läßt der Effekt sich auf einfache Weise zeigen. Wird der Nullpunkt der Wahrscheinlichkeits- und Nutzenvariablen (X und Z) jeweils um eine beliebige Konstante (p und u) verschoben, ergibt sich:

$$(15)\ X' = X + p$$

$$(16)\ Z' = Z + u$$

Die transformierten Werte werden in Gleichung 14 eingesetzt:

$$(17)\ Y^* = a + b_1\ (X'-p)\ (Z'-u) + b_2\ (X'-p) + b_3\ (Z'-u)$$

Durch Ausmultiplizieren der Terme erhalten wir:

$$(18)\ Y^* = (a - b_3 u - b_3 p + b_1 up) + b_1\ X'Z'$$
$$+ (b_2 - b_1 u)\ X' + (b_3 - b_1 p)\ Z'$$

Die ursprünglichen Strukturparameter in Gleichung 14 ändern sich zu:

$$(19)\ b_2' = (b_2 - b_1 u)$$

126

(20) $b_3' = (b_3 - b_1p)$

Und für die Regressionskonstante gilt:

(21) $a' = (a - b_3p - b_3u + b_1up)$

Nur der Regressionskoeffizient des Produktterms bleibt konstant. Damit zeigen die Gleichungen, daß durch eine einfache lineare Transformation der Komponentenvariablen das multiplikative Modell in ein Interaktionsmodell überführt werden kann. Umgekehrt läßt sich jedes gemischte Modell als ein multiplikatives Modell darstellen.[17] Folgen wir dem multiplikativen Modell und setzen b2' und b3' gleich null, dann ergibt sich, daß $u = b2/b1$ und $p = b3/b1$. Das heißt, Interaktionen lassen sich für Variablen mit Intervallskalenniveau nur über Gleichung 14 testen. Die empirischen Informationen können dann dazu genutzt werden, das scheinbar sparsamere multiplikative Modell nach Gleichung 13 zu schätzen. Eine statistische Beurteilung des Interaktionseffektes ist ohne die angegebenen Transformationen der Komponentenvariablen mit Gleichung 13 nicht möglich. Hierzu vergleicht man vielmehr den Determinationskoeffizienten des Interaktionsmodells mit demjenigen eines einfachen additiven Modells (vgl. Cohen 1978; Jaccard, Turrisi, Wan 1990: 24f.). Gleichung 22 zeigt das additive Modell:

(22) $Y^* = a + b_2 X + b_3 Z$

Es ist bekannt, daß der Determinationskoeffizient einer einfachen additiven Regression skaleninvariant ist.[18] Dies gilt auch für den Determinationskoeffizienten des Interaktionsmodells: Die Effekte der Variablen werden in Gleichung 18 aufgrund der linearen Transformationen von X und Z lediglich anders dargestellt als in Gleichung 14. Die vorhergesagten Werte des Kriteriums nach Gleichung 18 entsprechen damit den Vorhersagewerten nach Gleichung 14. Das bedeutet, der Determinationskoeffizient beider

---

[17] Die Regressionskoeffizienten der Komponentenvariablen in Gleichung 14 (b_2 und b_3) sind daher bedeutungslos. Ihre Interpretation ergibt sich über eine geeignete Umstellung der Gleichung bzw. über die Bildung partieller Ableitungen (vgl. z.B. Southwood 1983:1163f.)

[18] Die Konstanten p und u gehen lediglich in die Regressionskonstante ein.

Gleichungen wird von linearen Transformationen der Komponentenvariablen nicht beeinflußt (vgl. Allison 1977; Arnold, Evans 1979).

(23) $R^2 = SS_{reg} / SS_y = \Sigma\,(Y^* - \bar{Y})^2 / \Sigma\,(Y - \bar{Y})^2$

Mit der Skaleninvarianz des Determinationskoeffizienten erhalten wir die Möglichkeit, zur statistischen Prüfung des Interaktionseffektes die Differenz der Erklärungskraft von Gleichung 14 und Gleichung 22 heranzuziehen. Je größer der Zuwachs im Determinationskoeffizienten bei Einführung der Produktvariable in das additive Modell ausfällt, desto bedeutender ist der Interaktionseffekt für die Abbildung des datengenerierenden Prozesses. Die Signifikanz des Produktterms ist mit dem F-Test zu prüfen (bei m, n-k-1 Freiheitgraden; vgl. Aiken, West 1991: 106):

(24) $F = (R_{14}{}^2 - R_{22}{}^2)\,(N-k-1) / (1 - R_{14}{}^2)\,m$

mit:

$R_{14}{}^2$	=	Determinationskoeffizient des Interaktions- modells (Gleichung 14)
$R_{22}{}^2$	=	Determinationskoeffizient des additiven Modells (Gleichung 22)
N	=	Fallzahl
k	=	Zahl der unabhängigen Variablen im additiven Modell (Gleichung 22)
m	=	Zahl der zusätzlichen Prädiktoren in Gleichung 14 gegenüber Gleichung 22

Die Ableitungen zeigen, daß Regressionen mit intervallskalierten Produktvariablen grundsätzlich zu Interaktionsmodellen führen. Die Frage nach dem korrekten Modell stellt sich daher nicht. Es gibt keine empirische Basis, um multiplikative Modelle von gemischten Modellen zu unterscheiden. Reine Produktmodelle sind nicht zu testen. Deren Ergebnisse sind ohne die gezeigten Transformationen der Komponentenvariablen beliebig. Einfache Regressionen von Handlungsvariablen auf die Produktsummen von Präferenzen und Erwartungen führen daher zu keinen inhaltlich bedeutsamen Schätzungen. Prüfungen von Nutzenhypothesen sind nur immer gegen das einfache additive Modell möglich. Der hierarchische Modellvergleich ist ein effektiver Test auf Interaktionswirkungen. Insignifikante Interaktionen führen zur Widerlegung des Grundmodells. Tritt dieser Fall ein, lassen sich aufgrund inhaltlicher Erwägungen die Strukturparameter des additiven Modells interpretieren.

Diese Erkenntnisse sind keineswegs neu. Es liegen einige methodische Arbeiten vor, die sich mit dem Problem der Interaktionen beschäftigen. Dennoch berücksichtigen zahlreiche, in anderer Hinsicht ausgezeichnete Untersuchungen mit nutzentheoretischer Orientierung dieses Problem nicht; vielleicht aufgrund der Meinung, daß es hier lediglich um auswertungstechnische und daher zu vernachlässigende Fragen geht. "Hence the literature is cluttered with suspect results that continue to be cited approvingly by subsequent authors and by studies that continue to use the suspect methods because *they have always been done that way*." (Evans 1991: 13, Hervorhebung im Original)

Literaturverzeichnis

Aiken, L.S./West, S.G., 1991: Multiple Regression: Testing and Interpreting Interactions. Newbury Park, London, New Dehli

Ajzek, I./Madden, T.J., 1986: Prediction of Goal-directed Behavior: Attitudes, Intentions, and Perceived Behavioral Control. IN: Journal of Experimental Social Psychology, 22, 453-474

Ajzen, I., 1985: Form Intensions to Actions: A Theory of Planned Behavior. In: Kuhl/Beckmann (Hg.), 1985, 11-39

Ajzen, I., 1988: Attitudes, Personality and Behavior. Chicago

Ajzen, I., 1989: Attitude Structure and Behavior. In: Pratkanis/Breckler/Greenwald (Hg.), 1989, 241-274

Ajzen, I./Fishbein, M., 1980: Understanding Attitudes and Predicting Social Behavior. Engelwood Cliffs, N.J.

Allison, P.D., 1977: Testing for Interaction in Multiple Regression. In: American Journal of Sociology, 83, 144-153

Arnold, H.J./Evans, M.G., 1979: Testing Multiplicative Models Does Not Require Ratio Scales. In: Organizational Behavior and Human Performance, 24, 41-59

Bandura, A., 1977: Self-efficacy: Toward a Unifying Theory of Behavioral Change. In: Psychological Review, 84, 191-215

Bandura, A., 1986: Social Foundations of Thought and Action. Engelwood Cliffs, N.J.

Bandura, A., 1988: Self Efficacy Conception of Anxiety. In: Anxiety Research, 1, 77-98

Baumgärtner, T., 1991: Determinanten politischen Protests. Eine Untersuchung bei Landwirten in der Bundesrepublik Deutschland. Hamburg

Behn, O./Friedrichs, J./Kirchberg, V., 1989: Die City von Wolfsburg. Bedeutung und Bewertung eines jungen Stadtzentrums. Frankfurt, New York

Bierbrauer, G./Berning, B./Brandes, U./Hölscher, M.-Th./Kientz, K.-H./Trölenberg, H., 1987: Nachrüstung: Dafür oder dagegen? Eine empirische Untersuchung über Verhaltensintentionen und Feindbilder. In: Horn/Rittberger (Hg.), 1987, 155-170

Bohrnstedt, G.W./Borgatta, E.F. (Hg.), 1981. Social Measurement: Current Issues. Beverly Hills

Bohrnstedt, G.W./Goldberger, A.S., 1969: On the Exact Covariance of Products of Random Variables. In: Journal of the American Statistical Association, 64, 325-328

Borgatta, E.F./Bohrnstedt, G.W., 1981: Level of Measurement. Once Over Again. In: Bohrnstedt/Borgatta (Hg.), 1981, 23 -37 (Wiederabdruck aus: Sociological Methods and Research, 9, 147-160)

Bortz, J., 1985: Lehrbuch der Statistik für Sozialwissenschaftler, 2. Aufl.. Berlin u.a.

Cohen, J., 1978: Partial Products are Interactions; Partialed Powers are Curve Components. In: Psychological Bulletin, 85, 858-866

Coleman, J.S./Fararo, T.J. (Hg.), 1992: Rational Choice Theory. Advocacy and Critique. Newbury Park, London, New Dehli

Dixon, T.R./Horton, D.L. (Hg.), 1968: Verbal Behavior and General Behavior Theory. Englewood Cliffs

Dulany, D.E., 1961: Hypotheses and Habits in Verbal 'Operant Conditioning'. In: Journal of Abnormal and Social Psychology, 63, 251-263

Dulany, D.E., 1968: Awareness, Rules and Propositional Control: A Confrontation with S-R ehavior Theory. In: Dixon/Horton (Hg.), 1968, 340-387

Eschabe A.E./Rovira, D.P./Garate, J.F.V., 1988: Testing Ajzen and Fishbein's Attitudes Model: The Predection of Voting. In: European Journal of Social Psychology, 18, 181-189

Evans, M.G., 1991: The Problem of Analyzing Multiplicative Composites Interactions Revisited. In: American Psychologist, 46, 6-15

Fishbein, M./Ajzen, I., 1975: Belief, Attitude, Intention, and Behavior: An Introduction to Theory and Research. Reading, Mass.

Fishbein, M./Ajzen, I., 1981: Attitudes and Voting Behavior. In: Stephenson/Davis (Hg.), 1981, 253-313

Horn, K./Rittberger, U. (Hg.), 1987: Mit Kriegsgefahren leben. Opladen

Hovland, C.I./Rosenberg, M.J. (Hg.), 1960: Attitude Organization and Change. New Haven

Jaccard, J./Turrisi, R./Wan, C.K., 1990: Interaction Effects in Multiple Regression. Sage University Paper Series on Quantitative Applications in the Social Sciences, Bd. 72. Newbury Park, London, New Dehli

Johnson, D.R./Creech, R.C., 1983: Ordinal Measures in Multiple Indicator Models. In: American Sociological Review, 48, 398-407

Krampen, G., 1986: Handlungsleitende Kognitionen von Lehrern. Instrumentalitätstheoretische Vorhersagen pädagogischer Präferenzen. Göttingen, Toronto, Zürich

Krampen, G./Wünsche, P., 1985: Handlungstheoretische Analysen politischer Partizipation: Empirische Prüfung eines differenzierten Erwartungs-Wert-Modells. In: Zeitschrift für Sozialpsychologie, 16, 270-279

Kuhl, J./Beckmann, J. (Hg.), 1985: Action-control: From Cognition to Behavior. Heidelberg

Kunz, Volker, 1994: Theoretische und empirische Anwendungsprobleme des ökonomischen Programms. Anmerkungen zu dem Versuch einen 'leeren Sack' zu füllen (Ms.). Stuttgart

Lange, E., 1990: Der Übergang von Hochschülern von der Universität ins Beschäftigungssystem. Ein Vergleich der empirischen Bewährung der Nutzentheorie und der Theorie mentaler Inkongruenzen. In: Opp/Wippler (Hg.), 1990, 71-107

Marini, M.M., 1992: The Role of Models of Purposive Action in Sociology. In: Coleman/Fararo (Hg.), 1992, 21-48

McKenzie, R.B./Tullock, G., 1984: Homo Oeconomicus. Ökonomische Dimensionen des Alltags. Frankfurt, New York

Muller, E. N., 1978: Ein Modell zur Vorhersage aggressiver politischer Partizipation. In: Politische Vierteljahresschrift, 19, 514-558

O'Brien, Robert M., 1985: The Relationship Between Ordinal Measures and Their Underlying Values. Why All the Disagreement? In: Quality and Quantity, 19, 265-277

Opp, K.-D., 1993: Politischer Protest als rationales Handeln. In: Ramb/Tietzel (Hg.), 1993, 207-246

Opp, K.-D. et al., 1984: Soziale Probleme und Protestverhalten. Opladen

Opp, K.-D./Roehl, W., 1990: Der Tschernobyl-Effekt. Eine Untersuchung über die Ursachen politischen Protests. Opladen

Opp, K.-D./Wippler, R. (Hg.), 1990: Empirischer Theorienvergleich. Erklärungen sozialen Verhaltens in Problemsituationen. Opladen

Orth, B., 1985: Eine undifferenzierte Prüfung eines differenziertes Erwartungs-Wert-Modells: Anmerkungen zu Krampen & Wünsche (1985). In: Zeitschrift für Sozialpsychologie, 16, 280-283

Pratkanis, A.R./Breckler, S.J./Greenwald, A.G. (Hg.), 1989: Attitude, Structure and Function. Hillsdale, N.J.

Ramb, B.-T./Tietzel, M. (Hg.), 1993: Ökonomische Verhaltenstheorie. München

Riker, W.H./Ordeshook, P.C., 1973: An Introduction to Positive Political Theory. Englewood Cliffs

Roehl, W., 1990: Protest gegen Atomkraftwerke. Die Erklärung von Protest durch die Nutzentheorie und die Theorie mentaler Inkongruenzen. In: Opp/Wippler (Hg.), 1990, 109-145

Rosenberg, M.J./Hovland, C.I., 1960: Cognitive, Affective, and Behavioral Components of Attitudes. In: Hovland/Rosenberg (Hg.), 1960

Schifter, D.B./Ajzen, I., 1985: Intention, Perceived Control, and Weight Loss: An Application of the Theory of Planned Behavior. In: Journal of Personality and Social Psychology, 49, 843-851

Schmidt, F.L., 1973: Implications of a Measurement Problem for Expectancy Theory Research. In: Organizational Behavior and Human Performance, 10, 243-251

Schuessler, K.F. (Hg.), 1980: Sociological Methodology 1980. San Francisco u.a.

Southwood, K.F., 1983: Substantive Theory and Statistical Interaction: Five Models. In: American Journal of Sociology, 83, 1154-1203

Stephenson, G.M./Davis, J.H. (Hg.), 1981: Progress in Applied Social Psychology, Bd. 1. New York

Stolzenberg, R.M., 1980: The Measurement and Decomposition of Causal Effects in Nonlinear and Nonadditive Models. In: Schuessler (Hg.), 1980, 459-488

Tesser, A./Shaffer, D.R., 1990: Attitudes and Attitude Change. In: Annual Review of Psychology, 41, 479-523

Wolf, C., 1988: Die Hamburger Innenstadt: Ihre Benutzung und Bewertung. Eine empirische Analyse sozialräumlicher Differenzierung. Hamburg (Gesellschaft für sozialwissenschaftliche Stadtforschung)

131

C Normative Implikationen

6. Verteilungsprobleme und reine Verfahrensgerechtigkeit

Johannes Schmidt

Zusammenfassung

Der Aufsatz beschäftigt sich kritisch mit der von Rawls eingeführten Idee der reinen Verfahrensgerechtigkeit (im allgemeinen) und ihrer Anwendung auf die Lösung ökonomischer Verteilungsprobleme (im besonderen). Nach einer kurzen Kennzeichnung dieser Idee werden reine Verfahrensregeln von zustandsabhängigen Regeln unterschieden, um die Eigenschaften einer rein prozeduralen Lösung von Verteilungskonflikten genauer bestimmen zu können. Vor diesem Hintergrund werden anhand einiger prominenter Verfechter einer liberalen Gerechtigkeitstheorie (Rawls, Nozick, Brennan und Buchanan, Gauthier, Hayek) die vielfältigen Schwierigkeiten demonstriert, die sich einer konsistenten Formulierung reiner Verfahrenskonzeptionen der Verteilungsgerechtigkeit in den Weg stellen. Das Ergebnis dieser Untersuchung führt zu dem Schluß, daß die Idee der reinen Verfahrensgerechtigkeit zumindest immer dann gegen unsere moralischen Überzeugungen verstößt, wenn sie auf die Lösung des ökonomischen Distributionsproblems angewendet wird. Darüber hinaus wird argumentiert, daß die Idee einer rein prozeduralen Lösung auch dann als höchst problematisch zu betrachten ist, wenn man sie zur Behandlung nicht-ökonomischer Probleme der Gerechtigkeit bzw. Fairneß heranzieht.

1. Einführung[1]

John Rawls' *Theory of Justice* hat bekanntlich zu einer Reihe von konkurrierenden Entwürfen einer gerechten gesellschaftlichen Ordnung geführt. Soweit sich diese konkurrierenden Entwürfe als *liberal* kennzeichnen lassen, teilen sie insofern ein wesentliches Element der Rawls'schen Theorie, als sie allesamt für eine prozedurale Lösung ökonomischer Verteilungskonflikte plädieren. Eine extreme Version dieses Plädoyers findet sich in der *Theory of Justice*, wo Rawls die institutionelle Ausformung seiner beiden Gerechtigkeitsprinzipien mit der Idee der reinen Verfahrensgerechtigkeit verknüpft. Diese Idee einer rein prozeduralen Realisierung gerechter Verteilungszustände zählt zwar zu den am wenigsten beachteten[2], zugleich aber auch folgenreichsten Elementen der Rawls'schen Theorie. Es läßt sich nämlich zeigen, daß Rawls' Votum für eine reine Verfahrenskonzeption der Verteilungsgerechtigkeit von allen prominenten liberalen Theoretikern - zumindest implizit - aufgegriffen worden ist.

Das wesentliche Anliegen der folgenden Überlegungen besteht darin, den Nachweis zu führen, daß die Idee der reinen Verfahrensgerechtigkeit an unseren moralischen Intuitionen vorbeigeht, wenn sie auf die Lösung ökonomischer Verteilungsprobleme angewendet wird. Nach einer begrifflichen Kennzeichnung reiner Verfahrenskonzeptionen der Verteilungsgerechtigkeit (Abschnitt 2) werden anhand der neueren Varianten einer liberalen Gerechtigkeitstheorie zunächst einmal die Schwierigkeiten demonstriert, die sich einer konsistenten Formulierung solcher Konzeptionen in den Weg stellen (Abschnitt 3). Diese speziellen Schwierigkeiten werden dann als Ausdruck eines allgemeinen Dilemmas interpretiert, dem sich jedes Plädoyer zugunsten einer rein prozeduralen Generierung gerechter Verteilungszustände

---

[1] Für kritische Kommentare und wertvolle Anregungen danke ich Friedrich Breyer, Lucian Kern, Hartmut Kliemt, Martin Sebaldt, Annette Schmitt, Ruth Zimmerling und Reinhard Zintl.

[2] Eine bemerkenswerte Ausnahme ist Nelson (1980). Vgl. auch Feinberg (1973: 117-119) und Barry (1989: 307-319).

unweigerlich gegenübersieht. Zum Schluß wird die weitergehende These vertreten, daß die Idee der reinen Verfahrensgerechtigkeit auch dann als höchst problematisch zu betrachten ist, wenn sie zur Behandlung nicht-ökonomischer Probleme der Gerechtigkeit bzw. Fairneß herangezogen wird (Abschnitt 4).

2. Konzepte

Betrachtet man eine Klasse von normativen Problemen, deren Lösung nach allgemeiner Überzeugung einem Kriterium der Gerechtigkeit bzw. Fairneß zu genügen hat, so sind - folgt man Rawls (1971: 85f.) - drei Typen einer prozeduralen Lösung zu unterscheiden: Von vollkommener Verfahrensgerechtigkeit wird gesprochen, wenn wir sowohl über ein unabhängiges Kriterium einer gerechten bzw. fairen Lösung verfügen als auch in der Lage sind, ein Verfahren anzugeben, das die bevorzugte Lösung zuverlässig erzeugt. Sind wir zwar imstande, ein unabhängiges Kriterium einer gerechten Lösung zu formulieren, aber außerstande, ein Verfahren zu konstruieren, das die Realisierung der gewünschten Lösung garantiert, so liegt unvollkommene Verfahrensgerechtigkeit vor. Der für unsere Untersuchung zentrale Fall der reinen Verfahrensgerechtigkeit ist dadurch gekennzeichnet, daß kein unabhängiges Kriterium für die Bestimmung einer gerechten Lösung existiert, wohl aber ein Verfahren spezifiziert werden kann, das nach allgemeiner Überzeugung zuverlässig gerechte Resultate produziert. Während sich die moralische Qualität einer Problemlösung im Falle der vollkommenen bzw. unvollkommenen Verfahrensgerechtigkeit völlig unabhängig von irgendwelchen Prozeduren bestimmen läßt, hängt sie im Falle der reinen Verfahrensgerechtigkeit vollständig von der moralischen Qualität der gewählten Prozedur ab. Die Idee der reinen Verfahrensgerechtigkeit beruht also auf der Überzeugung, daß sich die Gerechtigkeit (bzw. Fairneß) einer Prozedur automatisch auf ihre Resultate überträgt. Um eine Problemlösung als gerecht zu diagnostizieren, genügt es demnach, diese Lösung als Resultat eines fairen Verfahrens auszuweisen, dessen Regeln präzise eingehalten wurden.

Für die folgende Diskussion ist es nützlich, zunächst einmal die in der normativen ökonomischen Theorie übliche Behandlung von Verteilungsfragen zu skizzieren (vgl. dazu Samuelson 1947: Kap. 8; Sen 1970: Kap. 9 und 9[*]; Schmidt 1991: Kap. 2). Ein Verteilungsproblem wird in der traditionellen Wohlfahrtsökonomie bzw. axiomatischen *social choice theory* mit einer Menge von gesellschaftlichen Zuständen modelliert, unter denen nach Maßgabe eines Kriteriums der sozialen Gerechtigkeit eine Auswahl zu erfolgen hat. Jeder gesellschaftliche Zustand wird dabei als vollständige Beschreibung aller individuellen Verteilungspositionen definiert, die als Indikatoren des individuellen Einkommens bzw. Vermögens oder der individuellen Güterausstattung zu interpretieren sind. Um eine ethische Rangordnung der zur Wahl stehenden Verteilungszustände zu erzeugen, bietet die normative ökonomische Theorie eine Fülle von Gerechtigkeitsprinzipien an, die sich vor allem hinsichtlich der Frage unterscheiden, ob die Lösung von Verteilungskonflikten ausschließlich auf objektive Informationen über die individuellen Verteilungspositionen (nicht-welfaristische Prinzipien) oder auf subjektive Informationen über die individuellen Präferenzordnungen bzw. Nutzenwerte (welfaristische Prinzipien) gestützt werden sollte. Diesem wesentlichen Unterschied steht allerdings eine nicht minder wichtige Gemeinsamkeit gegenüber: Da sowohl die nicht-welfaristischen (direkt) als auch die welfaristischen Prinzipien (indirekt) nur Informationen über gesellschaftliche Zustände verwenden, sind alle in der traditionellen Wohlfahrtsökonomie und axiomatischen *social choice theory* diskutierten Gerechtigkeitskriterien als reine Zustandsprinzipien zu klassifizieren, die weder dem praktischen Problem einer institutionellen noch dem ethischen Problem einer prozeduralen Realisierung der favorisierten Verteilungszustände irgendeine Beachtung schenken.

Rawls versucht die beiden skizzierten Ausblendungen der normativen ökonomischen Theorie insofern gleichzeitig zu beheben, als seine beiden Gerechtigkeitsprinzipien zum einen dem Design der fundamentalen politischen, ökonomischen und sozialen Institutionen dienen (Rawls 1971: § 2, Rawls 1978) und zum anderen eine rein prozedurale Lösung von Verteilungskonflikten gewährleisten sollen (Rawls 1971: §§ 14, 43). Der allgemeine Ansatz, dem Problem der sozialen Gerechtigkeit durch die Gestaltung grundlegender Institutionen beizukommen, bricht zunächst lediglich mit der irrealen Fiktion der Wohlfahrtsökonomie, es gebe einen vollkommen informierten gesellschaftlichen Planer, der aus einer Menge vollständig beschriebener Verteilungszustände eine Auswahl zu treffen habe. Da die Realisierung konkreter Verteilungszustände in allen existierenden Gesellschaften auf dem Wege institutioneller Regelungen erfolgt, die der sozialen Kooperation gewisse Restriktionen auferlegen, sind die praktischen Vorzüge dieses Ansatzes nicht zu übersehen. Zu einer reinen Verfahrenskonzeption der sozialen Gerechtigkeit führt dieser Bruch mit der wohlfahrtsökonomischen Tradition allerdings erst dann, wenn die Eigenschaften der verteilungsrelevanten Regeln in sehr spezieller Weise normiert werden.

Sobald man den institutionellen Ansatz zur Lösung von Verteilungsproblemen mit der Idee der reinen Verfahrensgerechtigkeit verknüpft, setzt man die Existenz eines Systems von fundamentalen Regeln voraus, das zwar dem Prozeß, nicht aber den Resultaten der sozialen Kooperation bestimmte normative Restriktionen auferlegt. Von einer reinen Verfahrenskonzeption der sozialen Gerechtigkeit ist also genau dann zu sprechen, wenn die favorisierten Gerechtigkeitsprinzipien nur die prozedurale Generierung der individuellen Verteilungspositionen reglementieren, ohne den erwünschten (bzw. unerwünschten) Eigenschaften der resultierenden Verteilungszustände irgendeine Beschränkung aufzuerlegen. Prinzipien, die diesem Kriterium der Zustandsunabhängigkeit genügen, werden im folgenden als reine Verfahrensregeln bezeichnet. Es liegt auf der Hand, daß von einer reinen Verfahrenskonzeption der Verteilungsgerechtigkeit nicht mehr gesprochen werden kann, wenn das Design der grundlegenden gesellschaftlichen Institutionen mit Prinzipien operiert, die die erwünschten Eigenschaften gerechter Verteilungszustände einer verfahrensunabhängigen Restriktion unterwerfen. Zwei Hinweise dürften genügen, um zu zeigen, daß die Klasse dieser zustandsabhängigen Regeln überaus umfangreich ist: Sie umfaßt nämlich zum einen sowohl Prinzipien, die eine positive (partielle oder totale) Normierung der Verteilungsmerkmale gerechter gesellschaftlicher Zustände enthalten, als auch Kriterien, die insofern eine negative Charakterisierung gerechter Verteilungsresultate implizieren, als sie bestimmte gesellschaftliche Zustände als ungerecht ausschließen. Betrachtet man neben dem Inhalt der skizzierten Restriktionen auch die für ihre Realisierung erforderlichen Vorkehrungen, so sind institutionelle Regelungen, die die erwünschten Zustandseigenschaften (bzw. den Ausschluß der unerwünschten Zustandseigenschaften) auf prozeduralem Wege gewährleisten, von institutionellen Arrangements zu unterscheiden, die sich nicht angemessen als Verfahrensregeln beschreiben lassen.

3. Ansätze zur (rein) prozeduralen Lösung von Verteilungsproblemen

3.1. Rawls

Rawls wendet die Idee der reinen Verfahrensgerechtigkeit auf zwei unterschiedlichen theoretischen Ebenen an. Die beiden Gerechtigkeitsprinzipien der *Theory of Justice* werden nämlich als Kriterien ausgewiesen, die nicht nur eine rein prozedurale Lösung (des ökonomischen Verteilungsproblems) erzeugen, sondern auch als Resultat einer rein prozeduralen Lösung (des Problems der Rechtfertigung ethischer Prinzipien) zu betrachten sind. Obwohl im folgenden nur die erste Ebene untersucht werden soll, lohnt es sich, vorab einen kurzen Blick auf die zweite Ebene zu werfen. Hier läßt sich zeigen, daß Rawls' Behauptung, die Konstruktion der *original position* erlaube eine rein prozedurale Fundierung ethischer Prinzipien, mit seiner Methode des reflektiven Gleichgewichts kollidiert, derzufolge die Beschreibung der *original position* sowohl von den attraktiven Eigenschaften formaler Verfahrensregeln als auch von der materialen Qualität der induzierten Prinzipien abhängig zu machen ist.[3] Dieser klare Verstoß gegen die Idee der reinen Verfahrensgerechtigkeit ist für die folgende Diskussion insofern von Bedeutung, als er sich auf der ersten theoretischen Ebene in analoger Weise wiederholt.

Daß die *Theory of Justice* von einer reinen Verfahrenskonzeption der Verteilungsgerechtigkeit weit entfernt ist, zeigt bereits ein flüchtiger Blick auf die von Rawls präsentierten Prinzipien. Selbst wenn man nämlich ohne weiteres davon ausgehen könnte, daß die Grundsätze der gleichen Freiheit bzw. fairen Chancengleichheit als reine Verfahrensregeln zu interpretieren sind, geht mit dem Differenzprinzip, das die Optimierung der Verteilungsposition der am schlechtesten gestellten Gesellschaftsmitglieder fordert, in jedem Fall eine positive Zustandsnorm in die Gestaltung der grundlegenden ökonomischen Institutionen ein. An der Tatsache, daß sich Rawls mit dem Differenzprinzip unweigerlich von der Idee der reinen Verfahrensgerechtigkeit verabschiedet, würde sich offensichtlich auch dann nichts ändern, wenn

---

3 Zur rein prozeduralen Interpretation der *original position* vgl. Rawls (1971: 120, 136; 1978: 48; 1993: 72f.). Die Konzeption des reflektiven Gleichgewichts wird in Rawls (1971: §§ 4, 9 und 1974) entwickelt. Zum hier skizzierten Einwand vgl. ausführlich Lyons (1975) und Schmidt (1986).

es gelänge, institutionelle Regelungen zu entwerfen, die für eine prozedurale Maximierung der minimalen Verteilungsresultate sorgten. In diesem Falle wäre ja keineswegs von reiner, sondern vielmehr von vollkommener Verfahrensgerechtigkeit zu sprechen. Nun ist eine prozedurale Realisierung von im Sinne des Differenzprinzips gerechten Verteilungszuständen in einer liberalen Gesellschaft, die sich vorrangig auf die Prinzipien der gleichen Freiheit bzw. fairen Chancengleichheit stützt, nur schwer vorzustellen. Der von Rawls präsentierte Entwurf einer gerechten Grundstruktur der Gesellschaft trägt dieser skeptischen Beurteilung dadurch Rechnung, daß er sich mit der institutionellen Garantie eines Mindesteinkommens gänzlich von der Idee einer prozeduralen Implementation des Differenzprinzips verabschiedet (Rawls 1971: 276f.).

Nun ist auch die bisherige Annahme, daß es sich bei den Grundsätzen der gleichen Freiheit bzw. fairen Chancengleichheit um reine Verfahrensregeln handelt, nicht zu halten. Betrachtet man neben Rawls' inhaltlicher Kennzeichnung dieser Prinzipien auch seine Vorschläge zu ihrer institutionellen Umsetzung, so stellt sich heraus, daß beide Grundsätze die Normierung einer fairen Verteilungsprozedur von bestimmten Eigenschaften der induzierten Verteilungsergebnisse abhängig machen. Die Formulierung des ersten Gerechtigkeitsprinzips, nach der jedem Individuum ein möglichst umfangreiches System gleicher Grundfreiheiten zu gewährleisten ist, schließt per se eine rein prozedurale Lösung von Verteilungsproblemen nicht aus. Die naheliegende institutionelle Konsequenz dieses Prinzips ist - neben der Etablierung einer liberal-demokratischen politischen Verfassung - die Einführung marktwirtschaftlicher Regeln, die die Realisierung spezieller Verteilungszustände ausschließlich den freien Produktions- und Tauschentscheidungen der Individuen überlassen. Nun betont Rawls (1971: § 42) zwar ausdrücklich, daß eine reine Verfahrenskonzeption der Verteilungsgerechtigkeit in jedem Fall marktwirtschaftliche Institutionen voraussetzt. Sein Plädoyer für eine liberale Wirtschaftsverfassung operiert aber keineswegs nur mit den Verfahrenseigenschaften der marktwirtschaftlichen Koordination (Fairneß eines Systems freiwilliger Verträge), sondern vielmehr auch mit einer wesentlichen Eigenschaft der von (vollkommenen) Marktprozessen erzeugten Güterallokationen (Pareto-Optimalität). Da sich die Pareto-Optimalität eines gesellschaftlichen Zustands grundsätzlich völlig unabhängig von seiner institutionellen bzw. prozeduralen Realisierung diagnostizieren läßt, hängt die moralische Qualität des von Rawls anvisierten

Verteilungsverfahrens unter anderem von der Erfüllung eines reinen Zustandsprinzips ab. Mit diesem Prinzip wird die Lösung des ökonomischen Distributionsproblems insofern durch eine negative Restriktion beschränkt, als das Pareto-Kriterium lediglich alle ineffizienten Güterallokationen als ungerecht ausschließt, ohne den Verteilungsmerkmalen gerechter gesellschaftlicher Zustände irgendeine Beschränkung aufzuerlegen.

Rawls betrachtet das Prinzip der fairen Chancengleichheit, nach dem allen Individuen mit gleichen Fähigkeiten (und gleicher Leistungsbereitschaft) die gleichen Erfolgschancen einzuräumen sind, als zentralen Bestandteil einer reinen Verfahrenskonzeption der Verteilungsgerechtigkeit. Mit diesem Prinzip erhält sein Plädoyer für eine marktwirtschaftliche Lösung des Verteilungsproblems eine völlig neue Wendung (Rawls 1971: §§ 12, 14, Rawls 1978: 52-55). Der Wettbewerbsprozeß erzeugt nämlich - so muß man Rawls interpretieren - nur dann gerechte Verteilungsergebnisse, wenn die individuellen Startpositionen einem Gerechtigkeitskriterium genügen. Daß sich Rawls mit diesem Argument noch weiter von der Idee der reinen Verfahrensgerechtigkeit entfernt, ist bereits aus der Formulierung des Prinzips der fairen Chancengleichheit zu erkennen. Da dieses Prinzip einen gesellschaftlichen Zustand offenbar genau dann als gerecht betrachtet, wenn die Verteilungspositionen der Individuen (unter der Annahme einer konstanten Leistungsbereitschaft) ihren Fähigkeiten entsprechen, macht Rawls das Design der favorisierten Verteilungsprozedur über das Pareto-Kriterium hinaus von einer positiven Zustandsnorm abhängig, die die strukturellen Eigenschaften gerechter Resultate festlegt. Um eine prozedurale Generierung der erwünschten Verteilungsstruktur zu gewährleisten, müssen die marktwirtschaftlichen Institutionen demnach um eine zusätzliche Vorkehrung ergänzt werden, die eine gerechte Verteilung der individuellen Anfangsausstattungen verbürgt. Nun wäre von einer Theorie, die sich der Idee der reinen Verfahrensgerechtigkeit verpflichtet fühlt, wohl zu erwarten, daß sie die Realisierung einer gerechten Ausgangsverteilung einer fairen Prozedur überläßt. Der von Rawls präsentierte institutionelle Entwurf einer gerechten gesellschaftlichen Ordnung zeigt jedoch, daß er sich auch bei der Lösung dieses Problems keineswegs auf Verfahrensregeln verläßt, sondern auf eine Zustandsnorm zurückgreift. Um das Postulat der fairen Chancengleichheit zu erfüllen, soll nämlich das Differenzprinzip (über die Gewährleistung eines Minimaleinkommens hinaus) zur Korrektur der marktinduzierten Vermögensverteilung verwendet werden (Rawls 1971: 277f., Rawls 1978: 63-

66). Die damit einhergehende Angleichung der individuellen Vermögenspositionen bietet nach Rawls die Gewähr dafür, daß die Freiheit, ihre Fähigkeiten im Wettbewerb zur Geltung zu bringen, für alle Gesellschaftsmitglieder den gleichen Wert hat.

Das Differenzprinzip erfüllt in Rawls' institutionellem Entwurf offensichtlich zwei verschiedene Funktionen. Soweit es allen Gesellschaftsmitgliedern ein Mindesteinkommen garantiert, ist dieses Prinzip als eine vom favorisierten Verteilungsverfahren völlig unabhängige Zustandsnorm zu interpretieren, die im Namen der sozialen Gerechtigkeit eine begrenzte Umverteilung der Markteinkommen fordert. Mit der Ausdehnung des Differenzprinzips auf die Korrektur der marktinduzierten Vermögensverteilung erhält diese Zustandsnorm insofern eine neue Funktion, als eine tendenzielle Angleichung der individuellen Vermögenspositionen nun zur unabdingbaren Voraussetzung einer fairen Verteilungsprozedur erklärt wird. Selbst wenn man von der Tatsache absieht, daß Rawls die Auswahl der favorisierten Verfahrensregeln sowohl an das Pareto-Kriterium als auch an das Ideal einer meritokratischen Verteilungsstruktur bindet, dürfte der Hinweis auf die doppelte Funktion des Differenzprinzips bereits genügen, um zu zeigen, daß sein institutioneller Entwurf von einer reinen Verfahrenskonzeption der Verteilungsgerechtigkeit weit entfernt ist.

3.2. Nozick

Robert Nozicks *Anarchy, State, and Utopia* enthält den ambitioniertesten Versuch, die Idee der reinen Verfahrensgerechtigkeit auf die Lösung ökonomischer Verteilungsprobleme anzuwenden. Folgt man Nozick (1974: 150-160), so sind die Prinzipien einer reinen Verfahrenskonzeption der Verteilungsgerechtigkeit dadurch gekennzeichnet, daß sie bei der ethischen Bewertung gesellschaftlicher Zustände sowohl ausschließlich historische Informationen verwenden *(historical principles)* als auch der erwünschten Verteilungsstruktur keine positive Beschränkung auferlegen *(unpatterned principles)*. Die Idee der reinen Verfahrensgerechtigkeit wird demnach von allen Prinzipien verletzt, die entweder nur eines oder keines dieser beiden Merkmale aufweisen. Die zweite Gruppe von Gerechtigkeitskriterien umfaßt alle *patterned end-state principles*, die - wie das Differenzprinzip - auf die positive Realisierung bestimmter Verteilungseigenschaften zielen, ohne dabei auf historische Informationen zurückzugreifen. Zur ersten Gruppe von Gerechtigkeitskriterien zählen zum einen alle *patterned historical prin-*

ciples, die sich - wie die Forderung nach einer Meritokratie - zwar ausschließlich auf historische Informationen stützen, diese Informationen aber zur Bestimmung der erwünschten Verteilungsstruktur verwenden. Diese Gruppe enthält zum anderen alle *unpatterned end-state principles*, die - wie das Pareto-Kriterium - ohne jede historische Information auskommen und die Menge der gerechten Verteilungszustände nur durch eine negative Restriktion beschränken.

Vor diesem Hintergrund behauptet Nozick, die von ihm entwickelte Anspruchstheorie der Gerechtigkeit genüge den beiden an eine rein prozedurale Lösung von Verteilungsproblemen zu stellenden Anforderungen. Nun begnügt er sich allerdings zunächst mit einer rein formalen Kennzeichnung der Anspruchstheorie, derzufolge jeder Verteilungszustand, der als Resultat gerechter Aneignungs- und/oder Übertragungsprozesse ausgewiesen werden kann, unabhängig von seinen inhaltlichen Eigenschaften als gerecht zu betrachten ist. Diese formale Kennzeichnung verrät zwar das für jeden Verfechter einer reinen Verfahrenskonzeption charakteristische Ziel, die Gerechtigkeit von Verteilungszuständen ausschließlich auf die Gerechtigkeit der ihnen zugrunde liegenden Prozeduren zurückzuführen, ist aber offensichtlich um eine geeignete inhaltliche Spezifizierung der favorisierten Prozesse zu ergänzen, wenn dieses Ziel tatsächlich erreicht werden soll. Solange es nicht gelingt, die Prinzipien einer gerechten Aneignung bzw. Übertragung als reine Verfahrensregeln zu formulieren, läßt sich Nozicks Behauptung, die Anspruchstheorie garantiere eine rein prozedurale Realisierung gerechter Güterverteilungen, nicht einlösen.

Nun widmet Nozick der inhaltlichen Spezifizierung gerechter Aneignungs- bzw. Übertragungsprozesse nur sehr wenig Aufmerksamkeit. Obwohl er das Prinzip der gerechten Aneignung explizit vor dem Hintergrund der Locke'schen Eigentumstheorie diskutiert, bleibt letztlich völlig offen, welchen Verfahrenseigenschaften der ursprüngliche Erwerb von Besitztümern zu genügen hat, um einen gerechten Eigentumsanspruch zu erzeugen. Überdies wird die Frage, was man sich unter einem gerechten Übertragungsprozeß vorzustellen hat, von Nozick nicht explizit beantwortet. Aus seinen verstreuten Äußerungen zum Thema ist aber klar zu erkennen, daß er die Gerechtigkeit eines Eigentumstransfers an seiner Freiwilligkeit bemißt, mit gerechten Übertragungsprozessen also freiwillige Transaktionen wie Tausch, Schenkung oder Vererbung assoziiert. Während sich Nozick für die positiven Eigenschaften gerechter Aneignungs- bzw. Übertragungsprozesse nicht sonderlich interessiert, schenkt er ihrer negativen Bestimmung beträchtliche Aufmerksamkeit. Die einzige eindeutige Norm, die er den Prinzipien der Anspruchstheorie vorgibt, ist nämlich eine spezielle Version des Locke'schen Vorbehalts, deren Funktion darin besteht, ungerechte Aneignungs- und Übertragungsprozesse zu eliminieren (Nozick 1974: 174-182). Es ist ohne weiteres zu erkennen, daß sich Nozick bereits mit dieser Norm von der Idee der reinen Verfahrensgerechtigkeit verabschiedet.

Nozick übersetzt den Locke'schen Vorbehalt, den er als notwendige Bedingung einer gerechten Aneignung betrachtet, mit einer schwachen Variante des Pareto-Kriteriums. Die Aneignung eines herrenlosen Guts durch ein Individuum ist demnach nur dann als gerecht zu betrachten, wenn sie die Position keines anderen Gesellschaftsmitglieds verschlechtert. Da diese Bedingung die Gerechtigkeit der Aneignungsprozesse von der moralischen Qualität ihrer Resultate abhängig macht, führt Nozick mit dem Locke'schen Vorbehalt eine Zustandsnorm in das Design der favorisierten Verteilungsprozedur ein. Diese Zustandsnorm folgt zwar grundsätzlich der negativen Logik des Pareto-Kriteriums, weicht aber insofern von ihm ab, als sie nicht alle ineffizienten, sondern nur diejenigen Verteilungszustände als ungerecht ausschließt, die - gemessen an irgendeinem status quo und abgesehen von den Präferenzen des handelnden Individuums - eine Pareto-Verschlechterung nach sich zögen. Da Nozick die skizzierte Version des Locke'schen Vorbehalts auf die Beschränkung der zulässigen Übertragungsprozesse ausdehnt, entscheidet neben dem prozeduralen Kriterium der Freiwilligkeit auch eine dem Pareto-Prinzip verwandte Zustandsnorm über die Frage, was unter einem gerechten Eigentumstransfer verstanden werden soll. Diese Zustandsnorm ist insofern schwächer als das Pareto-Kriterium, als sie keineswegs die Realisierung aller durch Eigentumsübertragungen möglichen Pareto-Verbesserungen gebietet, sondern lediglich eine spezielle Klasse möglicher Pareto-Verschlechterungen verbietet.

Auch Nozicks Anspruchstheorie bleibt also hinter der Idee der reinen Verfahrensgerechtigkeit zurück, weil sie die ethische Bewertung von Verteilungszuständen nicht nur von Informationen über ihr Zustandekommen, sondern auch von Informationen über ihre inhaltlichen Eigenschaften abhängig macht. Da Nozick für eine prozedurale Lösung aller Verteilungsprobleme votiert und die Menge der gerechten Verteilungszustände nur durch eine äußerst schwache, negative Restriktion beschränkt, geht seine

Verfahrenskonzeption allerdings weit über die von Rawls vertretene Version hinaus.

3.3. Brennan und Buchanan

In *The Reason of Rules* präsentieren Geoffrey Brennan und James M. Buchanan sowohl einen positiven als auch einen normativen Ansatz zur institutionellen Lösung von Verteilungskonflikten. Der positive Ansatz geht von der Annahme aus, die Eigenschaften einer gerechten Güterverteilung seien durch ein reines Zustandsprinzip eindeutig bestimmt, und untersucht die Frage, ob sich ein System von ökonomischen und politischen Regeln konstruieren läßt, das zuverlässig gerechte Verteilungszustände erzeugt (Brennan, Buchanan 1985: 114-127). Da die beiden Autoren Regeln als prozedurale Restriktionen betrachten (Brennan, Buchanan 1985: 16-18, 44f.), werden im Rahmen ihres positiven Ansatzes letztlich die Realisierungschancen eines Systems der vollkommenen Verfahrensgerechtigkeit analysiert. Das Ergebnis dieser Untersuchung ist insofern niederschmetternd, als es die immensen Schwierigkeiten demonstriert, die sich der prozeduralen Generierung eines favorisierten Verteilungsmusters in den Weg stellen. Dieser negative Befund hat erhebliche Konsequenzen für den von Brennan und Buchanan gewählten normativen Ansatz. Das Ergebnis der positiven Analyse erlaubt zwar per se lediglich den Schluß, daß die Menge der realisierbaren Verteilungszustände von der Menge der verfügbaren institutionellen Regelungen abhängt, zwingt also keineswegs dazu, beim normativen Design der Regeln von den erwünschten Eigenschaften der induzierten Resultate völlig abzusehen. Für Brennan und Buchanan ist das Ergebnis ihrer positiven Untersuchung indes Grund genug, sich im Rahmen ihres normativen Ansatzes von der Realisierung erwünschter Zustandseigenschaften ab- und einer reinen Verfahrenskonzeption der Verteilungsgerechtigkeit zuzuwenden. Diese Wendung ist allerdings - wie sich zeigen wird - nicht völlig geglückt.

Brennan und Buchanan betrachten - wie Rawls und Nozick - die Etablierung marktwirtschaftlicher Institutionen als unverzichtbare Voraussetzung einer rein prozeduralen Lösung ökonomischer Verteilungsprobleme. Dieses Plädoyer wird sowohl mit einem negativen (Gewährleistung geschützter individueller Privatsphären) als auch mit einem positiven Aspekt (Ermöglichung von Pareto-Verbesserungen durch Arbeitsteilung und Tausch) der marktwirtschaftlichen Koordination begründet (Brennan,

Buchanan 1985: 14f.). Da dieses Votum für ein Wettbewerbssystem nicht nur mit dessen prozeduralen Eigenschaften (negativer Aspekt), sondern auch mit der ethischen Qualität der durch Tauschprozesse induzierten Resultate (positiver Aspekt) operiert, wird die Idee der reinen Verfahrensgerechtigkeit - wie bei Rawls - bereits im ersten Schritt der Argumentation verabschiedet. Brennan und Buchanan (1985: 18, 24f.) versuchen zwar, diesen Einwand mit dem Argument zu entkräften, die Pareto-Optimalität einer Güterallokation lasse sich nur dann diagnostizieren, wenn diese Allokation als Resultat marktwirtschaftlicher Prozesse ausgewiesen werden könne. Dieses Argument ist aber aus zwei Gründen wenig überzeugend: Zum einen reichen Prozeßinformationen nur im speziellen Fall der vollkommenen Konkurrenz (d.h.: bei Nichtexistenz externer Effekte) tatsächlich aus, um die Pareto-Effizienz der durch Tausch erzeugten Güterallokationen diagnostizieren zu können. Damit ist bereits klar, daß das Pareto-Kriterium im allgemeinen Fall als eine von Tauschprozessen unabhängige Zustandsnorm zu interpretieren ist. Zum anderen wäre das Pareto-Prinzip grundsätzlich auch dann, wenn sich effiziente Güterallokationen tatsächlich nur auf marktwirtschaftlichem Wege realisieren ließen, als - nun allerdings verfahrensabhängige - Zustandsnorm zu betrachten, deren Verwendung gegen die Idee der reinen Verfahrensgerechtigkeit verstieße.

Weit davon entfernt, die prozedurale Lösung von Verteilungskonflikten ausschließlich dem Marktmechanismus überlassen zu wollen, plädieren Brennan und Buchanan (1985: 127-131) dafür, die Regeln einer Wettbewerbsordnung durch spezielle konstitutionelle Vorkehrungen zu ergänzen. Die Funktion dieser politischen Verfassungsregeln besteht darin, der institutionellen Realisierung gerechter Verteilungszustände über das Pareto-Kriterium hinaus zusätzliche Beschränkungen aufzuerlegen. Nun entspräche es zwar der Logik einer reinen Verfahrenskonzeption, diese verteilungsrelevanten Restriktionen als zustandsunabhängige Regeln zu fassen. Dem von Brennan und Buchanan präsentierten Verfassungsdesign ist jedoch zu entnehmen, daß sie dieser Logik nicht zu folgen gewillt sind. Im Mittelpunkt ihres Entwurfs zu einer konstitutionellen Lösung von Verteilungsproblemen steht nämlich der allgemeine Vorschlag, die Regeln des Steuer- und Transfersystems auf der Verfassungsebene festzuschreiben. Da mit jeder speziellen Normierung der Steuer- und Transferregeln (explizit oder implizit) darüber entschieden wird, ob die Verteilungsergebnisse des Marktes möglichst repliziert oder systematisch korrigiert werden sollen, setzt die anvisierte konstitutionelle Restriktion in jedem Fall eine Vorstellung über die positiven Eigenschaften einer gerechten Verteilungsstruktur voraus. Aus dem von Brennan und Buchanan diskutierten Beispiel, das eine proportionale Besteuerung mit einem Demogranten verknüpft, mag man schließen, daß sie persönlich eine redistributive Korrektur der Marktverteilung favorisieren.

Mit ihrer institutionellen Analyse von Verteilungsproblemen gehen Brennan und Buchanan in zweifacher Hinsicht über Rawls' Theorie hinaus. Zum einen zeigen sie im Rahmen ihres positiven Ansatzes, daß Rawls' Skepsis gegenüber einer prozeduralen Implementation des Differenzprinzips gute Gründe hat. Zum anderen sorgt ihr normativer Ansatz mit der skizzierten Ergänzung der marktwirtschaftlichen Institutionen um eine konstitutionelle Normierung der Steuer- und Transferregeln dafür, daß über die Lösung aller Verteilungsprobleme letztlich auf prozeduralem Wege entschieden wird. Da die Auswahl der verteilungsrelevanten politischen und ökonomischen Regeln sowohl einer negativen als auch einer positiven Zustandslogik folgt, ist dieser normative Ansatz allerdings von einer reinen Verfahrenskonzeption der Verteilungsgerechtigkeit fast so weit entfernt wie Rawls' institutioneller Entwurf.

3.4. Gauthier

Wenngleich sich David Gauthier in *Morals by Agreement* nicht explizit auf die Idee der reinen Verfahrensgerechtigkeit beruft, läßt sich das Hauptargument seiner Theorie mit der These übersetzen, daß faire Prozeduren der sozialen Koordination unter bestimmten Ausgangsbedingungen eine faire Lösung aller moralischen Probleme (im allgemeinen) bzw. ökonomischer Verteilungskonflikte (im besonderen) erzeugen. Um diese These zu stützen, untersucht er im wesentlichen die Eigenschaften marktwirtschaftlicher und kooperativer Interaktionsprozesse. Nun kann man zwar nicht ohne weiteres davon ausgehen, daß Gauthier tatsächlich den Anspruch erhebt, eine reine Verfahrenskonzeption der Verteilungsgerechtigkeit zu entwickeln. Es ist aber der Mühe wert, die Frage zu untersuchen, ob er diesen Anspruch einlösen könnte, wenn er ihn denn erhöbe.

Gauthier (1986: Kap. 4) geht von der fundamentalen Annahme aus, daß ein moralisches Problem genau dann vorliegt, wenn die simultane Nutzenmaximierung aller Individuen zu pareto-suboptimalen gesellschaftlichen Zuständen führt. Aus dieser Bestimmung zieht er zunächst einmal den Schluß, daß der (vollkommene) Markt insofern als moralisch neutrale Veranstaltung zu betrachten ist, als eine Serie von rationalen individuellen Tauschakten zuverlässig eine pareto-optimale Güterallokation erzeugt. Mit diesem Schluß ist allerdings noch keineswegs die Empfehlung verbunden, die Realisierung gerechter Verteilungszustände unter allen Umständen dem Marktprozeß zu überlassen. Gauthier vertritt vielmehr die Überzeugung, daß die (moralisch neutrale) Marktinteraktion nur dann eine gerechte Endverteilung induziert, wenn die Verteilung der individuellen Anfangsausstattungen einem Gerechtigkeitskriterium genügt. Da er mit der Pareto-Effizienz ein reines Zustandskonzept zur Definition moralischer Probleme verwendet, muß Gauthier die Idee der reinen Verfahrensgerechtigkeit zwangsläufig opfern. Die moralische Neutralität des vollkommenen Wettbewerbs kann nämlich vor diesem Hintergrund nicht nur mit den favorisierten Eigenschaften des Tauschprozesses (Ausschluß von Trittbrettfahrern und Parasiten), sondern muß zugleich auch mit der Pareto-Optimalität der Tauschergebnisse begründet werden. Nun ist zu beachten, daß Gauthier neben dem Pareto-Kriterium, das lediglich alle ineffizienten Güterallokationen als ungerecht ausschließt, und der Bedingung einer fairen Ausgangsverteilung noch ein positives Zustandsprinzip verwendet, um eine marktwirtschaftliche Lösung des Distributionsproblems zu rechtfertigen. Ein durch Tausch induzierter Verteilungszustand ist demnach nicht nur deswegen als gerecht zu betrachten, weil er als Resultat einer fairen Ausgangssituation und eines moralisch unproblematischen Prozesses ausgewiesen ist, sondern auch deshalb, weil er (im Sinne der Grenzproduktivitätstheorie) die Entlohnung der Individuen von ihren Beiträgen abhängig macht und insofern einer verbreiteten Vorstellung über die strukturellen Eigenschaften gerechter Verteilungsresultate entspricht. Selbst wenn man also von der für Gauthier unvermeidlichen Pareto-Bedingung absieht, operiert sein Plädoyer für eine marktwirtschaftliche Lösung des Distributionsproblems immer noch mit einer Zustandsnorm.

Um eine faire Verteilung der individuellen Anfangsausstattungen zu sichern, verwendet Gauthier (1986: Kap. 7) eine Variante des Locke'schen Vorbehalts, die sich insofern von Nozicks Version unterscheidet, als sie zum einen alle natürlichen (d.h.: vorgesellschaftlichen) Interaktionsprozesse erfaßt und zum anderen die Handlungen eines Individuums lediglich durch die Maxime beschränkt, eine Verschlechterung der Position des Interaktionspartners nur dann zuzulassen, wenn sich dadurch eine Verschlechterung seiner eigenen Position vermeiden läßt. Diesen Unterschieden im Detail steht allerdings die wesentliche Gemeinsamkeit gegenüber, daß Gauthier -

wie Nozick - auf eine schwache, negative Zustandsbedingung zurückgreift, um die Eigenschaften eines fairen Prozesses zu normieren. Mit der Einführung dieser pareto-ähnlichen Bedingung wird die Idee der reinen Verfahrensgerechtigkeit offensichtlich auch im Zuge der prozeduralen Fundierung fairer individueller Startpositionen verletzt.

Da kooperative Interaktionsprozesse nur dann pareto-optimale gesellschaftliche Zustände erzeugen, wenn der individuellen Nutzenmaximierung eine spezielle Restriktion auferlegt wird, lösen sie - im Gegensatz zur (vollkommenen) marktwirtschaftlichen Koordination - ein moralisches Problem. Nun ist dieser Unterschied zwar für Gauthiers Theorie von erheblicher Bedeutung, weil sie in erster Linie die Existenz einer rationalen, unparteiischen und stabilen Lösung des Kooperationsproblems zu begründen versucht. Für die Zwecke unserer Untersuchung genügt es aber, darauf hinzuweisen, daß der von Gauthier (1986: Kap. 5) konzipierte Verhandlungsprozeß mit den gleichen Zustandsprinzipien gerechtfertigt wird wie der Marktprozeß. Aus der bloßen Definition des Kooperationsproblems ergibt sich bereits, daß jeder Ansatz zu einer prozeduralen Lösung unweigerlich mit dem Pareto-Kriterium operieren muß. Da Gauthier davon ausgeht, daß eine faire Aufteilung des Kooperationsgewinns nicht nur einen fairen Verhandlungsprozeß, sondern auch einen fairen status quo ante voraussetzt, ist er überdies gezwungen, den Locke'schen Vorbehalt auf die prozedurale Fundierung der *initial bargaining positions* auszudehnen. Schließlich wird die moralische Qualität einer bestimmten Aufteilung des Kooperationsgewinns auch unter der Annahme eines fairen status quo in erster Linie keineswegs mit den Eigenschaften des favorisierten Bargainingprozesses (also etwa der Abfolge von *claims* und *concessions*), sondern vielmehr mit der Attraktivität einer Verteilungsregel begründet, die jedem Individuum (im Sinne der Maximierung des minimalen relativen Vorteils) einen seinem Beitrag zur Kooperation (annähernd) äquivalenten Anteil am Kooperationsertrag garantiert.

Der in *Morals by Agreement* entwickelte Ansatz zur prozeduralen Realisierung gerechter Verteilungszustände ist offensichtlich zwischen den Entwürfen von Nozick einerseits und Rawls bzw. Brennan und Buchanan andererseits anzusiedeln. Von Nozicks Anspruchstheorie ist Gauthiers Verfahrenskonzeption zwar weit entfernt, weil sie über den Locke'schen Vorbehalt hinaus nicht nur das Pareto-Kriterium, sondern auch positive Zustandsnormen ins Bild bringt. Da diese positiven Beschränkungen der favorisierten

Prozeduren keine Umverteilung implizieren, ist aber auch die Distanz zu Brennan und Buchanan bzw. Rawls ganz erheblich.

3.5. Hayek

Die in *Law, Legislation and Liberty* entwickelte Gerechtigkeitstheorie scheint sich insofern fundamental von allen bisher diskutierten Ansätzen zu unterscheiden, als Friedrich A. v. Hayek zwar einerseits für eine prozedurale Lösung des Distributionsproblems eintritt, das Prädikat *gerecht* aber andererseits für das favorisierte Verfahren reserviert, ohne jenes auf dessen Resultate auszudehnen. Die Argumente, die er zur Stützung dieser fundamentalen Doktrin verwendet, werden im folgenden als *offizieller* Teil seiner Theorie bezeichnet. Prüft man diese Argumente, so stellt sich heraus, daß bereits Hayeks offizielle Lehre nicht ohne die für alle liberalen Gerechtigkeitstheorien charakteristische negative Zustandsorientierung auskommt. Dieser klare Befund wird allerdings durch die Tatsache kompliziert, daß Hayek noch eine ganze Reihe von Argumenten vorbringt, die seiner offiziellen Position direkt zu widersprechen scheinen und im folgenden als *inoffizieller* Teil seiner Theorie bezeichnet werden. Da er mit diesen zusätzlichen Argumenten nicht nur auf die Idee der reinen Verfahrensgerechtigkeit rekurriert, sondern auch positive (verteilungsneutrale wie redistributive) Zustandskriterien ins Spiel bringt, ist seine prozedurale Konzeption allem Anschein zum Trotz gleichzeitig mit den Problemen aller bisher diskutierten Ansätze konfrontiert.

Der offiziellen Theorie liegt die folgende Überlegung zugrunde (Hayek 1976: 31-33): Da sich das Prädikat *gerecht* grundsätzlich auf individuelles (bzw. kollektives) Verhalten bezieht, läßt es sich auf die Ergebnisse von Handlungen nur dann sinnvoll anwenden, wenn diese Resultate der bewußten Kontrolle des individuellen (bzw. kollektiven) Akteurs unterliegen. Das Dilemma, dem sich jeder Versuch zur institutionellen Lösung von Verteilungskonflikten gegenübersieht, besteht darin, daß es unmöglich ist, ein System gerechter individueller Handlungen zu etablieren, das gleichzeitig die Gerechtigkeit der induzierten sozialen Ergebnisse verbürgt. Man steht also vor dem Problem, sich entweder für die Gewährleistung eines Systems gerechter individueller Handlungen zu entscheiden (und auf die Realisierung gerechter gesellschaftlicher Resultate zu verzichten) oder (unter Verzicht auf die Etablierung eines Systems gerechter individueller Handlungen) für die Durchsetzung gerechter gesellschaftlicher Zustände zu votieren. Es ist - mit anderen Worten - aussichtslos, gleichzeitig eine liberale und eine soziale Konzeption der Gerechtigkeit verwirklichen zu wollen. Vor diesem Hintergrund versucht Hayek sein Plädoyer für eine liberale Konzeption der Gerechtigkeit ausschließlich auf die Eigenschaften eines Systems von Regeln des gerechten individuellen Verhaltens zu stützen. Diese Regeln werden durch eine Reihe von formalen (Allgemeinheit, Abstraktheit, negative Formulierung, Gleichbehandlung aller Individuen) und inhaltlichen Anforderungen (Schutz individueller Privatsphären) gekennzeichnet. Das für unsere Diskussion entscheidende Merkmal der Regeln des gerechten individuellen Verhaltens ist ihre - so Hayek (1973: 50, 1976: 38) - völlige Unabhängigkeit von irgendwelchen erwünschten Eigenschaften der induzierten sozialen Zustände. Wendet man diese Regeln auf die Lösung ökonomischer Probleme an, so besteht ihre Funktion darin, ein marktwirtschaftliches Verfahren zur Produktion und Distribution von Gütern und Dienstleistungen zu etablieren. Da die Resultate einer reinen Tauschkoordination dem individuellen (bzw. kollektiven) Zugriff entzogen sind, ist es nach Hayek Unsinn, die Verteilungsergebnisse des Marktes als gerecht oder ungerecht zu klassifizieren. Auf die Frage, was von den durch Tauschprozesse erzeugten Verteilungszuständen unter ethischen Aspekten zu halten ist, würde er lapidar antworten, daß sie als schlichtes Produkt des favorisierten Koordinationsmechanismus ganz einfach hinzunehmen sind. Seine offizielle Theorie ist daher weit von der für reine Verfahrenskonzeptionen charakteristischen Idee entfernt, daß sich die Gerechtigkeit einer Verteilungsprozedur automatisch auf ihre Resultate überträgt.

Ein Plädoyer für die rivalisierende Konzeption der sozialen Gerechtigkeit hätte nach Hayek (1973: 48-50) zwar keineswegs einen Verzicht auf die Etablierung von Regeln, wohl aber die Verwendung eines anderen Regeltyps zur Folge. Das für unsere Untersuchung entscheidende Kennzeichen dieser sozialen Organisationsregeln ist ihre Abhängigkeit von bestimmten Vorstellungen über die erwünschten Eigenschaften gerechter Verteilungszustände. Obwohl Hayek hier in erster Linie an Normierungen denkt, die die positiven Merkmale einer gerechten Güterverteilung (partiell oder total) festlegen, umfaßt die Kategorie der sozialen Organisationsregeln - völlig unabhängig von der Frage, ob ein bestimmtes Resultat auf prozeduralem oder direktem Wege erreicht werden soll - offensichtlich auch alle Prinzipien, die - wie das Pareto-Kriterium - einer negativen Zustandslogik folgen. Interessant ist nun, daß Hayek (1976: 70f., 115-122) das marktwirtschaftliche Allokationsverfahren keineswegs nur mit der moralischen Qualität der ihm zugrunde liegenden Verhaltensregeln (Freiheit als Wert an sich), sondern vielmehr auch mit den unvergleichlichen Eigenschaften seiner Resultate rechtfertigt (Maximierung des aggregierten Wohlstands bzw. Pareto-Optimalität). Da er explizit bereit ist, den Inhalt der - angeblich zustandsunabhängigen - Regeln des gerechten individuellen Verhaltens (d.h.: die Spezifizierung dessen, was als gerecht gelten soll) von der Effizienz der induzierten gesellschaftlichen Ordnung abhängig zu machen, kann es keinen Zweifel daran geben, daß auch seine prozedurale Lösung des Distributionsproblems - der offiziellen Rhetorik zum Trotz - zumindest mit einem negativen Zustandskriterium operiert.

Hayeks offizielle Theorie läßt sich mit der - auch bei Rawls (1971: 272) angedeuteten - These übersetzen, daß die Regeln des Marktes insoweit ein System der vollkommenen Verfahrensgerechtigkeit repräsentieren, als es lediglich um die verteilungsneutrale Lösung des Effizienzproblems geht. Bringt man nun seine inoffizielle Doktrin zusätzlich ins Spiel, so verwirrt sich dieses einfache Bild ganz erheblich. Eine erste Quelle der Verwirrung ist das Argument, daß von gerechten Löhnen und Preisen nur dann sinnvoll gesprochen werden kann, wenn sie als Resultate freier Markttransaktionen ausgewiesen sind. Da die auf freien Märkten resultierende Einkommens- und Vermögensverteilung vollständig durch die derart gerechten Löhne und Preise determiniert wird, scheint Hayek (1973: 141) nun plötzlich - abgesehen von der mit dem Pareto-Kriterium verbundenen Zustandsrestriktion - einer reinen Verfahrenskonzeption der Verteilungsgerechtigkeit das Wort zu reden. Es ist offensichtlich, daß der Vorschlag, gerechte Löhne und Preise als Resultate einer Serie von gerechten Tauschakten zu bestimmen, der offiziellen Lehre widerspricht, derzufolge von gerechten Ergebnissen nur dann gesprochen werden darf, wenn sie der direkten Kontrolle eines Individuums (bzw. Kollektivs) unterliegen. Eine mögliche Lösung dieses Widerspruchs ist in der Annahme zu suchen, daß sich Hayeks Definition gerechter Löhne und Preise auf das Ideal der vollkommenen Konkurrenz bezieht, während seine offizielle Bestimmung gerechter Resultate auf reale Marktbedingungen anzuwenden ist. Für diese Deutung spricht ein weiteres Argument der inoffiziellen Theorie, demzufolge die Verteilungsergebnisse des Marktes weder als gerecht noch als ungerecht zu betrachten sind, weil nicht nur das Geschick, sondern auch das Glück der Individuen über ihr materielles Abschneiden im Katallaxie-Spiel entscheidet (Hayek 1976: 126f.). Diese

Wendung, die der offiziellen Doktrin wiederum ganz offensichtlich widerspricht, muß wohl so interpretiert werden, daß auf realen Märkten nur die bedeutende Rolle des Zufalls eine prozedurale Realisierung gerechter Verteilungszustände verhindert. Wäre es möglich, vollkommene Märkte zu etablieren und auf diesem Wege den Einfluß des Zufalls zu eliminieren, so würde der Wettbewerbsprozeß demnach für gerechte Verteilungsergebnisse sorgen, weil die Entlohnung jedes Individuums seinem Geschick entspräche. Da diese Interpretation des Arguments ein unabhängiges, positives Kriterium einer gerechten Verteilungsstruktur voraussetzt, wandelt sich Hayek - was die Bewertung vollkommener Märkte betrifft - urplötzlich vom Anhänger einer reinen zum Verfechter einer vollkommenen Verfahrenskonzeption der Verteilungsgerechtigkeit. Nun lassen die bisherigen Überlegungen immer noch den Schluß zu, daß Hayek - bei aller Inkonsistenz - doch zumindest insofern seiner offiziellen Theorie treu bleibt, als er durchweg für eine prozedurale Lösung des Distributionsproblems eintritt. Ein letzter Blick auf seine inoffizielle Argumentation zeigt jedoch, daß auch dieser Schluß verfrüht ist. Hayek (1973: 141f., 1976: 87) hat nämlich überhaupt nichts dagegen, jedem Individuum ein Mindesteinkommen zu garantieren, wenn diese Garantie nur außerhalb des Marktes (d.h.: im Rahmen der staatlichen Sozialpolitik) eingelöst wird. Da diese staatliche Leistung einerseits auf eine partielle Normierung der individuellen Verteilungspositionen zielt und andererseits nur auf dem Wege eines redistributiven Designs der Steuer- und Transferregeln erbracht werden kann, verabschiedet sich Hayek mit der Einführung einer starken positiven Zustandsrestriktion von der letzten Säule seiner offiziellen Doktrin.

Die Schwierigkeiten, die sich jedem Versuch zur Begründung einer reinen Verfahrenskonzeption der Verteilungsgerechtigkeit in den Weg stellen, kommen in Hayeks Theorie gebündelt zum Vorschein. Tatsächlich scheint Hayek die Positionen von Rawls, Nozick, Brennan und Buchanan sowie Gauthier gleichzeitig vertreten zu wollen. So kommt die offizielle Version der Theorie, die sich auf die Gerechtigkeit der Verfahrensregeln zu konzentrieren versucht, nicht ohne die allen liberalen Entwürfen gemeinsame, negative Zustandsorientierung aus. Mit dem ersten Argument der inoffiziellen Doktrin, das die Gerechtigkeit der durch gerechte Prozeduren erzeugten Resultate betont, rückt Hayek in die Nähe von Nozicks Ansatz. Im zweiten Schritt der inoffiziellen Theorie, der den Markt als vollkommenes Verfahren zur Generierung eines favorisierten Verteilungsmusters ausweist, nähert sich Hayek der Position Gauthiers. Mit dem letzten Argument der inoffiziellen Lehre, das den Marktmechanismus mit einer redistributiven Zustandsnorm kombiniert, landet Hayek schließlich bei einem Entwurf, der im wesentlichen den von Rawls bzw. Brennan und Buchanan vertretenen Konzeptionen entspricht.

4. Verfahrensregeln, Zustandseigenschaften und gerechte Verteilung

Als Ergebnis der bisherigen Untersuchung ist festzuhalten, daß keine der neueren Varianten einer liberalen Gerechtigkeitstheorie letztlich für eine rein prozedurale Lösung des Distributionsproblems plädiert, weil jede von ihnen die moralische Qualität des jeweils favorisierten Verfahrens von zumindest einer erwünschten Eigenschaft der induzierten Ergebnisse abhängig macht. Obwohl alle hier betrachteten Ansätze den Marktmechanismus als grundlegende Verteilungsprozedur bejahen, unterscheiden sie sich insofern ganz erheblich, als sie dem Tauschprozeß auf verschiedenen Ebenen und in unterschiedlichem Umfang eine Zustandsrestriktion auferlegen. So stehen zum einen Entwürfen, die sich mit einer Beschränkung der durch Tausch induzierten Verteilungszustände begnügen (Brennan und Buchanan, Hayek), Ansätze gegenüber, die die Gerechtigkeit einer marktwirtschaftlichen Güterallokation auch von der Fairneß der individuellen Startpositionen abhängig machen (Rawls, Nozick, Gauthier). Die untersuchten Theorien unterscheiden sich zum zweiten hinsichtlich der Frage, ob sie die moralische Qualität des Wettbewerbsprozesses nur an eine negative (Nozick, Brennan und Buchanan) oder auch an eine positive Zustandsnorm binden (Rawls, Gauthier, Hayek). Zum dritten ist hervorzuheben, daß - wenngleich keiner der liberalen Theoretiker die Realisierung gerechter Verteilungszustände gänzlich dem Markt zu überlassen bereit ist - eine Gruppe von Autoren auf einer prozeduralen Lösung aller Verteilungsprobleme besteht (Nozick, Gauthier, Brennan und Buchanan), während eine andere Gruppe das favorisierte Verfahren um nicht-prozedurale institutionelle Vorkehrungen ergänzt (Rawls, Hayek). Schließlich besteht zum vierten der zentrale Unterschied zwischen den diskutierten Verfahrenskonzeptionen darin, daß sie entweder ausschließlich mit rein paretianischen Zustandsnormen operieren (Nozick, Gauthier) oder darüber hinaus redistributive Zustandsprinzipien ins Spiel bringen (Rawls, Brennan und Buchanan, Hayek).

Es liegt nahe, aus dem speziellen Ergebnis unserer Untersuchung den allgemeinen Schluß zu ziehen, daß die Idee der reinen Verfahrensgerechtigkeit an unseren moralischen Intuitionen vorbeigeht, weil sich diese niemals ausschließlich auf die erwünschten Eigenschaften von Prozeduren, sondern immer auch auf die inhaltlichen Qualitäten der induzierten Zustände beziehen. Dieser Schluß ist zumindest immer dann plausibel, wenn wir Informationen über die von alternativen Prozessen (unter variierenden Ausgangsbedingungen) erzeugten Resultate besitzen. Sobald wir vor der Aufgabe stehen, ein Problem der Gerechtigkeit bzw. Fairneß zu lösen, widerspricht es demnach unseren ethischen Überzeugungen, bestimmte attraktive Verfahrenseigenschaften zu verabsolutieren und jedes beliebige Ergebnis des favorisierten Prozesses gutzuheißen. Demgegenüber entspricht es unseren moralischen Intuitionen, bei der Lösung derartiger Probleme der Rawls'schen Methode des reflektiven Gleichgewichts zu folgen und die (zunächst) akzeptierten Verfahrensregeln im Lichte erwünschter bzw. unerwünschter Resultate entweder zu modifizieren oder durch unabhängige Zustandskriterien zu ergänzen.

Daß wir diese Methode auf die ethische Bewertung des marktwirtschaftlichen Allokationsverfahrens anwenden, läßt sich bereits den Modifikationen bzw. Ergänzungen der Tauschregeln entnehmen, die allenthalben für nötig gehalten werden, um die mit der Internalisierung externer Effekte verbundenen Schwierigkeiten zu bewältigen. Die folgende, rein hypothetische Überlegung ist geeignet, diesen Befund zu verdeutlichen: Man stelle sich vor, wir würden uns in völliger Ungewißheit über die Konsequenzen einer reinen Tauschkoordination allein deshalb für die Etablierung marktwirtschaftlicher Institutionen entscheiden, weil wir von der überragenden moralischen Qualität eines sozialen Prozesses überzeugt sind, der ausschließlich auf den freiwilligen Handlungen aller Individuen beruht. Wären wir dann auch bereit, unbeirrt an den einmal gewählten Verfahrensregeln festzuhalten, wenn sich nach einiger Zeit die gnadenlose Ineffizienz der induzierten gesellschaftlichen Resultate herausstellte? Falls wir - was man wohl annehmen darf - geneigt sein sollten, diese Frage zu verneinen, muß die weitere Frage erlaubt sein, warum neben dem Pareto-Kriterium nicht auch redistributive Zustandsprinzipien bei der Modifikation bzw. Ergänzung der Marktregeln eine bedeutende normative Rolle spielen sollten.

Die Idee der reinen Verfahrensgerechtigkeit ist auch dann höchst problematisch, wenn man sie auf die Lösung zwar nicht-ökonomischer, unter dem

Aspekt der Gerechtigkeit bzw. Fairneß wohl aber interessanter Probleme anwendet. Der Grund liegt wiederum darin, daß wir bei der moralischen Bewertung der zu wählenden Prozeduren nicht von den erwünschten Eigenschaften der induzierten Resultate abstrahieren können, sobald wir Informationen (oder auch nur plausible Vermutungen) über die von alternativen Verfahrensregeln erzeugten Ergebnisse besitzen. Ist das der Fall, so werden wir das Design der favorisierten Prozedur immer von den erwünschten Eigenschaften der resultierenden Zustände abhängig machen. Belege dafür lassen sich mühelos aus dem Bereich des Sports bzw. der Gesellschaftsspiele (soweit es sich nicht um reine Glücksspiele handelt) anführen. Dem Design der Wettkampf- bzw. Spielregeln liegt hier nämlich ausschließlich oder doch zumindest primär die Vorstellung zugrunde, daß die induzierten Resultate möglichst den als relevant erachteten Qualitäten der Sportler bzw. Spieler entsprechen sollten.

Reine Glücksspiele und Lotterien sind Beispiele für prozedurale Lösungen, bei denen wir die Idee der reinen Verfahrensgerechtigkeit zu akzeptieren scheinen. Es handelt sich hier allerdings - von wenigen Ausnahmen abgesehen - um Prozeduren, deren Funktion nicht in der Lösung eines Gerechtigkeits- bzw. Fairneßproblems, sondern vielmehr darin besteht, den Spielern Spaß zu verschaffen bzw. ein besonderes Spannungserlebnis zu vermitteln. Das heißt nicht, daß es grundsätzlich unmöglich wäre, die Resultate reiner Glücksspiele unter moralischen Gesichtspunkten zu betrachten: Es macht einen gewaltigen Unterschied, ob ein Millionär oder ein armer Schlucker im Lotto gewinnt. Obwohl sich dieser ethische Aspekt der induzierten Resultate ohne weiteres (etwa durch eine einkommensabhängige Staffelung der Beiträge) in das Design der Verfahrensregeln einbringen ließe, wird dieser Weg nicht beschritten. Der Grund dafür liegt in einer gesellschaftlichen Übereinkunft darüber, Lotterien - zumindest im Regelfall - nicht als Vorkehrungen zur Lösung von Gerechtigkeits- bzw. Fairneßproblemen zu interpretieren.

Lotterien werden als faire Prozeduren betrachtet, weil sie jedem Teilnehmer die gleiche statistische Chance garantieren, irgendein erwünschtes (bzw. unerwünschtes) Ergebnis zu erzielen (bzw. zu vermeiden). Obwohl wir nun in der Regel nicht geneigt sind, aus der Fairneß dieses Verfahrens auf die Gerechtigkeit seiner Resultate zu schließen, mag es spezielle Fälle geben, in denen wir bereit sind, die Lösung eines moralisch interessanten Problems einem Zufallsmechanismus zu überlassen, mithin die Idee der reinen Verfahrensgerechtigkeit tatsächlich anzuwenden. Zu denken ist hier insbesondere an die Empfehlung, die Verteilung von Gütern, die bestimmte physische Eigenschaften (Unteilbarkeit) oder soziale Konnotationen besitzen (Positionsgüter) einem Losentscheid zu unterwerfen. Selbst diese Ausnahmefälle können jedoch nicht ohne weiteres als Indiz dafür genommen werden, daß wir unter besonderen Umständen für eine rein prozedurale Lösung von Verteilungskonflikten plädieren. Die skizzierte Empfehlung läßt sich nämlich auch als eine mögliche technische Konsequenz unserer Überzeugung interpretieren, daß im Falle eines unteilbaren bzw. positionalen Guts alle realisierbaren Verteilungszustände als gleich gerecht zu betrachten sind. Akzeptiert man diese Interpretation, so garantiert der Losentscheid keineswegs die Gerechtigkeit, sondern vielmehr die Eindeutigkeit einer Güterverteilung.

Literaturverzeichnis

Barry, B., 1989: A Treatise on Social Justice, Volume 1: Theories of Justice. Berkeley

Brennan, G./Buchanan, J.M., 1985: The Reason of Rules. Constitutional Political Economy. Cambridge

Daniels, N. (Hg.), 1975: Reading Rawls. Critical Studies on Rawls' 'A Theory of Justice'. New York

Feinberg, J., 1973: Social Philosophy. Englewood Cliffs

Gauthier, D., 1986: Morals by Agreement. Oxford

Goldman, A.I./Kim, J. (Hg.), 1978: Values and Morals. Dordrecht

Hayek, F.A.v., 1973: Law, Legislation and Liberty, Volume 1: Rules and Order. Chicago

Hayek, F.A.v., 1976: Law, Legislation and Liberty, Volume 2: The Mirage of Social Justice. Chicago

Kern, L./Müller, H.-P. (Hg.), 1986: Gerechtigkeit, Diskurs oder Markt? Die neuen Ansätze in der Vertragstheorie. Opladen

Lyons, D., 1975: Nature and Soundness of the Contract and Coherence Arguments. In: Daniels (Hg.), 1975, 141-167

Nelson, W., 1980: The Very Idea of Pure Procedural Justice. In: Ethics, 90, 502-511

Nozick, R., 1974: Anarchy, State, and Utopia. New York

Rawls, J., 1971: A Theory of Justice. Cambridge, Mass.

Rawls, J., 1974: The Independence of Moral Theory. In: Proceedings and Addresses of the American Philosophical Association, 48, 5-22

Rawls, J., 1978: The Basic Structure as Subject. In: Goldman/Kim (Hg.), 1978, 47-71

Rawls, J., 1993: Political Liberalism. New York

Samuelson, P.A., 1947: Foundations of Economic Analysis. Cambridge, Mass.

Schmidt, J., 1986: 'Original Position' und reflektives Gleichgewicht. In: Kern/Müller (Hg.), 1986, 45-64

Schmidt, J., 1991: Gerechtigkeit, Wohlfahrt und Rationalität. Axiomatische und entscheidungstheoretische Fundierungen von Verteilungsprinzipien. Freiburg

Sen, A., 1970: Collective Choice and Social Welfare. San Francisco

7. Rationalität und Moralität

Hans-Peter Burth und Ulrich Druwe

Zusammenfassung

Die Formulierung moralischer Normen, die Ableitung eines stringenten Moralsystems und die Begründung moralischer Normen werden im Rahmen der rationalen Ethik auf individuelle Interessen (und universelle Vernunft) zurückgeführt. Damit stellt sich diese Konzeption als Moralphilosophie erster und zweiter Ordnung dar. Als Moralphilosophie erster Ordnung, die Handlungen beurteilen will, ist die rationale Ethik unhaltbar. Ihr Bemühen um rationale Modellierung von Handlungsweisen, die kompetente Moralbeurteiler als moralisch bestimmen würden, erweist sie vielmehr als metaethisches Konzept. Als solches setzt sie jedoch (noch) keine kognitivistischen Standards.

1. Einleitung

Moralphilosophie oder Ethik (erster Ordnung) ist die Wissenschaft, die Systeme moralischer Normen, sog. Moralphilosophien formuliert, mit deren Hilfe menschliche Handlungen erlaubt oder verboten werden. Gegenstand der Ethik (erster Ordnung) sind damit menschliche Handlungen, über die präskriptiv geurteilt wird.

156

Eine erste grundsätzliche Frage der Moralphilosophie erster Ordnung lautet: Auf Grundlage welcher Werte beurteilt man Handlungen moralisch? Klassischerweise beruft man sich auf eine gegebene Ontologie (so beispielsweise Platon oder Aristoteles), die Religion (etwa Brunner oder d'Holbach), einen bei allen Menschen vorhandenen *moralischen Sinn* (z.B. Hutchinson, Hume, aber auch Rawls) oder auf das mittels Vernunft erkennbare Sittengesetz (so Kant oder David Ross). Mit Hobbes, Hume, Bentham und Mill beginnt jedoch eine moralphilosophische Tradition, die moralische Normen von den individuellen Interessen der Menschen ableitet. In ihrer Mikrovariante handelt es sich um den Hedonismus, in der Makrovariante um den Utilitarismus.

Eine zweites grundsätzliches Fragebündel lautet: Wie kann man ein moralisches Normensystem stringent formulieren? Und wie sieht es mit der Reichweite des Moralsystems aus? Moralphilosophen gehen davon aus, daß ein zentrales Merkmal von Moralsystemen ihre universelle Anwendbarkeit ist (vgl. beispielsweise Koller 1983: 271f.). Ontologische oder religiöse Moralphilosophien tun sich mit dieser Bedingungen schwer, gibt es doch offensichtlich nicht nur eine universelle Ontologie oder Religion und folglich auch gegensätzliche Moralsysteme. Gleiches gilt für den Rekurs auf das Sittengesetz, welches es in der Allgemeinheit auch nicht gibt. Am ehesten scheinen die an den individuellen Interessen orientierten Moralsysteme diesen Anspruch zu erfüllen: Demnach handelt ein Akteur so, daß die gewählte Handlung aus seiner Sicht das geeignete Mittel zur Erreichung eines präferierten Zieles ist. Diese allgemeine handlungstheoretische Erkenntnis ist Grundlage der Ökonomik, die menschliches Verhalten im dem Sinne analysiert, daß Handeln als rationales Entscheiden aufgefaßt wird (vgl. Kirchgässner 1991: 2ff. sowie den Beitrag von Zimmerling in diesem Band). Ökonomik ist damit eine umfassende Methode zur abstrakten Analyse menschlichen (und moralischen) Handelns, die vom Verhaltensmodell des *homo oeconomicus* ausgeht. In der Gegenwart hat sich daher "die Auffassung verbreitet ..., daß akzeptable Moralsysteme (Systeme moralischer Normen) den Interessen der Individuen, an die sie gerichtet sind, in angemessener Weise Rechnung zu tragen haben." (Arni 1987: 357)

Ein weiteres Problem der Moralphilosophie bezieht sich auf die Begründung von moralischen Normen. Hierbei handelt es sich um ein metaethisches[1] Problem. Gegenstand der Metaethik sind nicht Handlungen, sondern

---

1   Statt Metaethik spricht man auch von Moralphilosophie bzw. Ethik zweiter Ordnung.

moralische Urteile. Im Mittelpunkt der metaethischen Diskussion steht dabei erstens die Frage, welche präzise Bedeutung normative Begriffe/Sätze haben bzw. ob normative Sätze wahrheitsfähig sind (Bedeutungsproblem), und zweitens die Frage, mit welchen Methoden sich ein moralischen Urteil begründen läßt (Begründungsproblem).

Die Begründungsprobleme einer religiösen Moralphilosophie werden bereits von Platon in seinem Dialog *Euthyphron* diskutiert (vgl. Platon, 1974: 3e-11b). Präzisierungs- und Zirkularitätsargumente sprechen auch gegen ontologische Moralphilosophien. Plausible Kandidaten, die begründet werden könnten, scheinen dagegen Hedonismus, Utilitarismus und Deontik zu sein. Ihre Vertreter gehen davon aus, daß eine Begründung der Moral auf der Basis des langfristigen und wohlerwogenen Selbstinteresses der Menschen möglich ist (vgl. Koller 1983: 275).

Formulierung, Ableitung und metaethische Begründung moralischer Normen werden demnach in einer der einflußreichsten moralphilosophischen Strömung auf individuelle Interessen zurückgeführt. Nachdem sich hier Moralphilosophie erster und zweiter Ordnung, Handlungstheorie und Ökonomik verbinden, wird diese Strömung in der Gegenwart als ökonomisches Paradigma praktischer Vernunft (vgl. Nida-Rümelin 1992a: 131) oder kurz als rationale Ethik bezeichnet. Im folgenden soll die rationale Ethik skizzenhaft daraufhin untersucht werden, ob sie den genannten Ansprüchen standhält.

2. Rationale Ethik als Moralphilosophie: Zur ökonomisch-rationalen Modellierung moralischer Normen

Die sozialwissenschaftliche Analyse ist darauf angewiesen, mit Modellen zu arbeiten. Biologische und sozialwissenschaftlichen Erkenntnisse über die Natur des Menschen ergaben, daß insbesondere das Modell des *homo oeconomicus* - bzw. seine Modifikationen, wie etwa Lindenberg's RREEMM-Modell (vgl. Lindenberg 1985: 100f.) -, für sozialwissenschaftliche Untersuchungen geeignet ist, zumal es die Übernahme des formalen Instrumentariums der Ökonomie und Entscheidungstheorie und damit weitgehende Präzisierungen in der Analyse erlaubt.

Menschliches Handeln wird auf dieser Basis modellhaft als rationales Handeln, rationales Handeln als Folgenoptimierung begriffen: Ein Akteur handelt rational, wenn er durch seine Entscheidungen bzw. sein Handeln seine Präferenzen (d.h. seine subjektiven Wünsche bzw. Intentionen) optimiert oder zu optimieren meint.[2] Die Präferenzen repräsentieren das Eigeninteresse des Akteurs. Was das Eigeninteresse eines bestimmten Akteurs inhaltlich ausmacht, ist unbestimmt, d.h. im Rahmen dieses Modells sind alle möglichen Präferenzen zugelassen, auch solche, die man als altruistisch bezeichnen würde.[3]

Die rationale Ethik schließt hieran an, und setzt moralisches Handeln mit rationalem Handeln gleich, gemäß der These: "Wer unmoralisch handelt, der handelt irrational." (Nida-Rümelin 1992b: 154) Für die rationale Ethik stellt sich daher die Anforderung, Normen als moralische Normen auszuweisen, "die für alle Individuen allein aufgrund ihrer vor- bzw. nichtmoralischen Präferenzen akzeptabel sind." (Arni 1987: 361). Dabei liegt es "aus methodischen Gründen nahe, den Individuen eine mehr oder minder egoistische Präferenzordnung hypothetisch zu unterstellen, selbst wenn die Menschen in Wirklichkeit gar nicht so egoistisch wären: wer den individualistischen [ökonomisch-rationalen, d.V.] Standpunkt plausibel machen will, muß zeigen, daß gewisse moralische Grundsätze unter der Voraussetzung jeder empirisch möglichen Beschaffenheit subjektiver Präferenzen intersubjektiv annehmbar sind, schlimmstenfalls auch dann, wenn alle Menschen nur auf ihr persönliches Wohlergehen aus wären" (Koller 1983: 283).

Anders formuliert ergeben sich für die rationale Ethik als Moralphilosophie erster Ordnung folgende Probleme: (1) Das Ableitungsproblem: Ist es möglich, Moralprinzipien im Rahmen der Modellaxiomatik rational abzuleiten oder, anders formuliert, wie kommt man von Rationalität zu Moralität? (2) Das Reichweitenproblem: Hinsichtlich der ökonomisch abgeleiteten Moralprinzipien stellt sich die Frage, ob diese auch universelle Gültigkeit beanspruchen können (vgl. Arni 1987: 359: "Können alle relevanten moralischen Alltagsurteile durch das ökonomische Modell als rational ausgezeichnet werden?") Es handelt sich hierbei um zwei verschiedene Fragestellun-

---

2   In der Terminologie der rationalen Entscheidungstheorie formuliert: Ein rationaler Akteur verfügt über eine konsistente Präferenzordnung, die durch eine quantitative Funktion repräsentiert wird, und optimiert diese Funktion (die ökonomische Nutzenfunktion) durch seine Handlungen. (vgl. Nida-Rümelin 1992a: 131, 135ff.)

3   Es muß jedoch ausgeschlossen werden, daß die Akteure von moralischen Präferenzen (im Sinn von Moralprinzipien) geleitet werden, denn was Moral ist ist zu diesem Zeitpunkt unbekannt.

gen, wobei das Ableitungsproblem vom Reichweitenproblem unabhängig ist; letzteres jedoch nicht getrennt vom Ableitungsproblem beantwortet werden kann.

Beginnen wir mit der Diskussion jedoch mit dem Modellierungsproblem, d.h. mit der Frage, was im Modell ökonomischer Rationalität überhaupt *Moral* ist. Es muß dafür "der konzeptuelle Rahmen präzisiert werden, in dem sich Moral, Moralität und ihre Effekte hinreichend präzise beschreiben lassen" (Hegselmann, Raub, Voss 1986: 156).

Aus der Perspektive ökonomischer Handlungsrationalität werden moralische Normen als Einschränkung der rational gebotenen individuellen Nutzenmaximierung verstanden. Dies gilt insbesondere für solche Situationen, die in der Spieltheorie unter dem Namen Gefangenendilemma (PD) analysiert werden[4]. Hier führt die ökonomisch-rationale Handlungsmaxime *maximiere deinen individuellen Nutzen* zu einem Ergebnis, bei dem alle Beteiligten schlechter gestellt sind, als wenn sie sich zur Kooperation entschlossen hätten. Tatsächlich zeigt sich, daß eine ganze Reihe von Moralprinzipien im Hinblick auf das Gefangenendilemma beiden Spielern jene Handlungsalternative (Nicht-Gestehen) empfehlen, die zu einem kollektiv-rationalen, und das bedeutet zu einem pareto-optimalen Ergebnis führt.[5]

Handlungen bzw. Regeln werden demnach als moralisch bezeichnet, wenn sie zu einem pareto-optimalen Zustand führen.[6] Im Rahmen der Modellierungsargumentation kommt dem Begriff *kollektive Rationalität* somit die Funktion eines Kriteriums zur Bestimmung von Moral zu: Moralität wird mit Kooperation gleichgesetzt.

---

4   Zur Erläuterung des Zwei-Personen-Gefangenendilemmas siehe z.B. Koller (1993: 287f.). Vgl. auch den Beitrag von Zangl und Zürn in diesem Band.

5   Vgl. die Auflistung von Moralkonzepten in Sen (1985: 189f.). Eine kollektive Handlung (verstanden als Kombination individueller Handlungen) ist dann kollektiv rational, wenn sie (zumindest) pareto-optimal ist (vgl. Nida-Rümelin 1992a: 138). Ein Zustand ist pareto-optimal, "wenn die Besserstellung einer Person nur noch um den Preis der Schlechterstellung einer anderen Person realisiert werden kann." (Nohlen/Schultze 1989: 650)

6   "Jedes System normativer Regeln hat die Bedingung zu erfüllen, vereinbar zu sein mit kollektiver Rationalität. Wenn ein System normativer Regeln (unter bestimmten Bedingungen) kollektive Handlungen nach sich zieht, die kollektiv irrational sind, so ist dieses System inadäquat." (Nida-Rümelin 1992a: 139)

ad 1) Das Ableitungsproblem läßt sich nun folgendermaßen präzisieren: Definiert man Moralität als kollektive Rationalität, dann wird die kooperative Lösung des Gefangenendilemmas zum Prüfstein einer ökonomisch-rationalen Modellierung von Moral. Es muß also gezeigt werden, daß es im Eigeninteresse beider Spieler liegt zu kooperieren. Von den verschiedenen Versuchen, die auf eine kooperative Lösung des Zwei-Personen-Gefangenendilemmas abzielen,[7] sollen hier zwei Varianten des sogenannten Metapräferenz-Ansatzes kurz vorgestellt und diskutiert werden.

Die Grundidee des Metapräferenzansatzes besteht darin, individuelle Nutzenmaximierung und Kooperation durch Heranziehung neuer Präferenzordnungen miteinander in Einklang zu bringen. So glaubt Sen (1985: 186 f.), das Kooperationsproblem des Gefangenendilemmas durch die Einführung von zwei Präferenzordnungen lösen zu können, die als *Versicherungsspiel-Präferenzen* (VS) und als *fremdorientierte* oder *Altruismuspräferenzen* (FO) bezeichnet werden.[8] Wenn sich Akteure im Gefangenendilemma so verhalten würden, als ob sie VS- oder FO-Präferenzen hätten, dann kann, laut Sen, die kollektiv rationale Kooperationslösung erreicht werden - die Akteure wären auch hinsichtlich ihres Eigeninteresses (den sogenannten GD-Präferenzen) besser gestellt.

Die drei Präferenztypen können somit nach dem Grad geordnet werden, in dem sie Kooperation im Gefangendilemma gewährleisten. Dabei entspricht die sich ergebende Ordnung, d.h. die Metapräferenzrelation FO-Präferenzen > VS-Präferenzen > GD-Präferenzen, einer Klassifizierung der Präferenzen in moralischer Reihenfolge (vgl. Sen 1985: 192). Auch Sen setzt also Mo-

---

7   So könnte man z.B. durch die Einführung von Sanktionsinstanzen die Auszahlungsmatrix für die Spieler verändern und so das Dilemma entschärfen (vgl. Diekmann/Manhart 1989: 135; Arni 1987: 363).

8   Die natürlichen Präferenzen, aus denen das Gefangenen-Dilemma resultiert, erfüllen hinsichtlich der Ordnung der Nutzenwerte folgende zwei Bedingungen: 1. T > R > P > S und 2. 2 R > T + S (vgl. Koller 1993: 288). Demgegenüber weisen die VS-Präferenzen die Ordnung R > T > P > S und die FO-Präferenzen die Ordnung R = S > T = P auf (vgl. Hegselmann, Raub, Voss 1986: 160). Ein Spieler mit VS-Präferenzen kooperiert demnach unter der Bedingung, daß der andere Akteur ebenfalls kooperiert; andernfalls wählt er die Defektion. Ein Spieler mit FO-Präferenzen hingegen kooperiert auf jeden Fall, unabhängig vom Verhalten des anderen Akteurs. Mit dieser Auflockerung der Präferenzen weicht Sen vom sogenannten *Revealed-Preferences*-Modell der Mikroökonomie ab (vgl. Kirchgässner 1991: 26), wonach die Entscheidungen eines Akteurs als direkte Repräsentation seines Eigeninteresses - d.h. seiner natürlichen Präferenzen - interpretiert werden.

ralität mit kollektiver Rationalität gleich. Allerdings wird in seiner Variante des Metapräferenzansatzes Moral "nicht direkt auf dem Ergebnis- oder Handlungsraum [...] sondern auf dem Raum der Präferenzordnungen" (Sen 1985: 197) definiert.[9]

Voraussetzung von Sen's moralischer Metapräferenzrelation ist also die Annahme, daß das Kooperationsproblem durch die Einführung der neuen Präferenztypen gelöst ist. Nach Ansicht von Hegselmann, Raub und Voss (1986) ist der Nachweis einer kooperativen Lösung des Gefangenendilemmas (und damit die Ableitung von Moral) nicht schon allein durch Sen's Hinweis erbracht, daß sich Kooperation im Gefangenen-Dilemma dann einstellt, wenn sich die Akteure von den moralischen VS- oder FO-Präferenzen leiten lassen. Stattdessen wird nur die Funktion moralischer Normen im PD-Kontext deutlich, also ihre Fähigkeit die ökonomisch-rationale Selbstblockade aufzuheben. Eine rationale Ableitung von Moralität im Rahmen des ökonomischen Ansatzes ist damit noch nicht geleistet (vgl. Hegselmann, Raub und Voss 1986, S. 161; vgl. auch die Kritik von Nida-Rümelin 1992a: 143 f.).

Nach Ansicht von Hegselmann, Raub und Voss kann die Identität von ökonomischer Rationalität und Moralität (kollektiver Rationalität) nur erbracht werden, indem man zeigt, "ob und ggf. unter welchen Bedingungen rationale Akteure auf der Basis ihrer natürlichen Neigungen [Präferenzen, d.V.] sich moralische Bewertungen zu eigen machen, die insgesamt zu einem effektiven Spiel führen, in dem beiderseitige Kooperation Lösung des Spiels ist." (Hegselmann, Raub, Voss 1986: 161)[10]

Zur Beantwortung dieser Frage schlagen die Autoren ein sogenanntes Moralspiel vor: Die Wahl der effektiven (moralischen) Präferenzen wird nach Vorbild des Zwei-Personen-Gefangenendilemmas als strategisches, nicht-

---

9   Sen's Versuch mittels der Metapräferenzrelation die Identität von Moral und kollektiver Rationalität nachzuweisen soll hier nicht weiter diskutiert werden. Zur Kritik dieses Ansatzes siehe Nida-Rümelin (1992a:139ff.).

10   Mit effektiven Präferenzen sind hier moralische Präferenzen (wie z.B. die VS- und FO-Präferenzen von Sen) gemeint, die das Handeln der Spieler im sogenannten *effektiven Spiel* bestimmen. Die effektiven Präferenzen werden dabei als moralische Bewertungen der natürlichen Auszahlungen (natürliche oder GD-Präferenzen) aufgefaßt, welche das Gefangenendilemma (*natürliches Spiel*) konstituieren (vgl. Hegselmann, Raub, Voss 1986: 159 f.)

kooperatives Spiel mit voller Information beider Akteure modelliert.[11] Die Autoren demonstrieren nun verschiedene Versionen des Moralspiels. In der ersten Variante haben die Akteure nur die Wahl zwischen den effektiven Präferenzen *unbedingte Kooperation* (C-Präferenzen) und *unbedingte Defektion* (D-Präferenzen). Hier wiederholt sich das Gefangenendilemma auf der Ebene des Moralspiels: Beide Spieler wählen die Präferenz *unbedingte Defektion*, so daß sich hinsichtlich ihrer natürlichen Präferenzen ein kollektiv irrationales Ergebnis ergibt (vgl. Hegselmann, Raub, Voss 1986: 166).

In der zweiten Variante des Moralspiels steht neben den beiden anderen noch eine dritte Präferenz *bedingte Kooperation* (AG-Präferenz) zur Auswahl (dies entspricht Sen´s VS-Präferenz). Hier wird das kollektiv rationale Ergebnis möglich, wenn beide Akteure die C- oder die AG-Präferenzen wählen oder sich der eine für die C- und der andere für die AG-Präferenz entscheidet. Die Wahl einer AG-Präferenz ist für die Akteure deswegen attraktiv, weil diese effektive Präferenz zusammen mit einem Akteur, der unbedingt kooperiert, zum kollektiv rationalen Ergebnis führt; bei einem Partner, der unbedingt defektiert, jedoch die eigene Ausbeutung verhindert (vgl. Hegselmann, Raub, Voss 1986: 168).[12]

Das Moralspiel zeigt also, daß es für eigeninteressierte Akteure rational sein kann, sich (eingeschränkt) moralisch zu verhalten (vgl. Hegselmann, Raub, Voss 1986: 172). Die beiden Varianten des Spiels haben jedoch deutlich gemacht, daß ein möglicher Nachweis der Identität von Nutzenmaximierung und Kooperation davon abhängt, welche Strategien (effektive Präferenzen) im Moralspiel zur Auswahl stehen (vgl. Hegselmann, Raub, Voss 1986: 170). Die unklar gebliebene Beziehung zwischen den Ergebnissen der obigen Moralspielvarianten läßt allerdings vermuten, daß auch die Analyse zusätzlicher Moralspiele nur zu verschiedenen Teilaussagen hinsichtlich der Ableitung von Moralität aus Rationalität führen wird. Es kann somit festge-

---

11   Hierbei gilt "daß die Wahl effektiver Neigungen durch die beiden Spieler [im Moralspiel, HPB] die Strategien bestimmt, die sie im effektiven Spiel wählen. Die natürlichen Payoffs, die sich für die Spieler aus dieser Strategienkombination ergeben, sind dann ihre Auszahlungen für die jeweilige Kombination effektiver Neigungen." (Hegselmann, Raub, Voss 1986: 162)

12   Dies zeigt sich auch in einer dritten Variante des Moralspiels, wo nur zwischen AG- und D-Strategien gewählt werden kann; auch hier ist ein kollektiv-rationales Resultat möglich, wenn beide Spieler AG-Präferenzen wählen (Hegselmann, Raub, Voss 1986: 175).

halten werden, daß mit Hilfe der hier vorgestellten Metapräferenzansätze eine eindeutige Lösung des Ableitungsproblems nicht erbracht werden kann.

Diese Beurteilung gilt nicht nur für die hier diskutierte Begründung einer kooperativen Gefangenen-Dilemma-Lösung, sondern für den ökonomischen Ansatz generell. Denn anders als oft suggeriert wird, wenn von der rationalen Begründung moralischer Normen die Rede ist, gibt es nicht das eine modellimmanente Ableitungsproblem der rationalen Ethik, sondern eine ganz Reihe verschiedener Teilprobleme, je nachdem wie die Bedingungen der Interaktionssituation gestaltet werden. Diese Feststellung mag banal klingen, für die rationale Ethik ist ihre Konsequenz jedoch fatal: Das angestrebte Ziel, unser moralphilosophisches Wissen plausibel und konsistent zu gestalten, löst sich in mehr oder weniger isolierte, auf bestimmte Interaktionsbedingungen begrenzte Möglichkeitsaussagen hinsichtlich des Verhältnisses von Rationalität und Moral auf (vgl. Arni 1989: 175).

Dies sei am obigen Moralspiel kurz erläutert: Das Moralspiel wurde (wie jedes Gefangenendilemma-Spiel) als Spiel unter vollständiger Information modelliert. Wird diese Voraussetzung jedoch aufgehoben, dann wäre es möglich, seinen Partner unter Vortäuschung von AG-Präferenzen zur Kooperation zu veranlassen, um ihn durch Defektion auszubeuten (vgl. Hegselmann, Raub, Voss 1986: 169). Will man die Bedingungen von Kooperation (Moralität) in einem derart modifizierten Moralspiel analysieren, muß geklärt werden, welches Verhältnis zwischen dem möglichen Kooperationsgewinn und dem Anreiz zur Täuschung besteht. Dabei kommen dann all jene Faktoren zum Tragen, die üblicherweise in Zusammenhang mit dem Schwarzfahrer-Problem diskutiert werden: die Wahrscheinlichkeit des Entdecktwerdens (die wiederum von der Gruppengröße und der Häufigkeit der Interaktionen abhängt), die Bereitschaft der anderen Akteure zu kooperieren, die Sanktionsfähigkeit bzw. -willigkeit der Partner, die Auswirkungen des Verhaltens auf zukünftige Kooperationsmöglichkeiten (Axelrod's *Schatten der Zukunft*) etc.[13] Es liegt also nahe, zur Erörterung der Chancen von Kooperation (Moralität) unter diesen Umständen auf zusätzliche spieltheoretische Modelle zurückzugreifen (Zwei- oder N-Personen-Superspiele, Verhandlungskonzepte der kooperativen Spieltheorie etc.), wo-

---

13   Vgl. die Kritik von Arni (1989: 162f.) an Gauthiers Argumentation mit moralischen Dispositionen in *Moral by Agreements*.

bei die Aussagekraft der so gewonnenen Einsichten zur Ableitungsproblematik wiederum auf die Bedingungen dieser Modelle beschränkt ist.

Durch das (auch im Hinblick auf empirische Anwendungen) verständliche Bestreben der rationalen Entscheidungstheorie bzw. Spieltheorie, die Chancen rationaler Kooperation unter möglichst vielfältigen und realistischen Bedingungen zu analysieren, wird diese Atomisierungs- Tendenz noch verstärkt.[14] Die dabei auftretenden Ausdifferenzierungen und damit verbundenen Komplikationen sind jedoch genuin Probleme des ökonomischen bzw. entscheidungstheoretischen Paradigmas und dessen Prämissen; erst durch die Gleichsetzung von Moral und ökonomischer Rationalität werden diese Schwierigkeiten zu solchen der Moralphilosophie.

ad 2) Das Reichweitenproblem der rationalen Ethik bezieht sich auf die Universalisierbarkeit der ausgewählten Moralnormen. Allgemein läßt es sich wie folgt umschreiben: Können mit Hilfe der rationalen Ethik (bzw. des Gefangenen-Dilemma-Modells) "all jene Normen, die 'kompetente Moralbeurteiler' als moralische Normen anerkennen würden, auch als moralische Normen im betreffenden ansatzspezifischen Verständnis" (Arni 1987: 359) ausgezeichnet werden?

Die Frage ist bislang zu verneinen, denn es zeigt sich, daß mit dem Gefangenen-Dilemma-Spiel nur folgende drei Typen moralischer Normen als ökonomisch rational begründet werden können (und dies natürlich nur, wenn das oben diskutierte Ableitungsproblem gelöst ist): (1) sogenannte Gefangenen-Dilemma-Normen, durch deren Befolgung kollektive Selbstblockierungen wie das Gefangenendilemma aufgehoben werden können (z.B. Normen, die Hilfeleistung für in Not geratene Mitmenschen fordern); (2) Koordinationsnormen (z.B. die Norm auf einer bestimmten Straßenseite zu fahren): "Für solche Normen gilt, dass jedes Subjekt einen Zustand, in dem alle Individuen die jeweilige Norm befolgen, einem Zustand, in dem nur einige oder gar keine Individuen die Norm befolgen, klar vorzieht" (Arni 1987: 364f.); (3) bedingte *Prisoners-Dilemma*-Superspielnormen, die in iterierten PD-Spielen (PD-Superspielen) Strategien bedingter Kooperation empfehlen wie z.B. Rapoport's *Tit-for-Tat*-Strategie (vgl. Arni 1987: 366f.).

Es gibt nun jedoch auch moralische Normen, die nicht mit dem skizzierten Minimalmoral-Modell in das ökonomische Modell integriert werden können

---

14   Auch hinsichtlich des Moralspiels sind Modelle, die nicht von vollständiger Information der Akteure ausgehen, sicherlich überzeugender.

(vgl. Arni 1987: 367ff.) So können z.B. Verteilungsnormen (anders als die PD-Normen) nicht durch den Nachweis einer kollektiv-rationalen Lösung des Gefangenendilemmas als rational ausgezeichnet werden. Denn im Gefangenendilemma gibt es kein Verteilungsproblem: Es existiert nur eine Kooperationslösung und die ist im Interesse aller Akteure. Verteilungsprobleme sind dagegen dadurch gekennzeichnet, daß mehrere Kooperationslösungen denkbar sind, von denen die einzelnen Individuen jeweils unterschiedlich profitieren, so daß keine der Lösungen im Interesse aller Individuen ist (wie die Kooperationslösung im Gefangenendilemma). Eine Entscheidung zwischen den verschiedenen Kooperationslösungen (bzw. den Normen, die ihnen entsprechen) kann daher nicht mehr mit dem Minimalmoral-Konzept der kollektiven Rationalität (bzw. dem PD-Modell) entschieden werden.[15]

Es wird deutlich, daß der hier diskutierte Versuch, moralische Normen durch eine kooperative Lösung des Gefangenendilemmas (im Rahmen des Metapräferenzansatzes) abzuleiten, auf große Schwierigkeiten stößt: Zum einen ist das modellimmanente Ableitungsproblem nicht eindeutig zu lösen und zum anderen erweist sich die Reichweite des Ansatzes schon hinsichtlich der rekonstruierbaren Normen als begrenzt. Auf der Basis einer Gefangenendilemma-Argumentation (immerhin dem paradigmatischen Argumentationsmuster des ökonomischen Ansatzes) scheint die angestrebte rationale Modellierung und Ableitung *der* Moral nicht durchführbar zu sein. Ob dieser Anspruch mit anderen spieltheoretischen Modellen erfüllt werden kann, erscheint nach den obigen Bemerkungen zum Ableitungsproblem ebenfalls fraglich.

3.   Rationale Ethik als Metaethik

Die Vertreter der rationalen Ethik gehen zumindest partiell davon aus, daß auch die - metaethische - Begründung moralischer Normen nur auf dem "langfristigen und wohlerwogenen Selbstinteresse der Menschen" (Koller 1983: 275) beruhen kann. In aller Kürze anzusprechen ist daher 1. welche präzise Bedeutung die moralischen Begriffe und Sätze der rationalen Ethik

---

15   Hierzu wären Modelle der kooperativen Spieltheorie (vgl. z.B. Gauthier 1986) bzw. der Social Choice Theorie erforderlich. Somit bestätigt sich die obige Feststellung, daß das Reichweitenproblem nicht unabhängig vom Begründungsproblem (bzw. dem ausgewählten Begründungskonzept) diskutiert werden kann.

haben, sowie 2. mit welche Methoden ihre moralischen Urteile gerechtfertigt werden.

Die rationale Ethik setzt Moralität mit Rationalität gleich. Die obigen Ausführungen haben bereits deutlich gemacht, daß im Modellkontext nur einige Handlungen als moralisch modelliert werden können, beispielsweise solche, die zu einem pareto-optimalen Zustand führen. Trotz aller Probleme, die die ökonomische Formulierung von Moralnormen mit sich bringt, trotz der konstatierten Ableitungsprobleme, daß diese Schwierigkeiten überhaupt intersubjektiv diskutiert werden können belegt, daß die rationale Ethik die Bedeutung moralische Begriffe, wenn auch in begrenztem Umfang, so präzise modellieren konnte, daß eine fruchtbare Diskussion möglich ist.

Diese Feststellung impliziert jedoch folgendes: "Die normative Entscheidungstheorie[16] ist keine Ethik. Sie stellt ... Rationalitätskriterien ... für subjektive Wahrscheinlichkeitsbeurteilungen und ... für den Zusammenhang von Wahrscheinlichkeiten und subjektiven Präferenzen" (Stegmüller 1973: 324 f.) auf. Anders formuliert: Die rationale Ethik ist ein Instrumentarium zur Präzisierung moralischer Begriffe und Modellierung moralisch-rationaler Handlungen. Damit entwickelt die rationale Ethik ein *metaethisches* Konzept, welches moralische Prädikate als gleichbedeutend mit analytischen Prädikaten auffaßt.

Die Konsequenzen dieser Vorgehensweise werden beim eigentlichen Begründungsproblem relevant. Die diesbezügliche Frage für die rationale Ethik lautet: Wie kann begründet werden, daß sich rationale, eigeninteressierte Akteure für moralische Handlungen - im Sinne des Modells - entscheiden? (vgl. Arni 1987: 359). Möglich ist hierauf eine empirische Antwort, d.h. der Nachweis, daß sich de facto eigeninteressierte Akteure für die Kooperation entscheiden. Empirische Studien lassen dies allerdings zweifelhaft erscheinen. Die rationale Ethik wählt eine andere, hypothetische Argumentation: Sie versucht nachzuweisen, daß ihre Moralprinzipien für alle rationalen Individuen akzeptabel sein müßten und daß sie sich folglich, auch in jedem Einzelfall, an diese Moralnormen halten müßten (vgl. beispielsweise Gauthier 1986). J.-L. Arni belegte für Gauthier (vgl. Arni 1990: 157ff.), daß dieser Anspruch der rationalen Ethik bislang nicht eingelöst werden konnte. Ähnliche Kritik zogen sich alle anderen rational-individualistischen

---

16   Dies ist Stegmüllers Begriff für rationale Ethik.

bzw. rational-universalistischen[17] Konzeptionen zu (vgl. etwa Höffe 1979: 227ff.).

Unterstellen wir nun einmal, daß es tatsächlich gelänge, die rationale Gültigkeit interessenbasierter Moralnormen für rationale Individuen zu belegen. Das metaethische Begründungsproblem wäre dennoch nicht gelöst. Wie eingangs festgestellt, beurteilen Moralphilosophien Handlungen. Damit stehen sie in einem bestimmten, im Rahmen der bisherigen Metaethik allerdings nicht konsensfähig definierten Verhältnis zur Realität. Die Gültigkeit von Normen im kohärenztheoretischen Sinn sagt jedoch nichts über ihren Realitätsbezug aus. Die rationale Ethik kann daher den gegenwärtig dominanten metaethischen Nonkognitivismus nicht entkräften.

4. Resümee

Die Formulierung moralischer Normen, die Ableitung eines stringenten Moralsystems und die metaethische Begründung moralischer Normen werden im Rahmen der rationalen Ethik auf individuelle Interessen (und universelle Vernunft) zurückgeführt. Damit stellt sich diese Konzeption als Moralphilosophie erster und zweiter Ordnung dar.

Als Moralphilosophie erster Ordnung, die Handlungen beurteilen will, ist die rationale Ethik unhaltbar. Sie formuliert keine eigenen Moralvorstellungen, sondern sie systematisiert und modelliert bestehende Moralnormen sowie entsprechende Handlungszusammenhänge, d.h. sie ist keine normative sondern eine analytische Disziplin. Ihr Bemühen um rationale Modellierung sowie um die rationale Begründung von Handlungsweisen, die kompetente Moralbeurteiler als "moralisch" bestimmen würden, erweisen die rationale Ethik durchgängig als metaethisches Konzept, ohne daß ihre Vertreter selbst dies wahrnehmen.[18] Als solches setzt sie jedoch (noch) keine kognitivistischen Standards (vgl. auch Arni 1987: 359). Dies würde vermutlich auch eine nachpositivistische Orientierung in der metaethischen Argumentation erfordern (vgl. Druwe-Mikusin 1990). Immerhin erleichtert die Strategie der rationalen Ethik die moralische Überzeugungsarbeit.

---

17   Darunter versteht Koller (vgl. Koller 1983: 276) den Utilitarismus, Kants Deontik sowie moderne Vertragskonzepte, beispielsweise die Variante von Rawls.

18   Dies liegt vielleicht daran, daß die Diskussion innerhalb der rationalen Ethik an keiner Stelle die Differenzierung in Ethik und Metaethik durchführt.

Literaturverzeichnis:

Arni, J.-L., 1987: Eigeninteresse und Moral. In: Holzhey/Kohler (Hg.), 1987, 357-372

Arni, J.-L., 1989: Das Verhältnis von Moral und Rationalität: Eine Auseinandersetzung mit David Gauthiers 'Morals by Agreement'. In: Analyse & Kritik, 11, 154-178

Axelrod, R., 1991: Die Evolution der Kooperation, 2. Aufl. München

Buchanan, J.M., 1975: The Limits of Liberty. Between Anarchy and Leviathan. Chicago

Diekmann, A./ Manhart, K., 1989: Kooperative Strategien im Gefangenendilemma. Computersimulation eines N-Personen-Spiels. In: Analyse & Kritik, 11, 134-153

Druwe-Mikusin, U., 1990: Moralische Pluralität. Grundlegung einer Analytischen Ethik der Politik. Würzburg

Gauthier, D., 1986: Morals by Agreement. Oxford

Haller, R. (Hg.), 1983: Beiträge zur Philosophie von Stephan Körner. Amsterdam

Hegselmann, R./ Raub, W./ Voss, T., 1986: Zur Entstehung der Moral aus natürlichen Neigungen. Eine spieltheoretische Spekulation. In: Analyse & Kritik, 8, 150-177

Höffe, O., 1979: Ethik und Politik. Frankfurt

Hoerster, N., 1983: Moralbegründung ohne Metaphysik, in: Erkenntnis, 19, 225-238

Hollis, M. / Vossenkuhl, W. (Hg.), 1992: Moralische Entscheidung und rationale Wahl. München

Holzhey, H./Kohler,G. (Hg.), 1987: Verrechtlichung und Verantwortung. Überlegungen aus Anlaß der Parole 'Weniger Staat, mehr Freiheit'. Bern, Stuttgart

Kirchgässner, G., 1991: Homo Oeconomicus. Das ökonomische Modell individuellen Verhaltens und seine Anwendung in den Wirtschafts- und Sozialwissenschaften. Tübingen

Koller, P., 1983: Rationalität und Moral. In: Haller (Hg.), 1983, 265-305

Koller, P., 1993: Rationales Entscheiden und moralisches Handeln. In: Nida-Rümelin (Hg.), 1994, 281-313

Lindenberg, S., 1985: An Assessment of the New Political Economy: Its Potential for the Social Sciences and for Sociology in Particular. In: Sociological Theory, 3, 99-114

Mackie, J.L., 1977: Ethics. Inventing Right and Wrong. Harmondsworth

Markl, K.-P. (Hg.), 1985: Analytische Politikphilosophie und ökonomische Rationalität 1. Opladen

Nida-Rümelin, J., 1987: Entscheidungstheorie und Ethik. München

Nida-Rümelin, J., 1992a: Ökonomische Rationalität und praktische Vernunft. In: Hollis/Vossenkuhl (Hg.), 1992, 131-153

Nida-Rümelin, J., 1992b: Rationale Ethik. In: Pieper (Hg.), 1992, 154-172

Nida-Rümelin, J. (Hg.), 1994: Praktische Rationalität. Grundlagenprobleme und ethische Anwendungen des rational-choice-Paradigmas. Berlin, New York

Nohlen, D./Schultze, R.O. (Hg.), 1989: Politikwissenschaft. Theorien - Methoden - Begriffe. München

Pieper, A. (Hg.), 1992: Geschichte der neueren Ethik 2. Tübingen

Rawls, J., 5.Aufl. 1990: Eine Theorie der Gerechtigkeit. Frankfurt

Sen, A., 1985: Entscheidung, Präferenzen und Moral. In: Markl (Hg.), 1985, 186-199

Stegmüller, W., 1973: Personelle und Statistische Wahrscheinlichkeit. Berlin

D   Wissenschafts- und handlungstheoretische Orientierungen

8.   'Rational Choice' und Strukturalistische Wissenschaftstheorie

Skizzierung einer strukturalistischen Rekonstruktion der Grundstruktur der 'Ökonomischen Theorie der Demokratie' von Anthony Downs

Volker Dreier

Zusammenfassung

Es wird gezeigt, daß der originär zur logischen Rekonstruktion mathematischer Theorien der Physik entwickelte metatheoretische Ansatz des Strukturalismus zur Rekonstruktion nicht-physikalischer Theorien herangezogen werden kann. Dies wird an der Grundstruktur der 'Ökonomischen Theorie der Demokratie' von Anthony Downs exemplifiziert. Neben diesem rekonstruktiven Teil der Arbeit wird in ihrem Vorfeld eine ausführliche Einführung in die Basiselemente der Strukturalistische Wissenschaftstheorie vorgelegt. Dabei wird insbesondere ein präziser Vorschlag dessen präsentiert, was eine empirische bzw. empirisch orientierte politikwissenschaftliche Theorie überhaupt ist bzw. sein kann.

1. Einleitende Vorbemerkungen

Die den empirischen Forschungsprozeß konstituierende und tragende Tätigkeit besteht in der Konzeption und methodengeleiteten Überprüfung von Theorien mit dem Ziel, invariante und transsubjektive Strukturelemente der *realen* Welt in deskriptiver und explanatorischer Weise zu erfassen, als auch Prognosen über diese zu treffen. Unterstellen wir mit dem Kritischen Rationalismus die prinzipielle Fehlbarkeit jeglichen Erkenntnisstrebens (vgl. Popper 1982; Albert 1982) und damit impliziert auch dessen prinzipielle Unabgeschlossenheit, so kann der empirische Forschungsprozeß als ein infiniter alternierender Interaktionsprozeß zwischen Theorien und empirisch erfaßbarer Wirklichkeit bestimmt werden. In bezug auf ihre exponierte Stellung im empirischen Forschungsprozeß können wir Theorien demzufolge als die Hauptinformationsträger der wissenschaftlichen Erkenntnis bestimmen (vgl. Spinner 1974: 1487; Albert 1964: 19,1987: 110), wobei differenzierend hinzugefügt werden muß, daß ihre Konzeption sowohl Ziel (vgl. Carnap 1946: 520) als auch Voraussetzung (vgl. Feyerabend 1974: 195,1989: 421; Popper 1982: 31, 224) von Wissenschaft ist.

Empirische Theorien können nun selbst zum Gegenstand der Untersuchung gemacht werden. Diese Aufgabe obliegt der Wissenschaftstheorie, deren Konzepte selbst wiederum Theorien sind, sogenannte Metatheorien (vgl. Balzer 1982: 1). Damit ist implizit auch schon deutlich geworden, daß die Wissenschaftstheorie hinsichtlich ihrer metatheoretischen Implikationen keinen monolithischen Block darstellt, sondern selbst unterschiedliche metatheoretische Ansätze zur Analyse empirischer Theorien involviert. Ein wesentlicher Aspekt der wissenschaftstheoretischen Betrachtung empirischer Theorien liegt dabei in der Analyse ihrer logischen Struktur und damit impliziert sowohl in der Frage nach dem Status ihrer verwendeten Begriffe als auch in der Analyse ihrer diachronen Entwicklung, welche unter den Begriff der Theoriendynamik gefaßt werden kann. So schreibt bspw. Suppe (1974: 45): "Inasmuch as the scientific theory is the vehicle of scientific knowledge, analyzing the structure of scientific theories is one of the most central problems in the philosophy of science" und Sneed (1979: 5) hebt hervor: "The really interesting questions about a scientific theory are dynamic ones - questions about how theories change, grow, come to be accepted and rejected".

Im Bereich der Sozialwissenschaften kommt einer solchen Analyse ihrer Theorien eine besondere Relevanz zu: Zum einen, weil innerhalb der Sozialwissenschaften eine Tendenz besteht, jede Ansammlung von Meinungen, so zusammenhangslos und unbegründet sie auch seien, mit dem Wort *Theorie* zu würdigen (vgl. Bunge 1983: 144) und zum anderen, weil viele sozialwissenschaftliche Theorien, so z.B. makrosoziologische Theorien, auch wenn sie begründet sind und eine innere Konsistenz aufweisen, nicht den Anforderungen einer wissenschaftlichen Theorie genügen (vgl. Lenski 1988: 166). Darüber hinaus werden im Bereich der sozialwissenschaftlichen Methodologie oftmals unterschiedliche metatheoretische Konzepte in eklektizistischer Weise trotz ihres sich in Teilbereichen ausschließenden Charakters vermengt, wie etwa Carnaps Zweistufenkonzeption der Wissenschaftssprache mit Poppers Falsifikationstheorie. Ein weiteres Desiderat sozialwissenschaftlicher Theoriebildung stellt die unzulängliche Explikation der Abhängigkeitsrelationen solcher Theorien von anderen Theorien in zeitlicher und inhaltlicher Perspektive dar. Ein Umstand, der es dem Theorienanwender oftmals erschwert, bei vorliegenden Theoriealternativen *die* Theorie auszuwählen, die ein zu analysierendes Realitätssegment am adäquatesten zu erfassen gestattet - oder anders ausgedrückt, welche der zur Auswahl stehenden Theorien die *tiefere* bzw. die empirisch gehaltvollere ist.

Vor dem Hintergrund dieser Problematik ist es angebracht, bestehende sozialwissenschaftliche Theorien sowohl unter systematischen Aspekten, welche primär ihre logische Struktur, Axiome, theoretische und empirische Begriffe sowie ihre Ableitungsregeln umfassen, als auch unter diachronen Aspekten, den sogenannten "normal kinematics of a theory" (Balzer, Moulines, Sneed 1987: 205) zu rekonstruieren. Im metatheoretischen Bereich stellt hierfür die von Sneed (1979) entwickelte und von Stegmüller und anderen (vgl. Stegmüller 1979a, 1980, 1985, 1986; Diederich 1981; Balzer, Moulines, Seed 1987) weiterentwikelte Strukturalistische Theorienkonzeption die bisher vielversprechenste Alternative zur logischen Rekonstruktion von Theorien dar. Dies vor allem auch deshalb, weil die Maxime dieser wissenschaftstheoretischen Richtung darin besteht, bei der Auswahl ihrer Untersuchungsobjekte soweit wie möglich auf bereits vorliegende realwissenschaftliche Theorien zu rekurrieren. Die Strukturalistische Theorienkonzeption ist so auch eher der *deskriptiven*

Wissenschaftstheorie zuzuordnen, die im Gegensatz zur *normativen* Wissenschaftstheorie nicht primär an vorgegebenen Normen wissenschaftlicher Rationalität orientiert ist, sondern ihre Aufgabe in der Explikation der logischen Struktur vorliegender realwissenschaftlicher Theorien und in der Entwicklung metatheoretischer Hypothesen über die Realwissenschaften in engem Zusammenhang mit konkreten realwissenschaftlichen Theorien sieht (vgl. Bartelborth 1988: 12) - und so möglicherweise auch eher den Intuitionen und dem tatsächlichen Verhalten von Wissenschaftlern in ihrer Prüfung, Verwerfung und Beibehaltung von Theorien entspricht.

In der Strukturalistischen Theorienkonzeption werden wissenschaftliche Theorien nun nicht mehr als Aussagensysteme im Sinne eines interpretierten Kalküls wie im Logischen Empirismus oder im Sinne eines hypothetisch-deduktiven Systems durch Ableitungsregeln miteinander verbundener nomologischer Hypothesen wie im Kritischen Rationalismus bestimmt, sondern als auf mengentheoretischer Grundlage entwickelte mathematisch-begriffliche (durch mengentheoretische Prädikate axiomatisierte) Strukturen, welche auf geeignete Objekte angewandt werden.

Die Tatsache, daß sich dieser Ansatz auf unterschiedliche disziplinspezifische realwissenschaftliche Theorien anwenden läßt (wie bspw. auf solche der Mathematik, Physik, Chemie, Mikrobiologie, Medizin, Ökonomie, Soziologie, Psychologie, Rechts- und Literaturwissenschaft (vgl. Dreier 1993: 334-344), soweit diese einigermaßen klar formuliert sind (vgl. Sneed 1979: XXIII), ist an sich noch nicht sehr beeindrukend bzw. wegen des damit verbundenen Aufwandes zumindest fragwürdig, bedient sich der Strukturalistische Theorieansatz doch eines hochkomplexen und aufwendigen mathematisch-technischen Apparats. Doch neben einer Symbolisierung von Theorien erlaubt er auch eine Lösung des Problems der theoretischen Begriffe und ist geeignet, "philosophical puzzles that surround the theory" (Sneed 1979: XXIII), wie etwa den empirischen Gehalt einer Theorie, die Frage was eine empirische Theorie eigentlich ist oder das Problem der Messung empirischer Theorien (Balzer 1985), einer Lösung näherzubringen. Sind Theorien im Aussagenkonzept wissenschaftlicher Theorien primär nur unter statischen Aspekten analysierbar, eröffnet die Strukturalistische Theorienkonzeption die Möglichkeit, durch Einbindung pragmatischer Elemente als auch durch die präzisierende Konzeption intertheoretischer Relationen, Theorien in ihrer zeitlichen und inhaltlichen Entwicklung darzustellen. Darüber hinaus gestattet sie eine präzise Darstellung der Relationsverhältnisse verschiedener disziplinspezifischer Theorien untereinander. Nicht zuletzt macht sie die seit der Popper-Kuhn-Kontroverse bestehende Inkompatibilität zwischen historischer und systematischer Wissenschaftsforschung wieder kompatibel und kann auch als ein neuer Versuch angesehen werden, abstrahierend vom einheitswissenschaftlichen Programm des Wiener Kreises, eine neue Einheit der Realwissenschaften zu begründen (vgl. Diederich 1981: 43ff.).

Obwohl die Strukturalistische Theorienkonzeption auch in den Sozialwissenschaften Eingang gefunden hat, und hier insbesondere in der Psychologie, wurde sie innerhalb der politikwissenschaftlichen Theorienrekonstruktion/-konstruktion und Methodologie, abgesehen von wenigen Ausnahmen (vgl. Dreier 1993, Druwe 1985, Troitzsch 1989, 1990), weder beachtet noch gar rezipiert. Ich schließe mich deshalb der Vermutung von Moulines (1975: 423) an, der in seiner Besprechung des für den Strukturalismus grundlegenden Werks von Sneed (1979) *The Logical Structure of Mathematical Physics* die Vermutung äußerte, daß "schwierig zu lesende Texte heutzutage nicht sehr populär sind." Das nicht schnell erlernbare technisch-mathematische Instrumentarium des Strukturalismus mag diese Vermutung unterstützen, doch sollte es insbesondere gerade den Politikwissenschaftler nicht davon abhalten, auch einmal neue, wenn auch schwierige Pfade zu begehen. Im folgenden wird in einem ersten Teil die Strukturalistische Wissenschaftstheorie in ihren Grundzügen vorgestellt. Wegen der relativen Unbekanntheit dieses Ansatzes in der Politikwissenschaft, wird dieser Ansatz ein wenig ausführlicher präsentiert. In einem zweiten Teil wird dieser Ansatz zur Rekonstruktion einiger Basisaussagen von Anthony Downs' *Ökonomischer Theorie der Demokratie* angewendet.

2. Die Grundzüge der strukturalistischen Konzeption wissenschaftlicher Theorien

2.1. Grundidee, Grundlagen und Elemente

Im Rahmen der Strukturalistischen Theorienkonzeption bezeichnet die Entität *Theorie* eine strukturierte Menge von Theorie-Elementen (auch Theorie-Netz genannt). Jedes Theorie-Element besteht aus zwei Komponenten: einer formalen und einer empirischen Komponente. Die formale Komponente umfaßt die logische Struktur des Theorie-Elements, die empirische Komponente denjenigen Bereich, auf den die logische Struktur des Theorie-Elements angewandt wird. Bezeichnen wir die logische Komponente des Theorie-Elements als den Kern K des Theorie-Elements und den empirischen Bereich als die Menge I der intendierten Anwendungen, so können wir ein Theorie-Element formal als geordnetes Paar $T = \langle K, I \rangle$ definieren. Ein Theorie-Netz N umfaßt daraus folgerend eine durch Relationen verbundene strukturierte Menge von Theorie-Elementen, aufbauend auf einem sogenannten Basis-Theorie-Element (vgl. Abb.1).

Abbildung 1: Fiktives Beispiel für ein Theorie-Netz

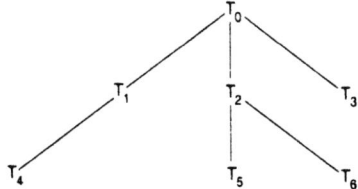

Im Anschluß an diese allgemeine Charakterisierung der Entität *Theorie* in der Strukturalistischen Theorienkonzeption wird diese im folgenden in sich sukzessive verdichtenden Schritten näher präzisiert und konkretisiert. Wir versuchen zunächst eine Antwort auf die Frage zu geben, wie ein Theorie-Element überhaupt in der Wissenschaft eingeführt wird (vgl. Balzer 1983: 222f.). Ausgangspunkt wissenschaftlicher Forschung sind zunächst einmal bestimmte, konkrete Phänomene, die wir *erklären* oder *verstehen* wollen. Wir nennen solche Phänomene intendierte Anwendungen, kurz I. In einem ersten Schritt werden wir versuchen, die den intendierten Anwendungen I inhärenten gemeinsamen Züge zu entdecken. Diese allgemeinen Züge beschreiben eine Klasse von Phänomenen, die wir partielle potentielle Modelle nennen, kurz M_{pp}. Elemente dieser partiellen potentiellen Modelle M_{pp} sind u.a. alle die Größen, die in bezug auf unsere Theorie nicht-theoretisch sind. In einem nächsten Schritt versuchen wir nun, die den partiellen potentiellen Modellen M_{pp} *innere* Struktur zu finden. Wir machen dabei Gebrauch von theoretischen Begriffen[1], die zu den partiellen potentiellen

---

1   Wobei anzumerken ist, daß theoretische Begriffe innerhalb der Strukturalistischen Wissenschaftstheorie nicht negativ zu beobachtbar bestimmt werden, sondern positiv, als von der Theorie selbst herkommend. D.h. Begriffe sind dann theoretisch, wenn sie nur unter Voraussetzung der Gültigkeit der Theorie bestimmt werden können. Wir sprechen deshalb auch von sogenannten T-theoretischen Begriffen.

Modellen M_{pp} hinzukommen, dadurch neue Strukturen liefern, für die man neue Gesetze oder Axiome formulieren kann. Solche, durch theoretische Begriffe ergänzte partielle potentielle Modelle M_{pp} nennen wir potentielle Modelle, kurz M_p. Die potentiellen Modelle M_p bezeichnen so diejenigen Entitäten, auf die sich die theoretischen und nicht-theoretischen Komponenten einer Theorie beziehen. Sie stellen damit eine Theoretisierung der partiellen potentiellen Modelle M_{pp} dar (vgl. Finke 1982: 158). Um partielle potentielle Modelle zu potentiellen Modellen zu ergänzen bzw. um aus potentiellen Modellen wieder partielle potentielle Modelle zu machen, führen wir die Restriktionsfunktion r ein. Potentielle Modelle, die nun darüber hinaus die für die Klasse der betrachteten Phänomene charakteristischen Axiome erfüllen, nennen wir Modelle, kurz M. Es gilt dabei M $\subseteq M_p$.

Da die von uns eingangs betrachtete Menge von Phänomenen, d.h. die sogenannten intendierten Anwendungen I, voneinander abhängig sind, d.h. daß wir die Werte einer Funktion in einer Anwendung der Theorie ohne die Berücksichtigung der Werte derselben Funktion in anderen Anwendungen nicht benützen dürfen, führen wir jetzt noch die Menge der sogenannten Constraints ein, kurz C: "Der Effekt der Constraints besteht darin, bestimmte Komponenten in verschiedenen Anwendungen, jedoch keine Zuordnung theoretischer Komponenten in einzelnen Anwendungen auszuschließen" (Balzer, Sneed 1983: 121). Wir können nun folgende Struktur eines Theorie-Elements angeben: die Menge der partiellen potentiellen Modelle M_{pp}, der potentiellen Modelle M_p und der Modelle M sowie der Constraints C und die Restriktionsfunktion r bilden den mathematischen Kern bzw. das Begriffsgerüst eines Theorie-Elements, die Menge der intendierten Anwendungen I den Anwendungsbereich, so daß gilt: T = $<M_p, M_{pp}, r, M, C>, I>$.

Was eine *Theorie* ist, liegt diesen Ausführungen zufolge auf der abstrakten logischen Form und nicht auf der Syntax oder Semantik derjenigen Sprache, in deren eine *Theorie* darstellbar ist. Dieser Umstand macht auch die Frage obsolet, ob eine *Theorie* wahr oder falsch ist; wir können nur eine empirische Behauptung einer *Theorie* auf ihren Wahrheitswert hin überprüfen, denn wir können nur von Sätzen behaupten, daß sie empirisch widerlegbar sind, nicht aber von begrifflichen Gebilden.

Innerhalb der Strukturalistischen Theorienkonzeption ist eine *Theorie* nun als die Bedeutung eines Prädikats der Form *x ist ein F* aufzufassen (vgl.

Hauptmeier, Schmidt 1985: 39). Die Grundidee ist dabei folgende. Eine *empirische wissenschaftliche Theorie* enthält jeweils genau ein einzelnes Gesetz, von dem angenommen wird, daß es auf bestimmte Realitätssegmente paßt. Über ein solches Realitätssegment kann man mit Hilfe der logischen Komponente einer *Theorie* eine empirische Behauptung aufstellen, indem man behauptet, daß dieses Realitätssegment die logische Form der *Theorie* erfüllt. Eine solche Behauptung bildet man durch die einfache Prädikation des Typs *c ist ein S*. "c" ist dabei ein Name oder eine Kennzeichnung einer Entität, "S" dagegen drückt die gesamte logische Struktur der betreffenden *Theorie* aus, sie umfaßt die sogenannte mathematische Fundamentalstruktur (vgl. Stegmüller 1985: 12).

Im Falle einer Theorierekonstruktion besteht der erste Schritt so in der axiomatischen Einführung eines fundamentalen Theorieprädikats. Diese Axiomatisierung erfolgt innerhalb des Strukturalismus informell durch Einführung eines mengentheoretischen Prädikats im Rahmen der naiven Mengenlehre und geht auf einen Vorschlag auf Suppes (1957) zurück. Die Axiomatisierung einer gegebenen, axiomatisch aufgebauten mathematischen Theorie durch Definition eines mengentheoretischen Prädikats beinhaltet folgende Operationsschritte: Zunächst fassen wir die Grundbegriffe einer solchen Theorie als Variablen auf, über die wir eine Existenzquantifikation vornehmen. Die so entstandene komplexe Es-gibt-Aussage benützen wir nun als Definiens eines neuen Prädikats, das auf das n-Tupel der Designata der Grundbegriffe zutrifft. Verdeutlichen wir uns dies am Beispiel der Arithmetik, so können wir das mengentheoretische Prädikat *ist eine Progression* wie folgt definieren:

D 1:   *X ist eine Progression* gdw es ein N, ein a und ein f gibt, so daß gilt:
(1) X = (N,a,f)
(2) N ist eine nicht-leere Menge
(3) a ist ein Element von N
(4) f ist eine Funktion mit dem Argumentbereich $D_I(f) = N$ und dem Wertbereich $D_{II}(f) = N$
(5) für alle x : $x \in N \rightarrow fx \neq a$
(6) (x) (y) : $x \in N \wedge y \in N \wedge fx = fy \rightarrow x = y$
(7) (x) (P) : $((Pa \wedge (x \in N \wedge P(x) \rightarrow P(fx)))$
  $\rightarrow$ (x): $x \in N \rightarrow P(x)$

177

In dieser Definition haben wir die Grundbegriffe N als Menge der natürlichen Zahlen, a als die Zahl Null und f als die Nachfolgerfunktion designiert; über diese haben wir eine Existenzquantifikation vorgenommen; die dabei entstandene Gesamtaussage mit den Teilbedingungen (1) bis (7) ist per Definition äquivalent mit der Behauptung *X ist eine Progression*.

Die Bezeichnung dieser Methode als informelle Formalisierung impliziert nun zum einen, daß mit dem Begriff *Formalisierung* kein formalsprachliches Vorgehen gemeint ist, sondern nur ein dem heutigen Präzisionsstand der Mathematik entsprechendes axiomatisches Vorgehen, und zum anderen, daß mit dem Attribut *informell* nur ausgedrückt wird, daß die logischen Ausdrücke mit Ausnahme der Implikation in ihrer umgangssprachlichen Bedeutung verwendet werden und das mengentheoretische Grundsymbol "∈" für die Elementarschaftsrelation gewählt wird (vgl. Stegmüller 1980: 4ff., 1985: 39, 41, 1986: 21). Bei dieser Form der Axiomatisierung werden die Axiome der zu axiomatisierenden Entität *Theorie* zu integralen Bestandteilen des mengentheoretischen Prädikats. Da nun aber physikalische Theorien, oder allgemeiner gesprochen, empirische Theorien, mehr sind als nur mathematische Strukturen, ist es erforderlich, diese mathematische Struktur durch einen Anwendungsaspekt zu ergänzen, d.h. um die Menge ihrer intendierten Anwendungen.

2.2. Die Grundstruktur einer realwissenschaftlichen Theorie in der Strukturalistischen Theorienkonzeption: Systematische Aspekte

2.2.1. Die Grundelemente eines Theorie-Elements: Mathematischer Strukturkern und intendierte Anwendungen

Einer mengentheoretischen Explikation der Entität *Theorie-Element* müssen wir zunächst eine explizite Charakterisierung der für die Strukturalistische Theoriekonzeption grundlegenden Unterscheidung *theoretisch - nichttheoretisch* voranstellen, welche wir durch eine m+k-Theorie-Element-Matrix ausdrücken können. Sneed definiert eine solche Matrix wie folgt (vgl. Sneed 1976: 123):

D 2: X ist eine m+k-Theorie-Element-Matrix genau dann, wenn

(1) $X \in M$

(2) m und k sind positive ganze Zahlen: $0<m$; $0 \leq k$

(3) für alle $x \in X$: es gibt $n_1,...n_m,t_1,...,t_k \in M$
so daß $x = <n_1,...,n_m,t_1,...,t_k>$

In **D 2** wird ausgedrückt, daß $x \in X$ ein m+k-Tupel (d.h. eine geordnete Menge) von Mengen, Relationen und Funktionen ist. (1) besagt, daß X eine nichtleere Menge ist; (2) besorgt sozusagen eine Nummerierung der Komponenten n (nicht-theoretisch) und t (theoretisch); (3) schließlich besagt, daß $x \in X$ ein nach n und t geordnetes Gebilde, das m+k-Tupel ist. Wenn k=0 bedeutet dies, daß im Theorie-Element keine T-theoretischen Terme vorkommen; wenn k>0, so erfüllen potentielle Modelle M_p diese Matrix; wenn k=0, dann erfüllen partielle potentielle Modelle M_{pp} die Matrix. Verdeutlichen wir uns diese Matrix am Beispiel der Klassischen Partikelmechanik. Die für die Klassische Partikelmechanik grundlegenden potentiellen Modelle sind Strukturen der Art <P, T, s, m, f>, wobei folgende Repräsentationsbeziehungen bestehen:

P repräsentiert die Menge der Partikel, T ist ein Intervall reeller Zahlen mit $t \in T$ als Zeitpunkten, s ist die vektorielle Ortsfunktion $PxT \rightarrow R^3$, m ist die Massenfunktion $P \rightarrow R$, und f ist die vektorielle Kraftfunktion $PxTxN^3 \rightarrow R$. m und f stellen innerhalb der Klassischen Partikelmechanik in der Rekonstruktion von Sneed theoretische Funktionen dar. Unter Bezugnahme auf diese Charakterisierung liegt so für die Klassische Partikelmechanik eine 3+2-Matrix vor, die aus Quintupeln der oben genannten Art besteht. Die Elemente dieser 3+2-Matrix sind folglich potentielle Kandidaten für das mengentheoretische Prädikat *ist eine klassische Partikelmechanik*.

Wie schon eingangs angeführt, besteht eine wissenschaftliche Theorie in ihren Grundeinheiten aus Theorie-Elementen, deren Struktur einen mathematischen Kern K und eine Menge intendierter Anwendungen I umfaßt, so daß gilt $T = <K,I>$. Betrachten wir zunächst den mathematischen Kern eines Theorie-Elements, der aus der Menge der partiellen potentiellen Modelle M_{pp}, der Menge der potentiellen Modelle M_p, der Restriktionsfunktion r, der Menge der Modelle M und der Menge der Constraints C besteht, so daß gilt $K = <M_{pp},M_p, r, M, C>$.

Bevor wir nun den Kern K eines Theorie-Elements formal definieren, wollen wir uns zunächst noch einmal die Bedeutungen seiner Elemente am Beispiel der Klassischen Partikelmechanik verdeutlichen. Da bei der informellen mengentheoretischen Axiomatisierung eines Prädikats in der Form *ist ein P* die Axiome zu Bestandteilen der Definition werden, können wir das mengentheoretische Prädikat *ist eine Partikelmechanik* definieren, wobei wir die Menge der Partikelsysteme, d.h. die Menge der Entitäten, die die Newtonschen Axiome erfüllen, als Modelle der Klassischen Partikelmechanik bezeichnen. Wobei natürlich nur solche Partikelsysteme die Newtonschen Axiome erfüllen können, die mit Orts-, Massen- und Kraftfunktionen ausgestattet sind. Da es auch Partikelsysteme gibt, in deren Struktur bspw. die Massenfunktion fehlt und sie somit bspw. nicht das zweite Newtonsche Axiome erfüllen können, sonst aber von einer Struktur sind, daß sie alle Axiome erfüllen könnten, bezeichnen wir solche Partikelsysteme als potentielle Modelle M_p. Ein M_p besitzt so die gleiche Struktur wie ein M, nur wird von ihm nicht verlangt, daß es alle Axiome erfüllt. Es gilt so $M \subseteq M_p$. Da die Massen- und Kraftfunktionen innerhalb der strukturalistischen Rekonstruktion der Klassischen Partikelmechanik theoretische Größen darstellen, es jedoch auch Partikelsysteme gibt, die nur aus Partikeln zusammen mit ihren Ortsfunktionen bestehen, wobei die Ortsfunktion innerhalb der Klassischen Partikelmechanik einen nicht-T-theoretischen Begriff darstellt, bezeichnen wir solche Partikelkinematiken als partielle potentielle Modelle M_{pp}. Solche M_{pp}s sind nun zu M_ps mittels einer Restriktionsfunktion r um die theoretischen Größen ergänzbar bzw. die M_ps schmälerbar. Wollen wir die strukturierte Menge der drei Modellarten auf empirische Entitäten anwenden, also in unserem Beispiel auf alle Partikelkinematiken, so muß gewährleistet sein, daß die Funktionswerte von gleichen Partikeln in verschiedenen Partikelsystemen (bspw. Erde-Sonne, Erde-Mond, Erde-Satelliten) die gleichen sind (bspw. Erde). Die Bedingungen, die dies sicherstellen, bezeichnen wir als Constraints C: "Die Constraints wirken [so] als Querverbindungen zwischen allen möglichen Anwendungsfällen der betrachteten Theorie T und halten die verschiedenen empirischen Aussagen aus dem Bereich der indendierten Anwendungen zusammen [...]" (Fasching 1989: 208). Dabei gilt es zwischen zwei Typen von Constraints zu unterscheiden: den Identitäts-Constraints und den Constraints der Extensivität einer Funktion. Erstere garantieren die Gleichheit von Funktionswerten gemäß obigem Beispiel, die letzteren, nehmen wir als

Beispiel die Masse, daß der Massenwert eines aus zwei Körpern zusammengesetzten Körpers gleich der Summe der Einzelmassenwerte ist. Gemäß unseren Ausführungen dürfte es deutlich geworden sein, daß die Elemente der Anwendungen eines Theorie-Element-Kerns K partielle potentielle Modelle bzw. Mengen von partiellen potentiellen Modellen sind (Dieser Feststellung werden wir uns später bei der Explikation der Menge der intendierten Anwendungen I näher zuwenden). Wir definieren nun den Kern K eines Theorie-Elements wie folgt (vgl. Balzer, Sneed 1983: 121; Stephan 1988: 68):

D 3: K ist ein Kern für ein Theorie-Element genau dann, wenn es ein M_p, M_{pp}, M, C, r, m und k gibt, so daß gilt:
(1) $K = <M_{pp}, M_p, r, M, C>$
(2) M_p ist eine m+k-Theorie-Element-Matrix
(3) $M_{pp} := \{<n_1,...,n_m>/<n_1,...,n_m, t_1,...,t_k> \in M_p\}$
(4) r ist eine Funktion mit $D_I(r) = M_p$ und $D_{II}(r) = M_{pp}$, so daß gilt:
$r(<n_1,...,n_m, t_1,...,t_k>) = <n_1,...,n_m>$
(5) $M \subseteq M_p$
(6) C ist ein Constraint für M_p, wobei gilt: $C \subseteq Pot(M_p)$
(a) $\emptyset \notin C$
(b) $\forall$ X, Y: $(X \in C \wedge Y \subseteq X) \rightarrow (Y \in C)$, mit X, Y $\neq \emptyset$
(c) $\forall x \in M_p : \{x\} \in C$

Erläuterungen zu **D 3**: "<" und ">" in (1), (3) und (4) zeigen an, daß es sich um geordnete Mengen von Mengen handelt. In (2) wird der Zusammenhang zwischen der Matrix und den potentiellen Modellen ausgedrückt (vgl. **D 2**). (3) drückt aus, daß die partiellen potentiellen Modelle durch Weglassen der theoretischen Komponenten aus den potentiellen Modellen hervorgehen. (4) vollzieht mittels der Restriktionsfunktion r (3) formal. (5) drückt aus, daß die Axiome, die Bestandteile der Menge der Modelle sind, aus den partiellen Modellen die Modelle des Theorie-Elements aussondern. (6) drückt aus, daß die Constraints bestimmte Kombinationen von potentiellen Modellen auszeichnen, weshalb diese auch als Teilmenge der Potenzmenge von M_p bestimmt werden muß. (6a) ist notwendig, um zu verhindern, daß zum empirischen Gehalt einer Theorie die leere Menge gehört. (6b) fordert *Transitivität* in C. (6c) stellt sicher, daß nicht einzelne potentielle Modelle ausgeschieden werden, sondern nur Mengen von solchen.

Haben wir den Kern K eines Theorie-Elements definiert, so stellt sich nun die Frage nach dem empirischen Gehalt eines solchen Kerns. Zu diesem Zweck müssen wir die partiellen Modelle M_p, die Modelle und partiellen potentiellen Modelle M_{pp} auf eine höhere mengentheoretische Stufe stellen, d.h. wir müssen die Potenzmengen von ihnen bilden. Haben wir so $Pot(M_p)$, $Pot(M)$ und $Pot(M_{pp})$ eingeführt, wobei gilt: $Pot(M) \subseteq Pot(M_p)$, so können wir folgende Operation durchführen: Wir unterscheiden zwischen einer theoretischen und nicht-theoretischen Ebene. Auf der theoretischen Ebene haben wir $Pot(M) \subseteq Pot(M_p)$ und $C \subseteq Pot(M_p)$. Bilden wir nun die Redukte des Durchschnitts $Pot(M) \cap C$, so erhalten wir eine Teilmenge von $Pot(M_{pp})$ auf der nicht-theoretischen Ebene, die wir mit A(K) bezeichnen. Wir können nun formal folgende Definition des empirischen Gehalts A(K) einer Theorie angeben:

> **D 4:** A(K) ist der empirische Gehalt eines Theorie-Elements genau dann,
> wenn es ein K, r, r' und r'' gibt[2], so daß gilt:
> (1) $K = \langle M_{pp}, M_p, r, M, C \rangle$ ist ein Kern für das Theorie-Element
> (2) Die Funktionen $r^i : Pot^i(M_p) \rightarrow Pot^i(M_{pp})$ werden für $i \in N$ durch Induktion bestimmt aus:
> $r(\langle n_1,...,n_m, t_1,...,t_k \rangle) = \langle n_1,...,n_m \rangle$
> $r^{i+1}(Y) = \{ r^i(Z) / Z \in Y \}$, mit $Y \in Pot^{i+1}(M_p)$
> (3) $A(K) = r''(Pot'(M) \cap C)$

A bezeichnen wir als den Auswahloperator, der jedem Kern eines Theorie-Elements die Menge A(K) aller Kombinationen partieller potentieller Modelle zuordnet, die sich bei Beachtung der Constraints zu Modellen ergänzen lassen. Oder anders ausgedrückt: Die Menge A(K) stellt eine Auswahl aus der Klasse aller möglichen Kombinationen partieller potentieller Modelle dar. Von A(K) werden dabei solche Kombinationen ausgewählt, die Redukte von Modellen sind, die die Constraints erfüllen. Stellt (3) in **D 4** den empirischen Gehalt eines Theorie-Elements dar, so liegt der induktiven Definition der Restriktionsfunktion (2) die Ansicht zugrunde,

---

2    $r(x) = y$ drückt aus, daß ein einzelnes M_p zu einem M_{pp} verkürzt wird. r' dagegen wird auf eine Menge von M_p's angewendet und r'' auf eine Menge von Mengen von M_p's.

daß die *Restriktion* einer Menge Y die Menge der restringierten Elemente der Menge Y darstellt (vgl. Stephan 1988: 69).

Die Menge der intendierten Anwendungen I bringt den formalen Kern des Theorie-Elements mit *realen* Systemen in Verbindung. Dabei ist jedoch zu beachten, daß wir die Menge I nicht formal als eine Strukturart einführen dürfen. Denn sonst hätte sie denselben Status wie der Kern, so daß folglich keine empirische, sondern eine mathematische Theorie vorliegen würde.

Eine mögliche Bestimmung intendierter Anwendungen besteht darin, daß wir analog zu Wittgensteins *Spielbegriff* und dem damit verbundenen Begriff der *Familienähnlichkeit* vorgehen (vgl. Wittgenstein 1984b: §66, §329; 1984c: §75, §118). Wir führen demgemäß zuerst paradigmatische Anwendungsbeispiele der Theorie ein, d.h. solche Anwendungsbeispiele, wie sie in Lehrbüchern zur Illustration der axiomatischen Präsentation einer Theorie vorgelegt werden, oder solchen, die vom jeweiligen Theoriebegründer selbst eingeführt wurden (so hat bspw. Newton selbst paradigmatische Beispiele zur Anwendung der Partikelmechanik eingeführt, etwa die Planetenbewegungen, die Gezeiten oder die Pendelbewegungen), und rechnen dann *hinreichend ähnliche* Anwendungsmöglichkeiten hinzu.

Bezeichnen wir die Menge der paradigmatisch eingeführten intendierten Anwendungen mit I_p und die Menge der diesen *hinreichend ähnlichen* intendierten Anwendungen mit I*, so können wir die Menge der intendierten Anwendungen I als Vereinigung derselben auffassen, so daß gilt: $I = I_p \cup I^*$ und darüber hinaus I_p als Teilmenge von I, so daß gilt: $I_p \subseteq I$ (vgl. Balzer 1985: 26). Im Falle der Autodetermination des Anwendungsbereichs einer Theorie wird die einschlägige Theorie selbst dazu benutzt, über die Zugehörigkeit eines Systems zu I* zu entscheiden (vgl. dazu ausführlicher (Stegmüller 1985: 224ff.)). Bezüglich der Charakterisierung der Menge der intendierten Anwendungen I können wir folgendes festhalten (vgl. Stegmüller 1986: 28): Die Menge der intendierten Anwendungen I wird nicht mit der Spezifikation des theoretischen Apparats der Theorie mitgeliefert, d.h. I ist von K unabhängig; I ist eine offene Menge, d.h. eine extensive Größe; und verschiedene intendierte Anwendungen sind nicht per se disjunkt, d.h. sie können sich überschneiden. Nach Einführung der Menge der intendierten Anwendungen I können wir nun ein Theorie-Element wie folgt definieren:

D 5: T ist ein Theorie-Element nur dann, wenn es ein K und ein I gibt,
so daß gilt:
(1) T = <K, I>
(2) K = $<M_{pp}, M_p, r, M, C>$ ist ein Kern für das Theorie-Element
(3) $I \subseteq M_{pp}$ (oder: $I \subseteq Pot(M_{pp})$)
[(4) $I = I_p \cup I^*$ und $I_p \subseteq I$]

(3) drückt die alternativen Bedeutungen von I aus: Zum einen kann mit einer intendierten Anwendung die Anwendung der Theorie auf ein einzelnes M_{pp} gemeint sein, zum anderen die Anwendung der Theorie auf eine Klasse von gleichartigen M_{pp}'s. Wir können nun auch die empirische Behauptung eines Theorie-Elements der Form T = <K,I> und der notwendigen Bedingung $I \subseteq M_{pp}$ sowie des empirischen Gehalts eines Theorie-Kerns A(K) wie folgt definieren:

D 6: Wenn T = <K,I> ein Theorie-Element ist, dann ist $I \subseteq A(K)$ bzw. $I \in r'(Pot(M) \cap C)$ die empirische Behauptung von T

Stellt $A(K) = r'(Pot(M) \cap C)$ die empirischen Gehalt eines Theorie-Elements dar, so können wir die nicht-restringierte Schnittmenge $Pot(M) \cap C$ als den theoretischen Gehalt eines Theorie-Elements auffassen.

2.2.2. Theorie-Netze als strukturierte Mengen von Theorie-Elementen

In meinen bisherigen Ausführungen zur Bestimmung der Entität *Theorie* in der strukturalistischen Wissenschaftstheorie habe ich diese global als eine Kombination von mathematischem Kern K und einer Menge intendierter Anwendungen I in der Form T = <K,I> bestimmt, wofür ich auch gelegentlich den Terminus *Theorie-Element* benutzt habe, ohne jedoch die spezifische Neuartigkeit des Begriffs des Theorie-Elements in Abgrenzung zur ursprünglichen Konzeption von *Theorie* in der strukturalistischen Theorienkonzeption klargestellt zu haben. M.a.W. meine bisherige Verwendung des Terminus *Theorie-Element* kann in seiner Struktur als synonym mit der strukturalistischen Bestimmung von *Theorie* verstanden werden. Unter chronologischen Gesichtspunkten in bezug auf die Entwicklung des Strukturalistischen Forschungsprogramms wurde dieser Terminus jedoch erst später eingeführt, um Theorien als Netze von Theorie-Elementen zu konzipieren (vgl. Balzer, Sneed 1983). In meinen weiteren Ausführungen zur strukturalistischen Sichtweise wissenschaftlicher Theorien werde ich diesen Terminus von nun an nur noch in der zuletzt genannten Bestimmung verwenden.

Die Grundüberlegung zur Konzeption von Theorien als Netze von Theorie-Elementen besteht darin, daß durch die Einbindung zusätzlicher Gesetze (Spezialgesetze) in die ursprüngliche strukturalistische Fassung von Theorien das mengentheoretische Prädikat des Kerns unter Einbeziehung von Spezialgesetzen verschärft werden mußte. Am Beispiel der Klassischen Partikelmechanik hieß dies, daß das Grundgesetz dieser Theorie, das zweite Newtonsche Axiom, in T(KPM) = <K,I> ausgedrückt wird, und die Hinzufügung der Spezialgesetze, dem dritten Newtonschen Axiom (Gravitationsgesetz) und dem Hookeschen Gesetz, als eine Verschärfung des Prädikats *ist eine klassische Partikelmechanik* konzipiert wurde, da diese nur in bestimmten Anwendungen der Klassischen Partikelmechanik gültig sind. Diese Verschärfung bestand bei Sneed in einer pauschalen Zusammenfassung aller Spezialgesetze zu einer einzigen Menge und der Erweiterung des Kerns K zu einem erweiterten Kern, der als 8-Tupel konstruiert wurde (vgl. Stegmüller 1985: 130). Der damit verbundene technische Aufwand der Definition dieser Relation und den damit verbundenen Schwierigkeiten zur Bestimmung des empirischen Gehalts und der intendierten Anwendungen kann nun jedoch nach Balzer damit verhindert werden, solche Spezialgesetze selbst in der Form T = <K,I> zu rekonstruieren. Da eine solcherart vorgenommene Rekonstruktion neben der das Fundamentalgesetz ausdrückenden Entität T_F = <K_F, I_F> eine Menge weiterer Entitäten T_S = {T_{S1}, T_{S1},...T_{Si}}[3] induziert, erscheint es eleganter und einfacher, Theorien als Netze solcher Entitäten (Theorie-Elementen), zu rekonstruieren, die mit einem sogenannten Basis-Theorie-Element durch bestimmte intertheoretische Relationen verbunden sind. Die Konsequenz einer solchen Vorgehensweise ist die Elimination des Wortes *Theorie* und seine Substituierung durch den Begriff des Theorie-Netzes, da mit dem Wort *Theorie* kein Referenzobjekt mehr vorliegt. So schreibt Stegmüller (Stegmüller 1986: 71): "*Dieses Wort 'Theorie' kommt seither im strukturalistischen Rahmen*

---

3 Die Indizes F und S bezeichnen das Fundamentalgesetz und die Spezialgesetze einer Theorie.

nicht mehr vor." Wir können folglich festhalten, daß die ursprüngliche Verfahrensweise zur Rekonstruktion einer wissenschaftlichen Theorie durch ein alternatives Rekonstruktionsverfahren durch die explizite Einführung des Terminus *Theorie-Element* substituiert wurde. Betrachten wir uns diese Vorgehensweise nun unter mehr formalen und mengentheoretisch determinierten Gesichtspunkten.

Auf modelltheoretischer Ebene entspricht solchen Prädikatsverschärfungen die Auszeichnung von bestimmten Teilmengen von Modelle, Constraints, intendierten Anwendungen sowie damit impliziert des empirischen Gehalts A(K), wobei gilt: $M_1 \subseteq M$, $C_1 \subseteq C$, $A(K_1) \subseteq A(K)$ und $I_1 \subseteq I$. Wir machen so *schärfere* Aussagen über einen (in der Regel) reduzierteren Bereich von Anwendungen. Fassen wir so bspw. ein Spezialgesetz in der Form eines Theorie-Elements auf, so stellt dieses eine Spezialisierung (als intertheoretische Relation) des nur das Fundamentalgesetz enthaltenden Basis-Theorie-Elements auf. Wir können so sagen, daß das Basis-Theorie-Element $T = <<M_{pp}, M_p, r, M, C>, I>$ das Theorie-Element $T = <<M_{pp1}, M_{p1}, r_1, M_1, C_1>, I_1>$ durch die intertheoretische Relation der Spezialisierung σ spezialisiert. Schalten wir nun bspw. mit dieser Relation mehrer Spezialisierungen hintereinander, so erhalten wir auf diese Weise ein ganzes, durch diese intertheoretische Relation strukturiertes Netz von Theorie-Elementen, ein Theorie-Netz (vgl. Stegmüller 1979c: 140). Wir können nun folgende Definition einer Spezialisierung angeben:

D 7: T_i ist eine Spezialisierung von T ($T_i \sigma T$) genau dann, wenn für die Theorie-Elemente
$T_i = <<M_{ppi}, M_{pi}, r_i, M_i, C_i>, I_i>$ und
$T = <<M_{pp}, M_p, r, M, C>, I>$ gilt:
(1) $M_{ppi} = M_{pp}$
(2) $M_{pi} = M_p$
(3) $r_i = r$
(4) $M_i \subseteq M$
(5) $C_i \subseteq C$
(6) $I_i \subseteq I$

In **D 7** sorgen (1) - (3) dafür, daß die theoretische und nicht-theoretische Ausgangsbasis unverändert bleiben. (4) drückt aus, daß die Spezialgesetze *mehr* fordern als das Fundamentalgesetz. (5) stellt in Rechnung, daß für T_i noch spezielle Constraints gelten können und (6) fordert, daß sich die

Gültigkeit des Spezialgesetzes nur auf eine Teilmenge der intendierten Anwendungen von T beziehen soll. Wir können nun dazu übergehen, die endgültige Fassung dessen zu bestimmen, was innerhalb der Strukturalistischen Theorienkonzeption zum gegenwärtigen Zeitpunkt mit der Entität *Theorie* bzw. *empirische Theorie* bezeichnet wird: das Theorie-Netz. Unter Bezugnahme auf die oben angeführte intertheoretische Relation der Spezialisierung können wir die logische Form einer (empirischen) Theorie als eine strukturierte, relationell verknüpfte Menge von Theorie-Elementen bestimmen, die hierachisch geordnet ist. Eine Definition der Entität *Theorie-Netz* können wir wie folgt angeben (vgl. Balzer, Sneed 1983: 133; Stegmüller 1979a: 91,1986: 102):

$\quad$ **D 8**: $\quad$ X ist ein Theorie-Netz genau dann, wenn es ein N und
$\qquad\qquad$ ein $\leq$ gibt, so daß gilt:
$\qquad\qquad$ (1) X = <N, $\leq$>
$\qquad\qquad$ (2) N ist eine endliche Menge von Theorie-Elementen
$\qquad\qquad\quad$ (im Sinne von **D 5**)
$\qquad\qquad$ (3) $\leq \subseteq$ NxN
$\qquad\qquad$ (4) $\forall$ T $\forall$ T'$_{T,T' \in N}$ (T' $\leq$ T $\leftrightarrow$ T'
$\qquad\qquad\quad$ ist eine Spezialisierung von T)
$\qquad\qquad$ (5) $\forall$ <K,I>, <K',I'> $\in$ N (I = I' $\rightarrow$ K = K')

Mit **D 8** drücken wir aus, daß es sich bei einem Theorie-Netz um ein geordnetes Paar handelt, bestehend aus der Menge N und _, welche als Spezialisierungsrelation im Sinne von **D 7** zu interpretieren ist. Mit Bedingung (5) soll ausgeschlossen werden, daß für gleiche Anwendungsklassen I, I' verschiedene Theoriekerne verwendet werden. Wie läßt sich nun die empirische Behauptung eines Theorie-Netzes bestimmen? In **D 6** haben wir die empirische Behauptung eines Theorie-Elements als I $\subseteq$ A(K) bestimmt, eine Definition, die uns zu der Vermutung verleiten läßt, daß sich die empirische Behauptung eines Theorie-Netzes als Konjunktion der empirischen Behauptungen der einzelnen Theorie-Elemente eines Theorie-Netzes bestimmen läßt, so daß gilt: $\forall$ (K$_i$, I$_i$) $\in$ N: I$_i$ $\subseteq$ A(K$_i$). Eine solche Bestimmung der empirischen Behauptung eines Theorie-Netzes scheitert jedoch daran, daß durch diese Formulierung intendierten Anwendungen, die in der Spezialisierungsrelation T σ T' stehenden Theorie-Elementen nicht dieselben theoretischen Ergänzungen erfahren müssen (vgl. Stephan 1988: 35f.).

Gehen wir davon aus, daß für eine theoretische Funktion t das Identitäts-Constraint gilt, bedeutet dies, daß die theoretischen Ergänzungen ein und desselben M_ps, d.h. die Werte von t, in allen Anwendungen auf die gleiche Weise vorgenommen werden müssen, so daß gilt: Über die Theorie-Elemente eines Theorie-Netzes hinweg wird verlangt, daß für die theoretische Ergänzung im spezialisierten Theorie-Element T_j nur solche Werte von t zulässig sind, die auch bereits im zu spezialisierenden Theorie-Element T_i vorkamen. Bezeichnen wir mit z die Menge der theoretisch ergänzten intendierten Anwendungen, die sowohl mit den Gesetzen als auch mit den Constraints des Theorie-Elements in Einklang stehen, so können wir die empirische Behauptung $I \subseteq A(K)$ als $r'(z) = I \land z \in A_t(K)$ bestimmen. Da gelten muß: $I_j \subset I_i$, können wir mit der Forderung $z_j \subseteq z_i$ die mit dem gesamten Theorie-Netz verbundene empirische Aussage wie folgt ausdrücken (vgl. Stegmüller 1986: 106; Stephan 1988: 36):

D 9: $X = <N,\sigma>$ sei ein Theorie-Netz. Dann lautet die empirische Behauptung $E(X)$ dieses Netzes:
$$\forall\ T_i,\ T_j \in N \ \exists\ z_i \ \exists\ z_j:$$
$$(T_j\ \sigma\ T_i) \to (I_i \subseteq A(K_i) \land I_j \subseteq A(K_j) \land z_j \subseteq z_i)$$

Wir können unsere Ausführungen zum Begriff des Theorie-Netzes zusammenfassend wie folgt darstellen:

(1)	Ein Theorie-Netz ist eine Struktur $<N,\ \_>$.
(1.1)	N stellt die Menge der Theorie-Elemente dar.
(1.2)	$\leq$ ist eine Relation zwischen den Theorie-Elementen.
(1.3)	$\leq$ ist dergestalt, daß sie alle Theorie-Elemente $T_i \in N$ in eine hierarchische Struktur bringt.
(2)	Die Netzbildung einer Menge von Theorie-Elementen impliziert, daß auch alle die diesen Theorie-Elementen zugehörigen Kerne und intendierten Anwendungen Netze bilden.
(2.1)	Jedem T-Netz sind ein K-Netz und ein I-Netz assoziiert.
(2.2)	K-Netze und I-Netze sind analog zum T-Netz aufgebaut.

3. Die Grundstruktur der 'Ökonomischen Theorie der Demokratie' (ÖTD) unter strukturalistischen Gesichtspunkten

3.1. Der demokratietheoretische Ansatz von Downs

Downs gilt als Begründer der ökonomischen Theorie der Demokratie, wobei 'Demokratie' als ein Mechanismus aufgefaßt wird, der politische Parteien zwingt, die Präferenzen der Wähler für eine bestimmte Politik oder für ein bestimmtes Wahlergebnis zu berücksichtigen. Politische Parteien stehen so in einem konkurrierenden Kampf um die Wählerstimmen einer Bevölkerung. Im Rahmen von Downs' Theorie der Demokratie werden dabei folgende Begriffstransfers der ökonomischen Theorie auf den Bereich der politikwissenschaftlichen Konzeption von Demokratie vorgenommen, wobei Downs im wesentlichen Ideen von Schumpeter aufgriff, der schon 1942 *Demokratie* als eine Methode konzipierte, mittels welcher Institutionen politische Entscheidungen im Rahmen eines Konkurrenzkampfes um Stimmen erreichen (vgl. Schumpeter 1980: 427ff. sowie den Beitrag von Franke in diesem Band):

(1) Der ökonomische Markt findet seine Entsprechung im politischen Markt, d.h. Politik wird als marktförmiger Tausch aufgefaßt. (2) Im politischen Markt entspricht der Stimmbürger dem Konsumenten im ökonomischen Markt. (3) Die Akteure des politischen Markts (Stimmbürger und Parteien) werden analog den profitmaximierenden Unternehmern im ökonomischen System als reine Stimmen- bzw. Nutzenmaximierer betrachtet. (4) Dem Konkurrenzkampf der Politiker (Parteien) um die Stimmen der Wähler entspricht der Wettbewerb der Unternehmer um Kunden. (5) Bieten die Unternehmer im ökonomischen Markt Waren an, so werden von Parteien Programme angeboten, die vom Stimmbürger nachgefragt werden. (6) Der beschränkten Markttransparenz im ökonomischen System entspricht die unvollständige Information (inklusive der Existenz von Informationskosten) im politischen Bereich.

Downs' ökonomisch orientierte Analyse der Demokratie ist dabei an folgenden zentralen Problembereichen orientiert: Zum einen wird von Downs die Rationalität des Wählerverhaltens thematisiert und zum anderen die Formen der Parteienkonkurrenz auf der Grundlage unterschiedlicher Tauschbedingungen.

3.2. Grundlagen und Inhalt der strukturalistischen Rekonstruktion der ÖTD

Soll eine wissenschaftliche Theorie unter strukturalistischen Gesichtspunkten rekonstruiert werden, so werden als Grundlage der Rekonstruktion sowohl die vom Theoriebegründer kodifizierten Ausführungen als auch Lehrbücher, in denen diese Theorie expliziert bzw. wiedergegeben wird, herangezogen. Für meine Rekonstruktion der *Ökonomischen Theorie der Demokratie* von Downs beziehe ich mich im folgenden primär auf das 1957 veröffentlichte Buch *An Economic Theory of Democracy* (Downs 1957, 1968) sowie auf eine Reihe von Monographien und Lehrbüchern, in denen diese Theorie dargestellt und diskutiert wird.

Für meine Rekonstruktion selbst treffe ich zwei Einschränkungen: Zum einen werde ich mich nur auf Ausführungen von Downs zum Zwei-Parteien-System beziehen, d.h. Mehr-Parteien-Systeme als auch Regierungsbildung werde ich nicht behandeln, und zum anderen werden ich in der Rekonstruktion selbst nur die Grundstruktur des Downs'schen Modells[4] (d.h. unter der Annahme, daß alle politischen Akteure im Besitz vollkommener Information sind) strukturalistisch zu erfassen versuchen.

3.3. Grundannahmen und Ableitungen des Modells von Downs: Grundbegriffe und Relationen

Um eine rationale Rekonstruktion der *Ökonomischen Theorie der Demokratie* (im weiteren mit ÖTD abgekürzt) unter strukturalistischen Gesichtspunkten vornehmen zu können, müssen zunächst die Grundobjekte, deren theorieimmanente Bedeutung, ihre untereinander bestehenden Beziehungen als auch die Axiome der Theorie bestimmt bzw. identifiziert werden. In den folgenden Ausführungen sollen zu diesem Zweck die grundlegenden Elemente der ÖTD kurz dargestellt werden, um auf der Grundlage dieser zu einer Identifizierung der sie determinierenden Größen zu kommen.

Intendiertes Ziel der ÖTD ist die Erklärung der Partizipation von Menschen am politischen Prozeß. Innerhalb der ÖTD wird Politik als marktförmiger Tausch aufgefaßt, der durch die Größen Regierung, politische Parteien, Wähler und demokratische Regierungsform determiniert ist. Der

---

4   In meiner Rekonstruktion ist dies das Basis-Theorie-Element der *Ökonomischen Theorie der Demokratie*.

190

politische Markt wird als die Gesamtheit der 'ökonomischen' Beziehungen zwischen Anbietern (Politikern) und Nachfragern (Wähler) politischer Güter (Maßnahmen und Programme) in einem bestimmten Raum-Zeit-Gebilde aufgefaßt, dem Downs in seiner Grundkonzeption ein Zwei-Parteien-System zugrundelegt (vgl. Downs 1968: 111ff.). Die den politischen Markt konstituierenden Größen werden von Downs inhaltlich folgendermaßen charakterisiert (vgl. Downs 1968: 3-72):

(1) Die Regierung stellt eine Instanz in der gesellschaftlichen Funktionsteilung dar, die die Macht besitzt, die Aktionen aller anderen Mitglieder der Gesellschaft einzuschränken. Dabei gelten folgende Annahmen: Die Regierung ist eine demokratische Regierung, die durch allgemeine Wahlen bestimmt wird, bei denen zwei [oder mehr] Parteien um die Stimmen aller Erwachsenen konkurrieren; ihr Hauptziel ist die Wiederwahl; ihre wirtschaftliche Macht ist unbegrenzt; und die Schranken ihrer Machtausübung sind durch die Verfassung festgelegt (vgl. Downs 1968: 11ff.).

(2) Politische Parteien stellen Gruppen von Menschen dar, deren Mitgliedern die gleichen Ziele unterstellt werden. Parteien werden wie individuelle politische Akteure behandelt (Homogenitätshypothese, vgl. Downs 1968: 25). Ein politisches Amt wird nur angestrebt, um zu Macht, Eigentum und Prestige zu gelangen (Eigennutz-Axiom, vgl. Downs 1968: 26f.). Downs (1968: 27f.) drückt diesen Sachverhalt wie folgt aus: "Die Parteien treten mit politischen Konzepten hervor, um Wahlen zu gewinnen; sie gewinnen nicht die Wahlen, um mit politischen Konzepten hervortreten zu können". Nur aus diesem Grund versucht jede Partei, soviel Stimmen wie möglich durch das Angebot von Programmen zu bekommen (Stimmenmaximierungshypothese).

(3) Der Wahlbürger verhält sich nutzen-maximierend und rational. Sein Verhalten unterliegt wie das der Parteien dem Eigennutz-Axiom. Die Entscheidungen des Wählers erfolgen dabei auf der Grundlage seiner individuellen Präferenzen. Bei seiner Entscheidung für eine bestimmte Partei im Rahmen eines Zwei-Parteien-Systems bildet der Wähler nach Downs (1968: 37ff.) ein Partei-Differential, mit dem er die möglichen Nutzeneinkommen der Parteien unter der Voraussetzung vergleicht, daß beide Parteien an der Macht wären. Dazu Downs (1968: 38): "... die Differenz zwischen diesen beiden Nutzeneinkommen [ist] das erwartete Parteidifferential des Bürgers. Ist es positiv, dann stimmt er für die gegenwärtige Regierung; ist es negativ,

dann stimmt er für die Opposition; ist es Null, dann enthält er sich der Stimme."

(4) Die demokratische Regierungsform ist durch folgende Elemente gekennzeichnet (vgl. Downs 1968: 23): (4.1) Jeweils eine Partei wird durch die Stimmbürger zur Ausübung der staatlichen Herrschaft gewählt; (4.2) Wahlen werden in periodischen Zeitabständen abgehalten; (4.3) Staatsbürger sind alle zurechnungsfähigen, loyalen Erwachsenen, wobei jeder Staatsbürger in jeder Wahl eine und nur eine Stimme besitzt; (4.4) jede von der Mehrheit der Stimmbürger gewählte Partei ist berechtigt, die Regierungsgewalt bis zur nächsten Wahl zu übernehmen; (4.5) Parteien, die die Wahl verloren haben, unternehmen nie den Versuch, die Gewinner an der Übernahme der Regierungsgeschäfte durch Gewalt oder ähnliches zu hindern, genausowenig wie die Gewinner ihre Regierungsgewalt dazu mißbrauchen, die Konkurrenzfähigkeit der Verlierer im Hinblick auf die nächste Wahl zu beeinträchtigen; und (4.6) bei jeder Wahl gibt es zwei oder mehrere Parteien, die um die Kontrolle über den Regierungsapparat konkurrieren.

Aus den Punkten (1) bis (4) deduziert Downs im Rahmen eines Begriffstransfers der ökonomischen Theorie auf die Theorie der Politik die für die ÖTD zentralen Hypothesen: [1] Politische Parteien sind den auf Gewinn abgestellten Unternehmen in der Wirtschaft ähnlich. [2] Politik ist ein Mittel, um durch Programme und Maßnahmen Stimmen zu gewinnen. [3] Als Nebenprodukt der privaten Motivation erfüllen die Politiker durch Entwurf und Durchführung politischer Maßnahmen gleich Smith' *unsichtbarer Hand* eine soziale Funktion (vgl. Downs 1968: 28, 289, 1974: 124f.). [4] Das entscheidende Kriterium für die Partizipation von Individuen an Kollektivprozessen ist die Kosten-Nutzen-Relation gemäß dem Ökonomieprinzip.

Die Struktur des politischen Markts (bei vollkommener Information der politischen Akteure) wird von Downs (1968: 70f.)als ein System von fünf Gleichungen beschrieben: (I) Die Maßnahmen der Regierung stellen eine Funktion des von ihr erwarteten Verhaltens der Wähler und der Strategie der Opposition dar. (II) Die Regierung rechnet damit, daß die Wähler entsprechend ihres Nutzeneinkommens aus Regierungstätigkeit und entsprechend der oppositionellen Strategie entscheiden. (III) Die Wähler entscheiden tatsächlich entsprechend den Veränderungen ihres Nutzeneinkommens und der oppositionellen Alternativen. (IV) das Nutzeneinkommen der Wähler hängt von der Regierungstätigkeit während der Wahlperiode ab.

(V) Die Strategien der Oppositionspartei hängen von [IV] ab und von den der Regierung getroffenen Entscheidungen.

Aus obigen Ausführungen extrahierend können folgende die ÖTD determinierenden Grundbegriffe/-elemente identifiziert werden: Politische Akteure (**A**) (Parteien (**P**), Stimmbürger (**S**), Opposition (**O**) und Regierung (**R**)), Politische Güter (**G**) (Parteiprogramme (**PP**) und Stimmen (**SS**)), Information (**INF**), Wahlperioden (**WP**) mit den Zeitpunkten t_a für den Beginn und t_e für das Ende einer Wahlperiode, Eigennutz-Axiom (**ENA**), Rationalitätsprinzip (**RP**) (Präferenzrelation (**PR**) und Nutzen (**U**)), Partei-Differential (**PD**), Wahlentscheidung (**WE**), Parteienkonkurrenz (**PKR**) und Demokratische Regierungsform (**DRF**).

Abbildung 2: Kinematisches Modell der Theorie von Downs (Grundmodell)

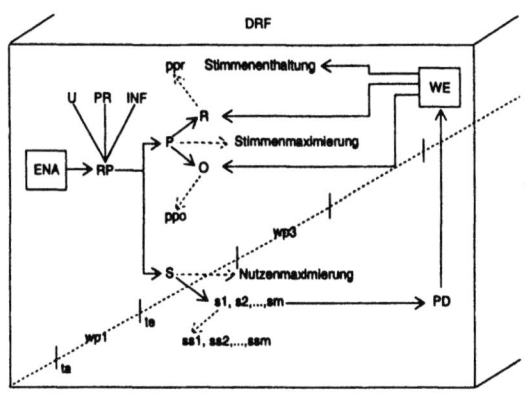

Erläuterung. Die Pfeile von R zu pp_r und von O zu pp_o sollen zum Ausdruck bringen, daß sowohl der Regierungspartei R als auch der Oppositionspartei O jeweils ein spezifisches Parteiprogramm zugeordnet ist. Der Pfeil von $s_1, s_2,...,s_m$ zu $ss_1, ss_2,...,ss_m$ soll zum Ausdruck bringen, daß jedem Stimmbürger eine und nur eine Stimme zugeordnet ist.

Mit diesen Grundbegriffen/-elementen können wir die Grundstruktur der ÖTD rekonstruieren, wobei wir dieser ein Zwei-Parteien-System zugrundelegen. Diese Grundstruktur der ÖTD, d.h. ihre Grundbegriffe/-elemente und ihre untereinander bestehenden Relationen, kann in einem kinematischen

Modell transparent gemacht werden (vgl. Abb.2). Ausgehend von diesem Modell soll dann das Basis-Theorie-Element der Ökonomischen Theorie der Demokratie strukturalistisch rekonstruiert werden. Die im Modell dargestellten Grundbegriffe und relationellen Verknüpfungen ergeben in der Rekonstruktion das allgemeine Basis-Theorie-Element (T_0(ÖTD)) und das durch die intertheoretische Relation der Erweiterung verbundene Theorie-Element (T_1(ÖTD)), welches die Funktion des Partei-Differentials (PD) und die Orientierung der Parteien am Modus der Verteilung der Präferenzen der Stimmbürger enthält.

3.4. Strukturalistische Rekonstruktion des Basis-Theorie-Elements der ÖTD[5]

3.4.1. Formulierung der potentiellen Modelle, der Modelle und des Kerns

Aus den im kinematischen Modell angeführten Grundbegriffen/-elementen werde ich die für die mengentheoretische Definition des Basis-Theorie-Elements der ÖTD relevanten Basis-Grundbegriffe zunächst mengentheoretisch formulieren und die auf ihnen aufbauenden Definitionen angeben.

Basis-Grundbegriffe. Als Basis-Grundbegriffe des Basis-Theorie-Elements der ÖTD betrachte ich folgende:

1. Ein Zeitkontinuum, innerhalb dessen regiert wird und Wahlen abgehalten werden;
2. die Menge der Parteien;
3. die Menge der Wähler; und
4. die Menge möglicher Handlungen, Alternativen und Maßnahmen der Parteien und Wähler.

Für diese Grundbegriffe werden folgende Symbolismen eingeführt:

1. $(T,<)$ ist eine endliche, lineare Ordnung mit der Forderung, daß T nicht leer ist ($T \neq \emptyset$). Jedes $t \in T$ stellt einen Zeitpunkt dar, der das Ende einer Regierungsperiode

---

5   Die Rekonstruktion des Basis-Theorie-Elements der ÖTD stellt eine zusammen mit Wolfgang Balzer erarbeitete Modifikation der von mir in (Dreier 1993) gegebenen Rekonstruktion dar.

und zugleich den Zeitpunkt, zu dem für die nächste Periode gewählt wird, markiert.

2. P symbolisiert die Menge der Parteien. Da wir es in unserem Modell nur mit zwei Parteien zu tun haben, gilt: $P = \{p, p^*\}$.

3. V symbolisiert die Menge der Wähler und ist endlich.

4. A symbolisiert die Menge von möglichen Handlungen, Alternativen und Maßnahmen.

Diese Basis-Grundbegriffe sind durch folgende definitorischen Bestimmungen (Definition **D-I**) näher bestimmt:

Definition **D-I**:

1. $A^* := A \cup A^2 \cup A^3 \cup \ldots$, d.h die Menge aller möglichen Tupel mit Komponenten in A.

2. Falls X genau zwei Elemente besitzt und $x \in X$, so bezeichnet x^* das *andere*, von x verschiedene Element von X

3. $\max(T) :=$ das größte Element von T

4. Für $t \in T$, $t < \max(T)$ sei t+1 das eindeutig bestimmte, nächstgrößere Element in T

Bestimmung weiterer Grundbegriffe. Auf der Grundlage der Basis-Grundbegriffe können die weiteren, für das Basis-Theorie-Element der ÖTD relevanten Grundbegriffe bestimmt werden:

1. Eine Regel für die Wahlperiode, während der eine Partei regiert;

2. die Programme der Parteien;

3. die Wahlentscheidung der Wähler;

4. die Wahl des Parteiprogramm durch die Partei; und

5. eine Nutzenfunktion.

Über den Grundbegriff *REGEL* als einer Abbildung von T auf P ($T \to P$) wird die Zeit bestimmt, in der eine Partei regiert. So gilt bspw. *REGEL*(t) = p, wenn p zu t regiert, d.h. in der Periode, die mit t endet.

Ein Parteiprogramm bezeichne ich mit *PROGRAMM*. Es ist definiert als die Abbildung des kartesischen Produkts von T und P auf die Funktion von P und A* und endlich:

PROGRAMM: $T \times P \to P_0(A^*)$

Diese Bestimmung ist wie folgt zu verstehen: w ist ein Element von *PRO-GRAMM* der Partei p zum Zeitpunkt t (w ∈ *PROGRAMM*(t,p)), wenn w ein für p zu t mögliches Parteiprogramm ist, bestehend aus einem Tupel von Handlungen A* (=Versprechen, diese zu tun). Die von Downs angeführten Sachfragen sind bei dieser Bestimmung zunächst weggelassen. Die Länge von w kann in der Zeit variieren. (Sie entspricht informell der Anzahl der Sachfragen).

Die Wahlentscheidung der Wähler bezeichne ich mit *WAHLENTSCHEIDUNG*. Sie ist definiert als die Abbildung des kartesischen Produkts von T und V auf die Vereinigungsmenge von P und {+}:

$$WAHLENTSCHEIDUNG: \text{T x V} \rightarrow \text{P} \cup \{+\}$$

Die Wahlentscheidung eines Wählers eröffnet ihm zwei Alternativen: Er kann sich der Wahl enthalten oder er wählt. Dieser Sachverhalt kann symbolisiert wie folgt ausgedrückt werden:

$$WAHLENTSCHEIDUNG(t,v) \qquad \begin{aligned} &= +, \text{ wenn sich v zu t enthält} \\ &= p, \text{ wenn v zu t p wählt} \end{aligned}$$

Mit dem Begriff *AUSWAHL* bezeichne ich das von der Partei gewählte bzw. versprochene Programm. Es ist definiert als eine Abbildung des kartesischen Produkts von T und P auf die Menge A*:

$$AUSWAHL: \qquad \text{T x P} \rightarrow \text{A*}$$

Auf der Basis dieser Bestimmung von *AUSWAHL* bedeutet dann *AUSWAHL*(t,p) = w, wenn w das von p zu t gewählte oder versprochene Programm ist.

Den Nutzen (symbolisiert durch U), den ein Wähler oder eine Partei aus dem Parteiprogramm zieht, definiere ich als eine Abbildung des kartesischen Produktes von T, der Menge von V und P und der Vereinigungsmenge der Programme der Parteien auf die Menge der reelen Zahlen:

$$U: \qquad \text{T x (V} \cup \text{P) x} \cup PROGRAMM(t,p) \rightarrow \text{R}$$

$$t \in T$$

$$h\, p \in P$$

Die Nutzenfunktionen für den Wähler und die Parteien sind wie folgt zu verstehen:

196

U(t,v,w) = α, wenn α der Nutzen für v zu t aus w ist, und

U(t,p,w) = α, wenn α der Nutzen für p zu t aus w ist

Diese weiteren Grundbegriffe sind durch folgende definitorischen Bestimmungen (Definition **D-II**) näher bestimmt:

Definition D-II:

Sei $t \in T$, $w_1, w_2 \in A^*$

1. $\Delta(t,w_1,w_2) = |\ |\ \{v/U(t,v,w_1) \leq U(t,v,w_2)\}\ |\ |$
   (die Zahl der Stimmen für w_2, relativ zu w_1)

2. $G(t,w_1,w_2) = \{v/U(t,v,w_1) = U(t,v,w_2)\}$
   (Die Menge der zwischen w_1 und w_2 indifferenten Wähler)

3. $G(t,w_1,w_2)$ heißt gleichverteilt, wenn gilt:
   $|\ |\ \{v/v \in G(t,w_1,w_2) \wedge \text{Wahl}(t,v) = p\}\ |\ | =$
   $|\ |\ \{v/v \in G(t,w_1,w_2) \wedge \text{Wahl}(t,v) = p^*\}\ |\ |$
   ($P = \{p,p^*\}$. Die indifferenten Wähler wählen
   zu je 50 % p und p*)

4.   zu t liegt eine Pattsituation vor, wenn
   $|\ |\ \{v/\text{Wahl}(t,v) = p\}\ |\ | = |\ |\ \{v/\text{Wahl}(t,v) = p^*\}\ |\ |$

Potentielles Model. Mit unseren Basis-Grundbegriffen und den auf diesen aufbauenden weiteren Grundbegriffen sind wir jetzt in der Lage, das potentielle Modell des Basis-Theorie-Elements der ÖTD ($D_{\text{ÖTD}}$-1) zu definieren. (Wir können an dieser Stelle auf die Angabe des partiellen potentiellen Modells verzichten, da innerhalb unserer bisherigen Ausführungen kein T-theoretischer Begriff identifiziert werden konnte).

$D_{\text{ÖTD}}$-1:X ist ein potentielles Modell der ÖTD (M_p(ÖTD))
gdw es T, P, V, A, <, *REGEL, PROGRAMM,*
WAHLENTSCHEIDUNG, AUSWAHL und U gibt, so daß gilt:

1.   X = <T, P, V, A, <, *REGEL, PROGRAMM,*
   WAHLENT SCHEIDUNG, AUSWAHL, U>

2.   (T,<) ist eine endliche, lineare Ordnung, (T $\neq \emptyset$).

3.   Menge der Parteien P, P = $\{p,p^*\}$

4.   Menge der Wähler V, endlich

5.   Menge A von möglichen Handlungen,
   Alternativen und Maßnahmen

6.   *REGEL*: T → P

7. $PROGRAMM: T \times P \to P_0(A^*)$
8. $WAHLENTSCHEIDUNG: T \times V \to P \cup \{+\}$
9. $AUSWAHL: T \times P \to A^*$
10. $U: T \times (V \cup P) \times \cup\ PROGRAMM(t,p) \to R$

$$t \in T$$
$$p \in P$$

In diesem potentiellen Modell werden die Basisausagen der ÖTD zum Ausdruck gebracht. Prinzipell kann dieses potentielle Modell auf alle politischen Systeme angewandt werden, in denen ein Zweiparteien-System besteht, in dem die Regierung demokratisch im Sinne von DOWNS gewählt wird und sich die Akteure bei ihrer Entscheidung am Nutzen orientieren, den sie aus einem Parteiprogramm ziehen. Die für Downs wesentliche Grundannahme für seine Theorie besteht jedoch in der Annahme, daß sich bei diesem Verfahren alle Akteure (Wähler und Parteien) rational verhalten, und zwar rational bezüglich ihres Eigennutzens. Die Akteure versuchen ihren Nutzen immer zu maximieren. Ein Modell der ÖTD hat diese Grundannahmen miteinzubeziehen.

Um aus dem potentiellen Modell ein Modell des Basis-Theorie-Elements der ÖTD zu machen, muß dieses folglich um die Axiome der Theorie von Downs ergänzt werden.

Axiome

A1: $P = \{p_1, p_2\}$

A2: $\forall\, t\ \forall\, v\ \forall\, p:$
$WAHLENTSCHEIDUNG(t,v) = p \to$
$U(t,v,AUSWAHL(t,p^*)) \leq U(t,v,wAUSWAHL(t,p))$

A3: $\forall\, t\ \forall\, v\ \forall\, p:$
$U(t,v,AUSWAHL(t,p^*)) < U(t,v,AUSWAHL(t,p)) \to$
$WAHLENTSCHEIDUNG(t,v) = p$

A4: $\forall\, t\ \forall\, p\ \forall\, w: AUSWAHL(t,p) = w \to$
a) $w \in PROGRAMM(t,p)$ und
b) $\forall\, w' \in PROGRAMM(t,p): U(t,p,w') \leq U(t,p,w)$

A5: $\forall\, t\ \forall\, p\ \forall\, w_1, w_2:$
wenn $w_1, w_2 \in PROGRAMM(t,p)$, dann gilt:
$U(t,p,w_1) < U(t,p,w_2) \leftrightarrow \Delta(t,w_2,w_1) < \Delta(t,w_1,w_2)$

A6: $\forall\, t < max(T)\ \forall p:$

$$REGEL(t+1) = p \leftrightarrow \mid \mid \{v/WAHLENTSCHEIDUNG(t,v) =$$
$$p^*\} \mid \mid < \mid \mid \{v/WAHLENTSCHEIDUNG(t,v) = p\} \mid \mid$$

A7: $\forall\, t\, \forall\, p$
$$\mid \mid \{v/WAHLENTSCHEIDUNG(t,v) = p^*\} \mid \mid \neq$$
$$\mid \mid \{v/WAHLENTSCHEIDUNG(t,v) = p\} \mid \mid$$

A8: $\exists\, t \in T: PROGRAMM(t,p) = PROGRAMM(t,p^*)$

Erläuterungen zu den Axiomen A1 -A8: A1 ist trivial. In ihm wird festgelegt, daß es sich um ein Zwei-Parteien-System handelt, d.h. daß bei der Wahl nur zwischen zwei eindeutig bestimmten Parteien gewählt werden kann. Die Axiome A2 - A4 drücken die Rationalitätsannahme von Downs aus. A2 bringt die Nutzenmaximierung der Wähler bei ihrer Parteiauswahl zum Ausdruck und wie folgt zu lesen: U(t,v,AUSWAHL(t,p)) ist für die von v gewählte Partei für v maximal, d.h. v maximiert seinen Nutzen bei der Wahl. A3 bringt zum Ausdruck, daß bei verschiedenen Nutzen der Parteien die der beiden Parteien gewählt wird, die für den Wähler den größten Nutzen besitzt. Dieses Axiom ist wie folgt zu lesen: Wenn die Programme AUSWAHL(t,p), AUSWAHL(t,p*) für v verschiedene Nutzen haben, wählt v die Partei, für die v's Nutzen größer ist. A4 betrifft die Programme selbst. A4-b) bringt zum Ausdruck, daß das gewählte Programm möglich ist und A4-b), daß das von p gewählte Programm relativ zu allen anderen, für p zu t möglichen Programmen, maximalen Nutzen hat. In A5 wird festgelegt, daß die Nutzenwerte der Parteien aus ihren Programmen danach geordnet sind, wie die Individuen die Programme nutzenmäßig bewerten. p zieht w_2 vor w_1 vor gdw die Zahl der Wähler, die w_2 vor w_1 vorzieht, größer ist als die Zahl der Wähler, die (umgekehrt) w_1 vor w_2 vorzieht. Dies bindet den Parteinutzen an den der Wähler. A6 formuliert das Mehrheitsprinzip, d.h. daß die Partei gewählt wird, die die meisten Stimmen bekommt. Durch A7 schließlich wird ausgeschlossen, daß bei der Wahl eine Pattsituation entstehen kann. A8 drückt die von Downs angeführte Möglichkeit aus, daß beide Parteien das gleiche Programm wählen.

Modell. Unter Einbindung der Axiome A1-A6 in das potentielle Modell können wir dieses zu einem Modell des Basis-Theorie-Elements der ÖTD erweitern (**D$_{\text{ÖTD}}$-2**):

D$_{ÖTD}$-2: X ist ein Modell der ÖTD (M(ÖTD))
gdw es T, P, V, A, <, *REGEL,*
PROGRAMM, WAHLENTSCHEIDUNG, AUSWAHL
und U gibt, so daß gilt:
1.   X = <T, P, V, A, <, *REGEL,*
PROGRAMM,
WAHLENTSCHEIDUNG, AUSWAHL,
U> ist ein potentielles Modell
2.   X erfüllt die Axiome A1 - A6

Mit der Formulierung diese Models des Basis-Theorie-Elements der ÖTD
können wir nun dessen Kern K definiern (wir sehen dabei von Constraints
und anderen Komponenten ab):

D$_{ÖTD}$-3: X ist ein Kern des Basis-Theorie-Elents der ÖTD, wenn es
M_p und M gibt, so daß gilt:
1. $K = <M_p, M>$
2. M_p ist ein potentielles Modell (**D$_{ÖTD}$-1**)
3.   M ist ein Modell (**D$_{ÖTD}$-2**)
4. $M \subseteq M_p$

3.4.2. Annahmen und Beweise

Lemma 1:

In $x \in M$ gilt:
$\forall t \forall p \forall w_1, w_2$: wenn $w_1, w_2 \in PROGRAMM(t,p)$, dann
$U(t,p,w_1) = (t,p,w_2) \leftrightarrow \Delta(t,w_1,w_2) = \Delta(t,w_2,w_1)$
Beweis: A5

Lemma 2:

Sei $x \in M$, $w = AUSWAHL(t,p)$, $w^* = AUSWAHL(t,p^*)$,
$t \in T, p \in P$
Aus $G(t,w,w^*) = \varnothing$ oder ($G(t,w,w^*)$ ist gleichverteilt) folgt:
$\Delta(t,w,w^*) = \Delta(t,w^*,w) \rightarrow$
$||\{v/WAHLENTSCHEIDUNG(t,v) = p\}|| =$
$||\{v/WAHLENTSCHEIDUNG(t,v) = p^*\}||$
Beweis:
$\Delta(t,w,w^*) = \Delta(t,w^*,w) \rightarrow$
$\exists g: \{v/U(t,v,w) \leq U(t,c,w^*)\} \rightarrow$
$\{v/U(t,v,w^*) \leq U(t,v,w)\}$ bijektiv

<u>Fall A:</u>

$G(t,w,w^*) = \emptyset \Rightarrow$

$\{v/U(t,v,w) \leq U(t,v,w^*)\} = \{v/U(t,v,w) < U(t,v,w^*)\} =: A$

und

$\{v/U(t,v,w^*) \leq U(t,v,w)\} = \{v/U(t,v,w^*) < U(t,v,w)\} =: B$

Dann gilt: g: $A \to B$ bijektiv (1)

A2 + A3 $\Rightarrow$ *WAHLENTSCHEIDUNG*(t,v) =

$\qquad p \leftrightarrow U(t,v,w^*) < U(t,v,w)$

$\Rightarrow | \,| \{v/\textit{WAHLENTSCHEIDUNG}(t,v) = p\} |\, | =$

$| \,| \{v/U(t,v,w^*) < U(t,v,w)\} |\, | = B$ (2)

A2 + A3 $\Rightarrow$ *WAHLENTSCHEIDUNG*(t,v) =

$\qquad p^* \leftrightarrow U(t,v,w) < U(t,v,w^*)$

$\Rightarrow | \,| \{v/\textit{WAHLENTSCHEIDUNG}(t,v) = p^*\} |\, | =$

$| \,| \{v/U(t,v,w) < U(t,v,w^*)\} |\, | = A$ (3)

(1), (2), (3) $\Rightarrow$ Behauptung

<u>Fall B:</u>

$G(t,w,w^*)$ ist gleichverteilt

Sei $C := \{v/v \in G(t,w,w^*) \land \textit{WAHLENTSCHEIDUNG}(t,v) = p\}$

Sei $D := \{v/v \in G(t,w,w^*) \land \textit{WAHLENTSCHEIDUNG}(t,v) = p^*\}$

D II-3 $\Rightarrow | \,| \, C \, |\, | = |\, | \, D \, |\, | \Rightarrow$

$| \,| \, C \setminus G(t,w,w^*) \, |\, | = |\, | \, D \setminus G(t,w,w^*) \, |\, |$

$C \setminus G(t,w,w^*) = \{v/\textit{WAHLENTSCHEIDUNG}(t,v) = p\}$

$D \setminus G(t,w,w^*) = \{v/\textit{WAHLENTSCHEIDUNG}(t,v) = p^*\} \Rightarrow$

$\qquad$ Behauptung

Lemma 3:

Sei $x \in M$, $t \in T$, $p \in P$, $w = \textit{AUSWAHL}(t,p)$,

$w^* = \textit{AUSWAHL}(t,p^*)$,

dann gilt:

PROGRAMM(t,p) = *PROGRAMM*(t,p*) $\to \Delta$ (t,w,w*) = Δ (t,w*,w)

Beweis:

A4-b $\underset{\text{Voraussetzung}}{\Rightarrow}$ $w,w^* \in$ *PROGRAMM*(t,p) $\cap$ *PROGRAMM*(t,p*)

AUSWAHL(t,p) = $w \land w^* \in$ *PROGRAMM*(t,p) $\underset{\text{A4-b}}{\to}$

$U(t,p,w^*) \leq U(t,p,w)$ $\underset{\text{L1 + A5}}{\to}$

Δ (t,w,w*) $\leq \Delta$ (t,w*,w) (1)

AUSWAHL(t,p*) = $w^* \land w \in$ *PROGRAMM*(t,p*) $\underset{\text{A4-b}}{\to}$

$$U(t,p^*,w) \leq U(t,p^*,w^*) \quad \xrightarrow{L1 + A5}$$

$$\Delta(t,w^*,w) \leq \Delta(t,w,w^*) \quad (2)$$

$$(1) + (2) \Rightarrow \Delta(t,w,w^*) = \Delta(t,w^*,w).$$

3.4.3. Theoreme

Theorem 1:

Sei $x \in M$, $t \in T$, $w = AUSWAHL(t,p)$, $w^* = AUSWAHL(t,p^*)$.
Aus den Bedingungen a) und b)
a) $PROGRAMM(t,p) = PROGRAMM(t,p^*)$
b) $G(t,w,w^*) = \varnothing$ Oder ($G(t,w,w^*)$ ist gleichverteilt),
folgt: es liegt zu t eine Pattsituation vor.
Beweis:

a) und L3 $\Rightarrow \Delta(t,w,w^*) = \Delta(t,w^*,w) \quad \underset{L2 + b)}{\Rightarrow}$ Behauptung

Theorem 2:

Der Kern des Basis-Theorie-Elements mit den Axiomen A1 - A6,
sowie A7 und A8 ist inkonsistent.
Beweis:

A1 - A6 + A8 $\underset{Th1}{\Rightarrow}$ Patt steht im Widerspruch zu A7

3.4.4. Schlußfolgerungen

Auf logischer Ebene führt die Annahme von Downs, daß in einem Zwei-Parteien-System beide Parteien das gleiche Programm wählen zu einem Wiederspruch, da dadurch eine Pattsituation entstehen würde. Durch den Hinweis von Downs jedoch, daß sich die Wähler bei gleichen Programmen bei ihrer Wahlentscheidung für die Regierungspartei der vorangegangenen Regierungsperiode entscheiden werden, kann im Prinzip eine Pattsituation vermieden bzw. ausgeschlossen werden. Nur unter rein logischen Gesichtspunkten führt die Theorie mit großer Plausibilität stets zu Pattsituationen.

3.4.5. Intendierte Anwendungen

Die Anwendung des Kerns des Basis-Theorie-Elents auf empirisch beobachtbare Phänomene erzeugt erst ein empirisch überprüfbares Theorie-Element. Es ist deshalb erforderlich, die Anwendungen des Kerns auf empirische Phänomene zu spezifizieren, d.h. intendierte Anwendungen anzugeben. D.h. wir müssen angeben, wie die empirische Behauptung dieser Theorie lautet.

Auf der Grundlage von Downs' Ausführungen lautet eine solche emprische Behauptung wie folgt: Sozio-politische Systeme mit einer demokratischen Regierungsform und zwei Parteien lassen sich unter dem Gesichtspunkt von Wahlen zur Bestellung der Regierung und unter dem Gesichtspunkt, daß sich die politischen Akteure immer rational verhalten, als Modelle der ÖTD erfassen. Sozio-politische Systeme, die diese empirische Behauptung erfüllen, d.h. solche, die wir als Modelle der ÖTD erfassen können, bezeichnen wir als intendierte Anwendungen I der ÖTD. Als konkrete sozio-politische Systeme, die wir zu dieser Menge der intendierten Anwendungen I hinzurechnen können sind bspw. die Zwei-Parteien-Systeme der USA und Maltas.

Obwohl Downs nicht explizit eine solche Anwendung seiner Theorie angibt, ist m.E. davon auszugehen, daß er das politische System der USA meinte. Ich werde deshalb das Zwei-Parteien-System der USA als die von Downs selbst eingeführte pragmatische Anwendung I_p seiner Theorie bestimmen. Als weitere Anwendungen kommen alle die politischen Systeme in Betracht, die ein Zwei-Parteien-System besitzen und die ihre Regierungen unter den Voraussetzungen von Downs demokratisch bestellen, d.h. der I_p hinreichend ähnlich sind. Für diese Anwendungen I der ÖTD gilt folglich: I_p Í I. Mit Hilfe dieser Spezifizierung des Anwendungsbereichs I des Kerns K kann nun das Basis-Theorie-Element der ÖTD wie folgt definiert werden:

$D_{ÖTD}$-4: X ist das Basis-Theorie-Element der ÖTD
gdw es K und I gibt, so daß gilt:
1. X = <K, I>
2. K = <M, M_p> ist ein Kern für das
Basis-Theorie-Element
3. I $\subseteq M_p$

4. Abschlußbemerkungen

Ich habe, wenn auch nur skizzenhaft gezeigt, daß die Grundstruktur der Ökonomischen Theorie der Demokratie von Downs strukturalistisch erfaßt werden kann. Auf diesem Basis-Theorie-Element lassen sich weitere Theorie-Elemente dieser Theorie strukturalisch formulieren und mittels intertheoretischer Relationen zu einem Netz von Theorie-Elementen erweitern. Diese Rekonstruktion zeigt m.E. als ein Fallbeispiel, daß auch politikwissenschaftliche Theorien mit dem strukturalistischen Ansatz erfaßt werden können. Dies kann für politikwissenschaftliche Theorien, die in der ökonomischen Sichtweise ihrer Phänomene bestehen (und hierunter fasse ich Theorien, die auf der Grundlage des *Rational Choice*-Ansatzes formuliert sind), eventuell leichter geleistet werden, als bei solchen, die eine nicht-ökonomische Sichtweise beinhalten.

Prinzipiell eröffnet uns jedoch die strukturalistische Sichtweise politikwissenschaftlicher Theorien einen anderen Blick auf diese und auch neue Möglichkeiten ihrer logischen und empirischen Überprüfung. Ebenso gestattet sie, so meine Vermutung, auch die Möglichkeit, Bündel von Theorien, wie etwa gerade die des *Rational Choice*-Ansatzes, in ihren spezifischen Ausprägungen global zu erfassen und so ein *Gesamtbild* dieses Ansatzes (globales Netz von Theorie-Elementen) zu entwerfen, um so sowohl ihre Inter-Theorien-Verknüpfung als auch ihre diachrone Entwicklung darstellen zu können.

Literaturverzeichnis

Albert, H., 1964: Probleme der Theoriebildung. In: Albert (Hg.), 1964, 3-70

Albert, H., 1982: Die Wissenschaft und die Fehlbarkeit der Vernunft. Tübingen

Albert, H., 1987: Kritik der reinen Erkenntnislehre. Tübingen

Albert, H. (Hg.), 1964: Theorie und Realität. Tübingen

Balzer, W., 1982: Empirische Theorien: Modelle, Strukturen, Beispiele. Braunschweig

Balzer, W., 1983: Mathematische Strukturen als Repräsentationen intellektueller Strukturen. In: Stachowiak (Hg.), 1983, 222-238

Balzer, W., 1985: Theorie und Messung. Berlin, Heidelberg, New York, Tokyo

Balzer, W./Heidelberger, M. (Hg.), 1983, Zur Logik empirischer Theorien. Berlin, New York

Balzer, W./Moulines, C.U./Sneed, J.D., 1987: An Architectonic for Science. The Structuralist Program. Dordrecht

Balzer, W./Sneed, J.D., 1983: Verallgemeinerte Netzstrukturen empirischer Theorien. In: Balzer/Heidelberger (Hg.), 1983, 117-168

Bartelborth, T., 1988: Eine logische Rekonstruktion der klassischen Elektrodynamik. Frankfurt/M., Bern, New York, Las Vegas

Bunge, M., 1983: Epistemologie. Aktuelle Fragen der Wissenschaftstheorie. Mannheim, Wien, Zürich

Carnap, R., 1946: Theory and Prediction in Science. In: Science, 104, 520-521

Diederich, W., 1981: Strukturalistische Rekonstruktionen. Braunschweig

Downs, A., 1957: An Economic Theory of Democracy. New York

Downs, A., 1968: Ökonomische Theorie der Demokratie. Tübingen

Dreier, V., 1993: Zur Logik politikwissenschaftlicher Theorien. Eine metatheoretische Grundlegung zur Analyse der logischen Struktur politikwissenschaftlicher Theorien im Rahmen der Strukturalistischen Wissenschaftstheorie. Frankfurt am Main u.a.

Druwe, U., 1985: Theoriendynamik und wissenschaftlicher Fortschritt in den Erfahrungswissenschaften. Evolution und Struktur politischer Theorien. Freiburg, München

Fasching, G., 1989: Die empirisch-wissenschaftliche Sicht. Wien, New York

Feyerabend, P., 1974: Kuhns Struktur wissenschaftlicher Revolutionen - ein Trostbüchlein für Spezialisten?. In: Lakatos/Musgrave (Hg.), 1974, 191-222

Feyerabend, P., 1989: Irrwege der Vernunft. Frankfurt am Main

Finke, P., 1982: Konstruktiver Funktionalismus. Braunschweig

Hauptmeier, H./Schmidt, S.J., 1985: Einführung in die Empirische Literaturwissenschaft. Braunschweig

Krings, H./Baumgartner, H.M./Wild, C. (Hg.), 1974: Handbuch Philosophischer Grundbegriffe, Bd. III. München

Lakatos, I./Musgrave, A. (Hg.), 1974: Kritik und Erkenntnisfortschritt. Braunschweig

Lenski, G., 1988: Rethinking Macrosociological Theory. In: American Sociological Review, 53, 163-171

Leinfellner, W./Köhler, E. (Hg.), 1974: Developments in the Methodology of Social Science. Dordrecht

Moulines, C. U., 1975: Review ' J.D. Sneed, The Logical Structure of Mathematical Physics'. In: Erkenntnis, 9, 423-436

Popper, K.R., 1982: Logik der Forschung (7. Aufl.). Tübingen

Schumpeter, J.A., 1980: Kapitalismus, Sozialismus und Demokratie, 5. Aufl. München

Sneed, J.D. 1976: Philosophical Problems in the Empirical Science of Science. A Formal Approach. In: Erkenntnis, 10, 115-146

Sneed, J.D., 1979: The Logical Structure of Mathematical Physics, 2. rev. Aufl. Dordrecht

Spinner, H., 1974: Artikel 'Theorie'. In: Krings/Baumgartner/Wild (Hg.), 1974, 1486-1514

Stachowiak, H., (Hg.), 1983: Modelle - Konstruktion der Wirklichkeit. München

Stegmüller, W., 1979a: The Structuralist View of Theories. Berlin, Heidelberg, New York

Stegmüller, W., 1979b: Rationale Rekonstruktion von Wissenschaft und ihrem Wandel. Stuttgart

Stegmüller, W., 1979c: Akzidenteller ('nichtsubstantieller') Theorienwandel und Theorienverdrängung. Inwieweit logische Analysen zum besseren Verständnis gewisser Phänomene in der Theoriendynamik beitragen können. In: Stegmüller, 1979b, 131-176

Stegmüller, W., 1980: Neue Wege der Wissenschaftsphilosophie. Berlin, Heidelberg, New York

Stegmüller, W., 1985: Probleme und Resultate der Wissenschaftstheorie und Analytischen Philosophie, Bd.II: Theorie und Erfahrung, 2. Teilband: Theorienstrukturen und Theoriendynamik, 2. Aufl. Berlin, Heidelberg, New York, Tokyo

Stegmüller, W., 1986: robleme und Resultate der Wissenschaftstheorie und Analytischen Philosophie, Bd. II: Theorie und Erfahrung, 3. Teilband: Die Entwicklung des Strukturalismus seit 1973. Berlin, Heidelberg, New York, Tokyo

Stephan, E., 1988: Zur logischen Struktur psychologischer Theorien. Eine Untersuchung im Rahmen der strukturalistischen Wissenschaftstheorie (Diss.). Bonn

Suppe, F., 1974: Theories and Phenomena. In: Leinfellner/Köhler (Hg.), 1974, 45-91

Suppes, P., 1957: Introduction to Logic. New York, Cincinnati, Toronto, London

Troitzsch, K.G., 1989: Bürgerperzeptionen und Legitimierung. Anwendung eines formalen Modells des Legitimations-/ Legitimierungsprozesses auf Wählereinstellungen und Wählerverhalten im Kontext der Bundestagswahl 1980. Frankfurt am Main, Bern, New York

Troitzsch, K.G., 1990: Modellbildung und Simulation in den Sozialwissenschaften. Opladen

Wittgenstein, L., 1984a: Gesamtausgabe in 8 Bänden. Frankfurt am Main

Wittgenstein, L., 1984b: Philosophische Untersuchungen. In: Wittgenstein, 1984a, Bd.1

Wittgenstein, L., 1984c: Wittgenstein und der Wiener Kreis. In: Wittgenstein, 1984a, Bd.3

9. Bindung und Motivation als implizite Annahmen der 'Rational Choice'-Theorie

Manfred Hennen und Thomas Rein

Zusammenfassung

Rational Choice-Theorie zeigt sich vor allem im Rahmen der Mehrebenenanalyse grundsätzlich offen für Erweiterungen, Differenzierungen, Vertiefungen, Ergänzungen und Integration anderer sozialwissenschaftlicher Ansätze. Insofern läßt sich auch die Konstitution des Handelns als ein mehrebenenanalytisches Problem behandeln. Aus der Diskussion des Nutzenbegriffs geht hervor, daß Nutzen als ein generelles Medium der Motivation aufzufassen ist. Diesem von der Ökonomie entlehnten Nutzen-Medium entspricht das Medium des Affektes in der psychologischen Motivationstheorie. Dieses Nutzen/Affektmedium bindet sich an Programme des Handelns. *Rational Choice* wird dabei als eine implizite Theorie sozialer Motivation interpretiert. Ihre zweiseitige Konstitution bindet Nutzen/Affekt an Handlungsprogramme. Deren soziale Evolution macht eine zusätzliche Logik der Aggregation erforderlich.

1. Themenstellung

Die Sozialwissenschaften haben - wie andere Wissenschaften auch - für die Entwicklung ihrer methodischen Grundlagen, für die Abgrenzung ihrer Gegenstände sowie für die Schaffung eines angemessenen Begriffshaushaltes von der Form des Methodenstreites in Abständen profitiert. Die Kontrastierung des methodologischen Individualismus und Kollektivismus hat dabei wiederholt eine zentrale Rolle gespielt. Diese Auseinandersetzungen sind in diesem Zusammenhang zum Teil auch über den analytischen Vorrang von Teildisziplinen, insbesondere der Ökonomie und Geschichte bzw. Soziologie geführt worden. Diese unterschiedlichen Positionen pflegen bis heute wissenschaftliche Polemiken zwischen Fächern und Autoren von Zeit zu Zeit zu beleben. Man darf jedoch feststellen, daß der Erfolg im Sinne systematischer und umfassender Erkenntnis einerseits dem methodologischen Individualismus Recht gegeben hat und andererseits nicht der Abgrenzung sondern der Integration unterschiedlicher sozialwissenschaftlicher Perspektiven.

Diese Entwicklung einer mit der allgemeinen Wissenschaftsentwicklung zu vereinbarenden analytisch-empirischen Konzeption bedurfte der Zurückweisung von sozialwissenschaftlichen Holzwegen. Sie bestanden in der unseligen Vorstellung, das naturwissenschaftliche Verständnis von Gesetzen auf einen Gesellschaftsbegriff einschließlich deren Fortentwicklung anwenden zu sollen. Mit der Verbannung eines Makro-Makro-Determinismus sind zweifellos zum Teil beachtliche Präzisierungen erreicht worden, von denen wir bis heute profitieren. Allerdings haben die Differenzen oft auch zu Polemiken geführt, in deren Gefolge für beide Seiten wichtige Möglichkeiten der theoretischen Konvergenz vernachlässigt oder verkannt wurden. So ist dem Bedürfnis, zwei Soziologien kontrastreich voneinander abgrenzen zu wollen, zum Teil entgangen, welche Chancen der theoretischen Integration hätten genutzt werden können.

Die zentrale Erkenntnis dieser als Handlungslehre verstandenen Theorieklasse bestand und besteht darin, soziale Erscheinungen aus Handlungen, Handlungen aus Wahlen, Wahlen aus Motiven und schließlich Motive aus sozialen Konstellationen ableiten zu wollen. Soziale Erscheinungen bestehen dabei je nach Erklärungsinteresse aus Verbands- oder Verbundshandeln, aus Beziehungen oder Prozessen. Motive können typischerweise als vorsoziale oder als sozial gebundene Dispositionen konzipiert werden.

Diese Darstellung sozialer Vorgänge kann man sich mit etwas Phantasie als eine gigantische Computersimulation vorstellen, durch die im Zeitraffer unendlich viele digitalisierte Einzelbewegungen beständig Figurationen hervorbringen. Diese haben die Form von Verdichtungen, Ballungen und Trennungen. Durch diese Konstellationen werden wieder die elementaren Ja/Nein- oder Pro/Kontra-Schaltungen beeinflußt. Wir kennen ähnliche Darstellungen von naturwissenschaftlichen Abläufen, beispielsweise bei Wachstumsvorgängen verschiedener Art. Wenn man sich diese Vorgänge als Darstellung dessen vorstellt, was die *Rational Choice*-Theorie im Rahmen ihres Programms erklären will, wird man deren Anspruch nach Methode und Ausmaß gerecht. Sie versteht sich als eine interdisziplinär etablierte und ausgearbeitete Nachfolgerin der sozialökonomischen Handlungslehre, die mit den naturwissenschaftlichen Methodenstandards kompatibel ist.

Das verwendete kühne Bild von Wahl-Prozessen und ihren flüchtigen Strukturen ist insofern nicht ganz korrekt, als mit der *Rational Choice*-Theorie keine bestimmten und konkreten Prozesse, z.B. einer Organisation rekonstruiert werden sollen. Sie will vielmehr einen methodologischen Prozeß abbilden, der die notwendigen methodischen Schritte für konkrete Untersuchungen liefert. Die *Rational Choice*-Theorie ist also eine Mustertheorie, ein Paradigma. Sie strebt damit ausdrücklich die Anbindung der sozialwissenschaftlichen Operationen an das allgemeine Erklärungsschema der anderen Wissenschaften mit dem Grundmodell der Makro-Konstitution auf der Basis von Mikro-Vollzügen an (vgl. Esser 1993: 83 sowie den einführenden Beitrag von Gilleßen und Mühlau in diesem Band).

Die beiden Begriffe, die der *Rational Choice*-Theorie zugrundeliegen, charakterisieren Wahlhandlungen als immer wiederkehrende Notwendigkeit im Vollzug des handelnden Lebens aller Menschen in allen Situationen. Sie tun das auf der Grundlage ihrer natürlichen Ausstattung mit einem Zentralnervensystem, das darauf angelegt ist, für das Überleben in der Form des relativen Wohlergehens zu sorgen. Dieses Ziel ist als ein situatives und z.T. übersituatives Maximieren von individuellem Vorteil und individueller Befindlichkeit zu interpretieren. Diese sehr effektive, aber hinsichtlich der besonderen Lebensumstände zunächst unspezifische Programmierung wird als *rational* verstanden.

Die rationale Wahl beschreibt zwar immer den einzelnen Menschen, aber es dürfte jetzt klar sein, daß dies mit dem Zweck geschieht, sein mit anderen verbundenes Handeln zu erklären, um daraus kollektive Erscheinungen abzuleiten. Zu dieser Art der Handlungskonzeption gehört also immer auch eine Handlungsfolgenlehre. Weil das rationale Wählen zeit- und ortsunabhängig aufgefaßt wird, ist der Weg der Erklärung von den individuellen Wahlen bis zu den sozialen Gebilden einer gegebenen Gesellschaft sehr, sehr weit. Der einsame Akteur gleicht ja nicht dem Westernheld vor dem Horizont hinter einer weiten Steppe. Vielmehr gleicht er einem Menschen in einer unglaublich dichten Welt aus Gebäuden und Gebilden, aus Verbänden und Gerichten, aus Zugehörigkeiten und Feindschaften, aus Verboten und Geboten, aus Lebensformen und Lebenserwartungen und vielem anderen mehr. Mit seinen Wahlen steht der Akteur also nicht deshalb allein, weil ihm alles offen stünde, sondern weil er die Möglichkeiten seiner Wahlen erst finden muß.

Nun sind all diese kollektiven Erscheinungen, da sie nicht vom Himmel fallen, grundsätzlich und unbestreitbar als Handlungsfolgen in interdependenten Zusammenhängen zu begreifen. Diese Zuschreibung ermöglicht nicht nur wissenschaftliche Erklärung, sondern auch Erkenntnisse über Möglichkeiten der Interventionen in beliebigen Sozialfeldern. Aber die Distanz zwischen den Handlungen und den Handlungsfolgen kann mit zunehmender Vernetzung der Zusammenhänge und unvorhersehbaren Rückkopplungsprozessen als unüberwindbar erscheinen. Die Standarderklärung vom Typ *wenn Maximierung unter definierten Randbedingungen, dann ist eine kollektive Erscheinung der und der Art als Folge zu erwarten* muß bei der Einlösung ihres gewaltigen Anspruchs unterstützt werden. Um die erwähnte Distanz doch noch zu überwinden, werden sogenannte Brückenannahmen zugelassen. Das sind von ihrem strengen Gesetzesanspruch befreite Wenn-Dann-Aussagen, die sich auch mit einem Status der Quasigesetze begnügen dürfen. Quasitheorien sind zeitlich und örtlich gebundene Aussagen über Regelmäßigkeiten vom Typus der verstehenden Soziologie: *Wenn ein Samurai traurig war, mußte er töten.*

Mit anderen Worten, mit den Brückenannahmen darf sich der Theoretiker der *Rational Choice*-Theorie die Freiheit nehmen, auch mit solchen Regelmäßigkeiten zu argumentieren, die gemessen am Anspruch des Modells eher weich sind. Diese Freiheit wird allerdings vorübergehend eingeräumt, um die nomologisch strengen Rahmenannahmen nicht zu verlassen. Diese Hilfstheoreme unterstützen, besser sagt man wohl ersetzen, die umfassende Konstruktion der Randbedingungen für die unspezifische und deshalb allgemeingültige Maximierungshypothese und machen so das strenge epistemologische Reglement im alltäglichen Vollzug erträglicher. Dies macht uns Mut, Ergänzungen und begriffliche Erweiterungen für die *Rational Choice*-Theorie vorzuschlagen, mit denen nach unserem Verständnis einige Darstellungen und methodische Operationen bei der Beschreibung sozialer Phänomene ergänzt und vereinfacht werden könnten. Unsere Vorschläge zur Modellierung tasten die strenge Logik der Erklärung ebenfalls nicht an. Sie sollen lediglich ein anderer Versuch sein, die Erklärungsstrecke von den individuellen Dispositionen zu den kollektiven Phänomenen zu überbrükken.

Wir möchten zuvor noch einige besondere Leistungen des *Rational Choice*-Konzeptes hervorheben, die uns richtungsweisend für zukünftige Beiträge zu diesem Thema erscheinen. Zunächst verdient Erwähnung, daß mit *Rational Choice* eine sozialwissenschaftliche Perspektive den Streit der Disziplinen um Vorherrschaft eines bestimmten Erklärungsmodus abgelöst hat. Das ist ein großer Fortschritt, hinter den man nicht zurückfallen sollte. Ehemals scheinbar unvereinbare sozialwissenschaftliche Grundkonzepte sind so zusammenzuführen. Lindenberg hebt in diesem Sinne hervor, daß "die Definition der Situation (Soziologie) und rationale Wahl (Ökonomie) eng miteinander verknüpft sind" (Lindenberg 1990: 271). Damit ist eine Möglichkeit der Kumulation von Wissen gegeben, durch die sich die Ergebnisse unterschiedlicher sozialwissenschaftlicher Ansätze ergänzen können, unabhängig davon, ob sie aus der Ökonomie, Soziologie, Politikwissenschaft, Sozialpsychologie, aber auch aus naturwissenschaftlichen Nachbarfächern stammen. Die Kollektivgutdiskussion, die Modellierung von Kooperation und Defektion in spieltheoretischen Konzepten, die Theorie des *Public Choice*, die Neue Politische Ökonomie, sie alle können im Rahmen von *Rational Choice* ihre Fächergrenzen durch thematische Überschneidungen vergessen lassen (vgl. die Beiträge von Franke, Zangl und Zürn sowie Kunz in diesem Band).

Damit hängt zusammen, daß es nicht länger sinnvoll ist, von einer politischen oder soziologischen Theorie zu sprechen. Wir bevorzugen daher die Bezeichnung *Sozialtheorie*. In der *Rational Choice*-Theorie ist ein solches umfassendes sozialtheoretisches Grundkonzept in mehreren großen Publikationen zu einem vorläufigen Abschluß gekommen (vgl. Coleman 1991; Esser 1993). Diese Bücher verfügen neben ihrer theoretischen Konsistenz über materialreiche Darstellungen, durch die auch andere Theorien zum

Teil ohne unnötige Polemik integriert worden sind. Auch das ist erfreulich für die oft so zersplittert erscheinende Sozialwissenschaft.

Das Schema der Erklärung zeigt sich zudem grundsätzlich offen für Erweiterungen, Differenzierungen, Vertiefungen und Ergänzungen und lädt insofern eher zur Mitarbeit ein als exklusiv zu wirken (vgl. Esser 1993: 102). Die Befassung mit *Rational Choice* ist fruchtbar, weil in der theoretischen Auseinandersetzung wegen ihres hohen Methodenstandards die Positionen klarer werden. Die erfolgreiche Weiterentwicklung des *Rational Choice*-Paradigmas bemißt sich in einem solchen Verständnis grundsätzlich danach, inwieweit es gelingt, möglichst viele theoretische Perspektiven zu integrieren. Auch diese Arbeit versteht sich als Beitrag zu einer Sozialtheorie, gleichwohl er aus der Beschäftigung mit soziologischen Fragestellungen hervorgegangen ist.

Ein großer Fortschritt liegt u.E. auch in der Bemühung um eine sozialwissenschaftliche Anthropologie, die sich grundsätzlich an die Erkenntnisse der naturwissenschaftlichen Anthropologie anbinden läßt. Die Vorstellung, ohne Grundannahmen über die vorsoziale Konstitution des Menschen in der Sozialtheorie auskommen zu können, ist unhaltbar. Schließlich erscheint uns wichtig, daß in der *Rational Choice*-Diskussion gegenüber Klassikern keine Berührungsängste bestehen, sondern die Verknüpfung mit modernen Modellen gesucht wird. Adam Smith und Max Weber werden so für eine zeitgenössische, und das heißt weiterführende Rezeption fruchtbar gemacht.

Das Ziel dieses Beitrages besteht weniger darin, die Modellierung des *Rational Choice*-Ansatzes zusammenfassend nachzuzeichnen. Lediglich dort, wo es uns um Erweiterungen und Modifikationen geht, soll die Vorgehensweise der bisher entwickelten Standardkonzeption von *Rational Choice* beschrieben werden, um unsere eigene Position zu verdeutlichen. Die Themen, an denen uns im Folgenden gelegen ist, heißen: Zweiseitige Handlungsdisposition, Motivation, Bindung, Programm und Rationalität. Das ist hier natürlich lediglich eine Ankündigung. Doch nur so viel sehen wir hier als sinnvoll an. Die genannten Begriffe scheinen - ausgenommen derjenige der Rationalität - nicht viel mit der *Rational Choice*-Theorie zu tun zu haben. Doch sie stehen nach unserem Verständnis alle in enger Nachbarschaft zu ihr. Ihre Thematisierung kann Möglichkeiten und Grenzen dieses Ansatzes aufzeigen oder vielleicht nur verständlich machen. Es zeigt sich aber auch, in welcher Weise die Weiterarbeit an einer Sozialtheorie aussehen könnte, um welche methodischen und thematischen Schwerpunkte sie ergänzt werden könnte. Das Unorthodoxe unserer Themen wird, so hoffen wir, kein Hindernis sein, sich darauf einzulassen.

Im Kern ist die Auseinandersetzung um *Rational Choice* älter als man annimmt, sie war früher vielleicht farbiger, so als Schumpeter den Utilitarismus als eine Beefsteak-Philosophie abtun wollte (vgl. Bohnen 1975: 25). Das Argument ist - nimmt man es ernst - auch heute nicht leicht verdaulich. Vielleicht kann man es methodologisch und philosophisch erst angemessen beantworten, wenn man begreift, daß die Nutzenmaximierungsthese erst unter Bedingungen der Bindung brauchbar wird. Auch insofern ist der Bezug zu den *Rational Choice*-Vätern Smith und Weber herzustellen. Denn beide zeichnen sich nicht zuletzt auch dadurch aus, daß sie ihre Handlungstheorie mit einer Motivationstheorie verknüpft haben, die in der Rationalität begrenzt und sozial gebunden ist.

2. Die Mikro-Makro-Erklärungen und die Mehrebenenanalyse

Der Erfolg sozialwissenschaftlichen Bemühens um die angemessene Darstellung von kollektiven Phänomenen, Strukturen und Abläufen läßt sich, wie bereits gesagt, auch daran messen, wie Naivitäten und Fehlschlüsse vermieden werden können. Es lassen sich vier Fehlschlüsse typisieren (vgl. Hennen 1990: 76ff.). Der Entwicklungsstand der *Rational Choice*-Theorie sollte an seinem Umgang mit diesen Fallen gemessen werden.

Zur Darstellung dieser Fehler bietet sich eine Unterscheidung an, die in der *Rational Choice*-Diskussion einen zentralen Platz hat. Es ist die Unterscheidung von Mikro- und Makroebene. Aber die Ebenen können auch jeweils zu sich selbst in Beziehung gesetzt werden. In einer vorläufigen und einfachen Kontrastierung versteht man unter der Mikroebene diejenige der Akteure, unter der Makroebene diejenige der sozialen Phänomene.

Ein erster Fehler besteht im Bestreben, vom Mikrobereich der Akteure unter Annahme einer mechanistischen Determination Makroeffekte erklären zu wollen. Beispiele hierfür sind in der Annahme einer durchgehend sozialen Natur des Menschen ebenso zu finden, wie in der Annahme der Nutzenmaximierung der neoklassischen Ökonomie, welche die Nutzensuche der Menschen als einen selbstverständlichen Mechanismus, nicht als wissenschaftliche Konstruktion behandelt hat. Die *Rational Choice*-Theorie vermeidet diesen Fehler, soweit sie auf logischen Operationen besteht, durch die Handeln abgebildet werden soll.

Ein Fehler zweiter Art liegt darin, daß das Mikrohandeln als von der Makroebene determiniert betrachtet wird. Dazu gehören die Annahmen des Behaviorismus oder des homo sociologicus, der das tut, was ihm sozial nahegelegt wird. Auch gegen diesen Fehler ist *Rational Choice* immun, weil sie gerade Wahlen mit sozialen Situationen und Rahmenbedingungen verbindet.

Ein Fehler dritter Art besteht in der Annahme der unvermittelten Beeinflussung von Makrozuständen durch andere Makrozustände. Dieser Fehler ist besonders von den verschiedenen Spielarten der Sozialphysik und des frühen Positivismus gemacht worden. Auch der Strukturfunktionalismus wird in diesem Zusammenhang in zum Teil berechtigter Weise getadelt. Diese Position ist sozusagen der geborene Feind der Theorie der rational Wahl. Sie hat regelrecht ihr Selbstbewußtsein gegen diese krude Auffassung entwickelt.

Der Fehler vierter Art ist für die Darstellung der *Rational Choice*-Theorie insofern von besonderer Bedeutung, als sich mit dieser Gefahr die moderne Sozialtheorie konfrontiert sieht. Der Fehlschluß besteht darin, die Mikroebene als eine Einheit zu konzipieren, die für eine eindeutige, kausalwissenschaftliche Argumentation im Sinne des erklärenden Vorgehens zur Verfügung steht. Oft wird die Theorie der rationalen Wahl als grundsätzlich inhaltsleer gekennzeichnet, ihre Hauptaufgabe sei die Formulierung von Brückenannahmen (vgl. Wippler,Lindenberg 1987: 146). Grundsätzlich, so das Argument, könne alles und jedes als Maximieren beschrieben werden. Hier stellt sich natürlich die Frage, ob das Konzept der rationalen Wahl lediglich ein Etikett mit einem Versprechen sei, das durch das tatsächliche theoretische Prozessieren nicht eingelöst werde.

Mit den folgenden Untersuchungen möchten wir zeigen, daß diese Mikroebene selbst einer zweiseitigen Konstitution unterliegt und von der Mehrebenenproblematik nicht abzukoppeln ist. Zunächst ist zu klären, was unter Mehrebenenanalyse zu verstehen sei. Der Begriff entstammt der mathematisch-statistischen multivariaten Analyse und wird auch als Kontextanalyse bezeichnet. Es geht immer darum, zwischen solchen Effekten zu unterscheiden, die auf Mikrozugehörigkeiten beruhen und solchen, denen Makrozugehörigkeiten zugrundeliegen. Üblicherweise müssen die Katholiken als Beispiel herhalten, die sich eventuell danach unterscheiden, ob sie in einem katholischen oder in einem protestantischen Milieu leben. Die Mehrebenenanalyse galt zunächst als Bezeichnung für eine Klasse statistischer Verfahren, mit denen die "Gegenstände oder Einheiten, über die irgendwelche Aussagen formuliert werden sollen, in solche erster, zweiter, ... n-ter Ordnung danach einzuteilen [sind], daß die Gegenstände der jeweils niederen Ordnung (Ebene) Elemente der Gegenstände nächster Ordnung [sind.] ... Es ist nämlich das Charakteristikum der Mehrebenanalyse, daß Objekte verschiedener Ordnung gleichzeitig zum Gegenstand der Untersuchung werden" (Hummel 1972: 12f.).

Die Mehrebenanalyse kann aber auch als ein analytisches Grundmodell verstanden werden, mit dem der Fehler vierter Art vermieden werden könnte, welcher sich in der Annahme einer vorsozialen Mikrokomplettierung versteckt. Die dazu notwendige Formalisierung muß keineswegs ausschließlich in statistisch-mathematischen Kalkülen bestehen (vgl. Hummel 1972: 93). "Daß die Mehrebenanalyse ein zentrales und theoretisches Problem und nicht nur ein solches der statistischen Aggregation und Variablenanalyse darstellt, wird erst neuerdings deutlicher betont." (Esser 1988: 39)

Um das zu zeigen, wenden wir uns der besonders differenzierten Darstellung des Modells der sogenannten *Tiefenerklärung* zu (vgl. Esser 1991: 233). Auch hier wird zunächst wieder zwischen einer Makro- und einer Mikroebene unterschieden, deren Beziehung darin besteht, daß Makrophänomene aus der Aggregation von Mikroprozessen hervorgehen. Die Überführung der Merkmale von Untersuchungseinheiten in die Kollektivebene, ob sie nun einer einfachen Verfahrensregel (Bildung von Durchschnittswerten), oder aber einer komplizierten Interdependenzanalyse (unprogrammierte Interdependenz, vgl. Hennen 1990: 200) folgt, wird auch als *Transformationsregel* bezeichnet. Ein kollektiver Effekt wird nicht einem Individuum zugeschrieben, sondern einer bestimmten Bedingungskonstellation individueller Effekte (vgl. Lindenberg 1977: 57). Die Logik der Aggregation gilt neben den Logiken der Selektion und Situation als dritte Logik der Analyse, die eine vollständige soziologische Erklärung zu durchlaufen hat.

Da die analytische Priorität bei den Makrovorgängen (dem Explanandum), die theoretische jedoch beim Individuum (dem Explanans) liegt (vgl. Lindenberg 1985b: 250), muß die Aufgabenstellung darin zu sehen sein, makroskopische Phänomene zu disaggregieren, um sie erklären zu können. Wir können sagen, dieses Herabsteigen zu einer niedrigeren Ebene und das analytische Wiederaufsteigen beschreibt die Operation der Erklärung. Wie wird

214

nun die Mikroebene beschrieben? Wir haben bereits gesagt, daß es sich in einer ersten Annäherung um Menschen handelt, genauer ist die Bezeichnung *Akteure*, weil sie bereits auf Bereiche spezifiziert sind. Ob Menschen oder Akteure, wir wissen, daß sie über komplizierte Gehirne mit einem hohen Adaptations-, Lern- und Innovationspotential ausgerüstet sind. Aber diese Ebene der Akteure ist noch zu komplex, deshalb stützt sich die Analyse auf einzelne Handlungen. Handlungen werden deshalb als Wahlen analytisch konzipiert. Der Terminus Wahlen legt die Vorstellung einer Digitalisierung nahe, durch die sozusagen die Handlungskomplexe zerlegt werden, sie bestehen im Grenzfall aus *ja* und *nein*. Es ist deshalb konsequent, wenn diese Darstellung der Wahlen als eine Logik der Selektion bezeichnet wird. Wenn in dieser Selektion der "nomologische Kern" (Esser 1993: 248) der *Rational Choice*-Theorie gesehen werden soll, dann deshalb, weil sich auf der Basis von Wahlentscheidungen und ihren analytischen Aggregationen am besten Wenn-dann-Aussagen herstellen lassen, die als das Vorbild des kausalanalytischen Erklärungsmusters gelten.

Die Logik der Selektion hat allerdings Voraussetzungen, über die nicht hinweggegangen werden darf. Um eine Selektion bzw. eine Wahl ausführen zu können, muß es Selektionsvorgaben oder Alternativen geben, welche den Zustimmungs- bzw. den Verweigerungsvorgang erlauben. Natürlich können es mehr als zwei Möglichkeiten sein, die zur Debatte stehen, aber Wahlen suggerieren doch, daß Vorgaben existieren. Wie wir gehört haben, wird zum Teil die Auffassung vertreten, *Rational Choice* könne mit der Vorstellung, jedes Handeln maximiere, durchaus auskommen, wenn die Spezifikation, was wie in welchen Situationen von Handelnden bewertet werde, an eine im methodischen Anspruch nachgeordnete Theorie verwiesen werde (vgl. den Beitrag von Kunz in diesem Band).

Die Frage kann aber gestellt werden, ob nicht grundsätzlich Situationen, in denen die Alternativen vorstrukturiert vorliegen, von solchen Situationen unterschieden werden sollten, in denen komplexe Handlungsstile als Wahlen beschrieben werden. Der erste Fall liegt vor, wenn wir es mit vergleichbaren Produkten im Supermarktregal zu tun haben oder mit Parteien, die sich der Wahl stellen. Im zweiten Fall vergleichen wir höchst unterschiedliche Erscheinungen als Wahlen, wie z.B. unterschiedliche Berufe mit starken Statusunterschieden. In diesen Fällen geht es um Handlungen, deren Vorstrukturierung einen hohen Grad aufweist. *Rational Choice*-Theoretiker werden hier antworten, auch das sei als Wahl unter restriktiven Bedingungen darzustellen. Hier kommt allerdings das Problem ins Spiel, daß Wahlen als Prozeß dargestellt werden müssen. Man muß in solchen Fällen die Wahlgeschichte vieler Menschen im Verbund kennen, um das aktuelle Handeln nachzuvollziehen. Den Restriktionen kommt damit die wichtige Funktion der Randbedingungen zu. Das Problem bleibt aber auch dann bestehen, daß die Mehrebenenanalyse asymmetrisch wird, weil die Wahlkomponente sehr wenig erklärt, die Situationskomponente hingegen sehr viel.

Hartmut Esser hat, Webers Definition der Soziologie folgend, zu Recht darauf hingewiesen, daß Verstehen und Erklären sich in der sozialen Analyse verbinden müssen. "Nicht die Konventionsregel des Grußes nimmt ja den Hut vom Kopf, sondern immer nur ein Akteur, der dafür seine Gründe hat." (Esser 1993: 96). Auf den letzten Halbsatz kommt es hier an. Das *Gründe haben* ist nicht der Option, nicht der Maximierungsregel allein zu entnehmen, sondern der Beschreibung dessen, was den narrativen Hintergrund der Regel ausmacht. Solchen vermittelnden Beschreibungen, solchen Prosafassungen des Erklärens hat Weber im übrigen seine überzeugendsten, ausführlichsten und farbigsten Schilderungen gewidmet.

Max Weber wird von der *Rational Choice*-Theorie häufig für Beispiele bemüht. Auch hier soll eine Vorgehensweise von Max Weber als Beispiel eingeführt werden, auf das wir bei Gelegenheit zurückgreifen werden. Es ist ein Text, in dem Weber mit einer bemerkenswerten Dichte die Erwartungen von Intellektuellen, den Inhalt bestimmter Erlösungswege und den damit verbundenen Nutzen beschreibt. Es handelt sich um eine informationsreiche Prosa. Sie erfährt ihren nomologischen Minimalstatus dadurch, daß die Intellektuellen in der beschriebenen Einmaligkeit den nichtprivilegierten Schichten, deren Nutzen ganz anders aussieht, unspezifisch gleichzusetzen sind: "Stets ist die Erlösung, die der Intellektuelle sucht, eine Erlösung von *innerer Not* und daher einerseits lebensfremderen, andererseits prinzipielleren und systematischer erfaßten Charakters, als die Erlösung von äußerer Not, welche den nichtprivilegierten Schichten eignet. Der Intellektuelle sucht auf Wegen, deren Kasuistik ins Unendliche geht, seiner Lebensführung einen durchgehenden *Sinn* zu verleihen, als *Einheit* mit sich selbst, mit den Menschen, mit dem Kosmos" (Weber 1976: 307f.).

Das Beispiel ist hier deshalb so brauchbar, weil es zeigt, daß weniger die Tatsache, daß der Intellektuelle maximiert, indem er sich von *innerer Not* zu befreien sucht, sondern wie er es tut, die Information der Analyse ausmacht. Die Nutzenhypothese ist gleichwohl unverkennbar für die Erklärung eingesetzt, und es ist deutlich, daß ohne sie die Erklärung ärmer und weniger verständlich wäre. Der analytische Reiz liegt hier in der Zusammenführung der beiden Ebenen. Und das in der Form einer narrativen Ergänzung.

Auf diese Weise arbeitet Weber gerade nicht mit einer Art Wahlvorgabe, mit *Choice Maps*, sondern er typisiert die Randbedingungen wie den bereits sozial geformten Akteur. Der Nutzen selbst hat bereits eine soziale Gestalt. In der *Rational Choice*-Konzipierung werden diese Schilderungen als Logik der Situation beschrieben. Das ist logisch korrekt, überfrachtet aber diese Logik, weil sie, wie in diesem Beispiel die Vorstrukturierung des Personentypus mitübernehmen muß. Die Situationslogik informiert darüber, in welcher sozialen Szene der Akteur sich befindet. Ihr fällt auch die Aufgabe zu, die sozialen Akteure mit ihren Mentalitäten zu typisieren. Die Mentalitäten sind Ergebnis einer Geschichte der Entstehung von Mustern und Praktiken, sie disponieren die Akteure zu ihrer besonderen Situationseinbindung. Auch die dritte Logik, die der Aggregation, hat für die Erfassung dieser Geschichte der Praxisformen bereits eine analytische Aufgabe. Der Nutzenbegriff koppelt sich hier mit Mustern von Lebensentwürfen, die trotzdem Raum für Wahlen und Nutzenkalküle lassen.

Weil der Nutzen und die Not selbst bereits präformiert sind, kommen wir nicht an der Frage vorbei, was denn Nutzen eigentlich sei, wenn er für alle Menschen eine Handlungsgrundlage abgibt und doch höchst unterschiedliche Formen und Prägungen aufweist. Das ist eine sehr entscheidende Frage für den Umgang mit der *Rational Choice*-Theorie. Sie ist auch noch nicht zufriedenstellend beantwortet. Die Frage läßt sich durch einige Paradoxierungen verdeutlichen: Kann der Verzicht auf Nutzen nützlich sein? Oder: Kann Altruismus egoistisch begründet werden? Wenn alles Nutzen stiften kann, dann bleibt nur eine analytische Konsequenz, die den Ursprüngen der *Rational Choice*-Theorie zu entnehmen ist. Nutzen muß, wie in der Ökonomie das Geld, als ein Medium aufgefaßt werden, das in der Sprache von Smith sowohl Gebrauchswert als auch Tauschwert hat. Geld ist für Individuen attraktiv und zirkuliert im ökonomischen System. Eben das ist die Definition für ein Medium.

Nur in einem Medium-Verständnis war es möglich, Napoleon und anderen Potentaten die Frage in den Mund zu legen, wieviele Armeeinheiten der Papst wert sei. Armeen haben hier den Charakter des Mediums. Die Diskussion um die Theorie des rationalen Nutzens hört sich mitunter so an, als werfe man die Frage auf, ob wirklich alle Menschen Militaristen seien. Wie ist das im Fall von Nutzen? Auch Nutzen ist ein Medium, wenn man ihn als generelles Medium der Motivation versteht, darin durchaus dem Geld verwandt. Von einem Medium der Motivation ist hier deshalb zu sprechen, weil damit der Attraktionswert beliebiger Güter und Zustände zum Ausdruck gebracht wird. Nutzen kennzeichnet die Bereitschaft, etwas haben zu wollen oder etwas zu tun. Daran liegt die motivationale Generalisierung. Nutzen drückt einerseits einen Wert für die Akteure aus, andererseits eine Umlauffähigkeit, die darin liegt, daß ein Gut, eine Handlungsform für viele Nutzen haben kann und sich damit sozial etabliert. Bei Handlungen, die als sozial erwünscht erscheinen, wie hohe Wahlbeteiligung, ist das entscheidend.

Wenn man bereit ist, sich darauf zu verständigen, daß Nutzen diese motivationale Generalisierung zum Ausdruck bringt, kann man sich der Charakterisierung der zweiten Ebene der Mehrebenenanalse zuwenden. Sie ist zunächst durch Begriffe wie *Frames* und *Habits* gekennzeichnet. *Frames* prägen soziale "Handlungsbereiche in sehr unterschiedlichen *Logiken* unterschiedlichen *Sinns* und unterschiedlicher *Codierungen*" (Esser 1990: 238). Sie "vereinfachen die Situationen durch die Benennung von dominierenden Situationen" (Esser 1990: 238), während *Schemata* und *Scripts* Muster für kognitive Prozesse darstellen. *Habits* sind zu verstehen als "Bündel sequentieller Reaktionen, die auf bestimmte Umgebungsreize hin ausgelöst werden" (Esser 1990: 234).

Gegenüber dem, was wir als Digitalisierung der Handlungen genannt haben, stellen *Frames* und *Habits* wesentlich komplexere Handlungsstrukturierungen dar. Sie können sogar wie Geschichten organisiert sein, wie das im Weber-Zitat der Fall war. Je geringer die Allgemeinheit der Motivationskomponente in der Erklärung ist, desto ausführlicher muß die Prosafassung der sozialen Ebene sein. Wenn jeder Geld haben will, müssen die Voraussetzungen dafür nicht in der Ebene des sozialen Umfeldes gesucht werden. In der sozialen Welt ist das anders als in der ökonomischen. Die gewünschte nomologische Eindeutigkeit der Erklärung auf der Basis von Wahlen wird hier sehr beansprucht.

Der Nutzenbegriff wird auch mit anthropologischen Grunddispositionen des Menschen in tieferliegenden Entwicklungsschichten seiner biologischen Evolution verbunden. Der Kernbegriff, der diese Verhaltensenergien zusammenfaßt, ist derjenige des Maximierens (vgl. Esser 1993: 227). Das Maximierungsbedürfnis ist ein integraler Bestandteil der Vorstellung von Nutzen als einem motivationalen Medium, über das die Konstitution kollektiver Phänomene erklärt werden soll. Mithin bedarf auch die Nutzenmaximierung der Vorgaben der Rahmung und Gestaltung. Analog könnte man hier sagen: Der Maximierer braucht *Utility Maps*, Maximanden, um seinem Geschäft nachgehen zu können. Ohne diese Maximanden würde ein maximierender Akteur "eher als unberechenbarer Chaot und Hektiker denn als verläßlicher, vernünftiger und besonnener Mensch eingeschätzt werden" (Esser 1990: 244).

Woher stammen Situationsdefinitionen und alle Vorgaben für individuelle Selektionsprozesse und Nutzenmaximierungen? Zweifellos sind sie selbst aus einer Evolution hervorgegangen, die man sowohl als sozial als auch als kulturell bezeichnen kann. Esser sieht für die *Rational Choice*-Analyse deshalb vor, daß auch Situationsdefinitionen als kollektive Phänomene zu bezeichnen sind, die einer Sequenz der Tiefenerklärung zugänglich sind (Esser 1993: 102). Aber um diese Frage soll es hier nicht gehen.

Für die Erklärung sozialer Phänomene über die drei Logiken erscheint, wie gesagt, die Ausgestaltung der Logik der Situation als die problematischste, und das in mehrerer Hinsicht. Das Mikro-Makro-Problem ist den Wahlhandlungen und Selektionsvorgängen selbst insofern immanent, als sich in ihnen die Mehr-Ebenen-Struktur manifestiert. Das berührt auch den kausalwissenschaftlichen Status des *Rational Choice*-Modells. Um dies darzustellen, bedienen wir uns des in unserer Disziplin gut eingeführten Beispiels der Ehescheidungsrate (vgl. Esser 1993: 32f., 66ff.). Selbstverständlich stellt eine Rate ein Makrophänomen dar, das zur Erklärung disaggregiert wird. Durch eine einfache Verfahrensregel wird z.B. die Anzahl der Ehescheidungen eines Jahres zur Anzahl der bestehenden Ehen in Bezug gesetzt. Eine Scheidungsrate setzt sich aus vielen einzelnen Scheidungsakten zusammen (vgl. Esser 1993: 592f.). In diesem Sinne kann von einer kausalen Konstitution sinnvoll die Rede sein. Aber damit sind wir nicht am Ende der Konstitutionsanalyse der Scheidungsvorgänge. Selbstverständlich kann allein die Kenntnis einer hohen Scheidungshäufigkeit den Akteuren eine Situationsbeschreibung vorgeben, welche ihnen bei Eheunzufriedenheit nahelegt, es so zu machen wie andere auch. Auch in diesem Fall muß die Erklärung den Umweg über Akteure wählen, denn nicht die Scheidungsrate beeinflußt die Scheidungen und damit die Scheidungsrate, sondern motivationale Vorgänge in den Köpfen der Akteure, bzw. ihr Maximierungswillen.

Bei näherer Betrachtung sind Scheidungen als Maximierungsvorgänge auf außerordentlich komplizierte und quasisozial ausformulierte Argumentations- und Erlebnisbündel angewiesen. Bis es zu solchen Entscheidungen kommt, erleben und handeln die Menschen in Bahnen von *Frames* und *Habits*, die einem sozial elaborierten Programm folgen. Man könnte auch sagen, die Scheidungsrate habe zwei unterschiedliche Existenzformen, welche zu unterscheiden sind. Erstens gibt es die Scheidungsrate als Ergebnis einer Rechenoperation. Sie ist aber auch zweitens ein motivationaler Effekt, der sich aus einer sozialen Erscheinung ergibt, indem sie für die maximierenden Dispositionen relevant wird. Hier wäre das Maximieren als Verlustminimierung zu fassen (vgl. Lindenberg 1990: 271).

Wir haben es hier mit einer Zurechnungsproblematik zu tun, könnte man argumentieren. Besser erscheint es uns aber auf die Mehrebenenstruktur des Handelns derart zu bestehen, daß sich die Ebene des Nutzens als Ebene der Disposition mit derjenigen der sozialen Handlungsangebote einschließlich ihrer argumentativ-narrativen Unterlegung verbindet. Ohne diesen programmatischen Maximanden wäre es unsinnig von Maximierung zu sprechen, wie es unsinnig wäre, ohne die Ebene der primären Disposition von der Wirksamkeit oder sozialen Geltung von Handlungsalternativen in der Situation reden zu können.

Komplexes auf Einfacheres zurückführen ist die eine notwendige Seite der *Rational Choice*-Analyse; es muß aber u.E. noch befriedigender modelliert werden können, wie sich in der Mehrebenenanalyse der Mikrobereich, z.B. in Mentalitäten und Situationsdefinitionen, konstituiert. An singulären Hinweisen fehlt es nicht. Da ist von "Mikromodellen für die Wahl der jeweils bedeutsamen Handlungen" die Rede (Esser 1993: 92), von Erwartungen und Bewertungen (Esser 1993: 96), von kollektiv verbreiteten Überzeugungen und Handlungsweisen, vom kulturellen Milieu (Esser 1993: 99) oder "Ritualen des Handelns" (Esser 1993: 105); aber diese Wahlangebote müssen mit realistischen Beschreibungen von Handlungszusammenhängen gefüllt werden, die zu Mentalitäten werden können. Diese Erweiterung um kulturelle Ausfüllungen hat sicherlich ihren Preis, weil die Modellierung einige Unschärfen und Freiheitsgrade enthält, die eher idealtypischen Charakter als Hypothesenform aufweisen. Das Modell des *Rational Choice* würde es nicht in Frage stellen, ebensowenig den Informationsgehalt herabsetzen. Allerdings würden die Brückenhypothesen auf diese Weise die Form von Beschreibungen annehmen.

3. Die Gesellschaft der Programme

Typisierungen kommt in den Sozialwissenschaften eine besondere Bedeutung zu. Die Frage lautet nach der vorangegangenen Diskussion, wie man innerhalb der *Rational Choice*-Theorie sozial-kulturelle Schemata typisieren kann. Begriffe wie Rollen, Institutionen und Normen bringen die Gefahr der Verdinglichung der sozialen Welt mit sich. Wir hatten bereits von *Frames* und *Habits* gesprochen, mit denen die Vorgänge der kognitiven individuellen Handlungstrukturierung abgebildet werden sollen. Reifizierend wirken Begriffe wie Rolle, Norm, Sanktion und Sozialisation. Eine andere Gefahr bringen Begriffe mit sich, die Dispositionen wie Einstellung und Präferenz als eine sehr spezifische Festlegung beschreiben. Damit würde die Zweistufigkeit der Analyse ebenfalls verletzt.

Als besonders brauchbar zur Darstellung der Mehrebenenanalyse hat sich das Modell des RREEMM von Siegwart Lindenberg erwiesen (vgl. Lindenberg 1985a: 100). In Abbildung 1 teilen wir die einzelnen Bezeichnungen für die Beschreibung eines angemessenen sozialwissenschaftlichen Menschenbildes nach der Mikro-Ebene 1: vorsozial - Natur des Menschen und der Ebene 2: sozial - Kultur des Menschen aus, um Handeln zu beschreiben. In der Ebene 1 sind sinnvollerweise die Begriffe *resourceful, evaluating* und *maximizing* unterzubringen. In die Makro-Ebene 2 gehören die Begriffe *restricted* und *expecting*. Das zweite M steht für *man*. Mit dem Begriff der Restriktion wird die Rahmung beschrieben, die sozial-kulturellen Handlungen immer vorgegeben ist. Der Begriff der Erwartung gehört insofern in die Ebene 2, weil damit der Horizont möglicher Ereignisse beschrieben ist, auf die hin maximierend ausgewählt wird (*evaluating, maximizing*).

Die Bezeichnung *resourceful* erscheint uns deshalb besonders treffend, weil damit zum Ausdruck gebracht wird, daß mit den gleichen anthropologischen Grundlagen sehr viele, sehr unterschiedliche und auch sehr unwahrscheinliche soziale Zustände herzustellen sind (vgl. Lindenberg 1985a: 109, 1985b: 251). An diesem Konzept ist lediglich zu kritisieren, daß in Ebene 2 das Moment der Handlungsbegrenzung zu dominant ist und der Aspekt der Handlungsleitung und -ermöglichung fehlt. Dieser Gedanke ist besonders von Anthony Giddens vorgebracht worden (vgl. Giddens 1984: 197f.). Wir fügen dem Modell von Siegwart Lindenberg, auch wenn damit das Akronym Schaden nimmt, darum den Begriff *enabling* hinzu.

Abbildung 1: RREE(E)MM-Modell

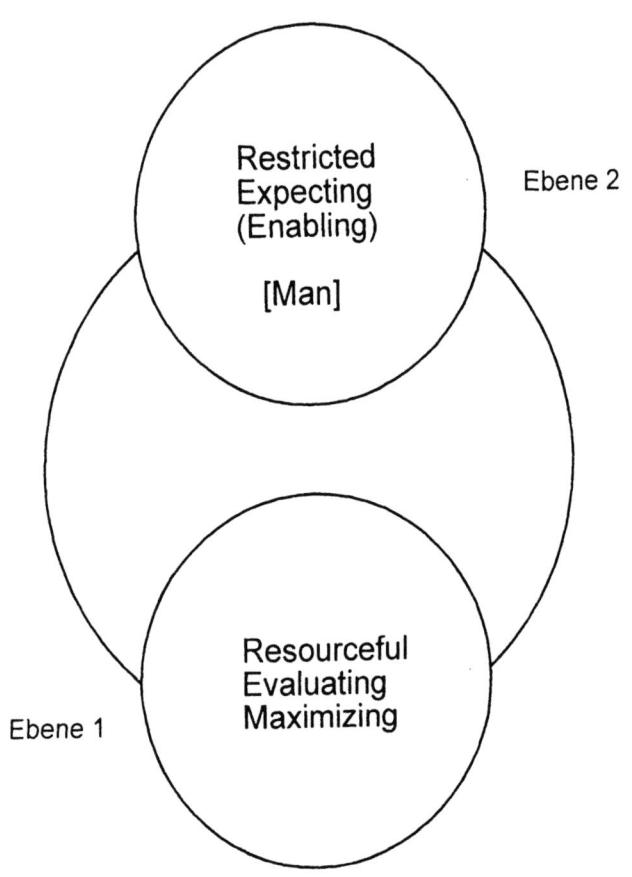

Für das Mehr-Ebenen-Modell des Handelns erscheint es uns sinnvoll, die Ebenen 1 und 2 jeweils durch eine Kurzbezeichnung zu kennzeichnen, weil das modifizierte RREE(E)MM-Modell sich für die weitere Argumentation als zu schwerfällig erweisen würde. Wenden wir uns zunächst der Makro-Ebene 2 zu. Es müßte sich hier um einen Begriff handeln, mit dem das, was unter *Frames, Habits* und *Skripts* verstanden wird, zusammengefaßt wird. Dabei muß deutlich werden, daß es sich lediglich um Angebote für den

Akteur handelt, deren Restriktionscharakter infolgedessen auch erst durch dessen Wahl und Übernahme zustandekommen kann. Die Restriktionen, die mit dem Abfassen von Texten verbunden sind, ergeben sich erst, wenn man sich auf das Schreiben von Texten einläßt. Das entspricht auch der Erscheinung der Lebenswelt moderner Gesellschaften, in denen sich das Handeln von der Seite der Sanktionen, der Vorschriften, Traditionen und fester sozialer Einbindung zugunsten von Angeboten und Empfehlungen, zu Werbungen mit Programmattraktionen in der Konkurrenz der Lebensformen verlagert. In der Literatur werden zum Teil die Begriffe Schema, Routine, Rezept und Modell verwendet. Wir schlagen den Begriff *Programme des Handelns* vor und möchten dies im folgenden näher begründen und sprechen dabei der Einfachheit halber von Programmen, meinen dabei aber stets Programme des Handelns.

Nach unserer Auffassung spricht für diesen Begriff alles, vielleicht mit Ausnahme der Tatsache seiner durch die Verbreitung der Computersoftware bedingten Popularität. Es sind 5 Argumente, in denen sich das RREE(E)MM-Modell wiederfindet: (1) Mit dem Programmbegriff wird bereits eine Zweiebenenvorstellung nahegelegt: Programme haben eine eigene Objektivität, die jedoch verwirklichungsabhängig ist. Sie strukturieren und ermöglichen Vorgänge. Die gängige Unterscheidung zwischen Software und Hardware ist hier trotz ihrer modischen Verbreitung sachlich durchaus angebracht. Programme stellen insofern Angebote dar, sie zwingen niemanden, sondern haben ihre Akzeptanz zur Voraussetzung. Erst mit ihrer Übernahme beginnt die Restriktion durch die vom Programm offerierten Möglichkeiten und Grenzen. Programme machen Erwartungen möglich.

(2) Programme sind evolutionsoffen, d.h. sie sind der modifizierenden Gestaltung wie auch der Veränderung durch den Gebrauch zugänglich. Da sie lediglich ein Nutzungsangebot darstellen, ist auch die Art ihrer Nutzung keineswegs durch sie selbst schon festgelegt. Programme können verstanden werden als das Ergebnis einer Evolution, zu der die Ebene der Primärausstattung gar nicht in der Lage wäre. Programme haben gegenüber der Mikroebene, derjenigen des Handelns, eine eigenständige und ausgelagerte Evolution, die aber gleichwohl in der Mehr-Ebenen-Struktur hereingeholt werden kann.

(3) Programme haben je nach Nutzung und Beanspruchung eine unterschiedliche *Tiefe*. Damit ist gemeint, daß keineswegs alle Programmnutzer in der Kenntnis aller Handlungsmöglichkeiten des Programms die gleiche

Expertenposition haben. Programme sind unterschiedlich transparent. Für das Programm ist es gerade nicht typisch, daß es vollständig und deterministisch festlegt ist. Es ist nämlich angebracht, von unterschiedlichen Nutzungstiefen auszugehen. Die Fachleute, die Esoteriker und Virtuosen sind an Zahl gering, verfügen aber über eine sehr detaillierte Insiderkenntnis. Wäre die Nutzung des Programms von ihnen allein abhängig, fehlte es ihm u.U. am Volumen der sozialen Inanspruchnahme. Daraus könnte sich eine Gefährdung für die Geltung des Programms insgesamt ergeben. Das Programm der demokratischen Wahl zum Beispiel wäre infragegestellt, wenn es in der Praxis nicht auch exoterisch und sozusagen oberflächlich genutzt würde. Im Programm sind Exoterik und Esoterik aufeinander angewiesen.

(4) Der Programmbegriff hat den Vorteil der Interdisziplinarität. Er vermag an eine eingeführte Begriffsbildung in den naturwissenschaftlichen Humanwissenschaften anzuknüpfen. Biologie und Ethologie sprechen von Verhaltensprogrammen, von kulturellen, traditiven Programmen, von Handlungsprogrammen und davon, daß Kulturen programmieren. Der Übergang wird zum Teil auch mit dem ergänzenden Gegensatz von *Genen* und *Memen* beschrieben (vgl. Hennen 1994a: 170).

(5) Programme differenzieren sich in Unterprogramme und haben über ihre Grenzen Affinitäten zu anderen Programmen. Für die Verwendung im Zusammenhang mit dem Handlungsbegriff ist es wichtig, daß Programme als Bündel auftreten. Die Programme enthalten ihrerseits Zielvorstellungen, Beitragsverpflichtungen, Loyalitätsanforderungen, Selbstbilder, symbolische Gehalte, Reputationskonzepte, Durchsetzungsstrategien, Routinen usw.. Insofern werden durch die Benutzung von Subprogrammen manche Formen des Handelns nahegelegt, andere erschwert. Akteure können auf diese Weise durch bestimmte Kernwahlen an einen weiteren Bereich von Programmen gebunden werden. Das ist insofern von Bedeutung, als Programmwahlen oft einen Programmhintergrund haben, der für die Akteure zunächst latent bleibt, in seinen Wirkungen jedoch restriktiv sein kann. Auf diese Weise verpflichten sich die Handelnden in weit umfassenderem Maße, als diese Wahlen für sie selbst zunächst erkennen lassen. Programme haben insofern eine Reusenstruktur. Damit soll mit Lindenberg ausgedrückt sein, daß sich mit dem Eintritt in Programme die Kostenstruktur der Akteure derart verändert, daß ein Austritt zunehmend teurer zu stehen kommt (vgl. Lindenberg 1984: 182).

Wir haben bereits davon gesprochen, daß der Gesellschaftsbegriff als Kennzeichnung der Makroebene denkbar unpraktisch ist. Wir möchten deshalb empfehlen, sich soziale Wirklichkeit als eine *Gesellschaft von Programmen* vorzustellen. Wir meinen damit, daß die Programme untereinander mehr oder weniger fest verbunden sind. Unterschiedliche soziale Systeme wie Ökonomie, Politik, Ausbildung, Freizeithandeln, Therapie, Sport, Kultur, Familie oder Konsum sind in Programmen ausgebildet und über Programme miteinander verbunden.

4. Programm und Motivation

Wir verlassen jetzt die Makroebene der Programme und wenden uns der Mikroebene zu, die als Ebene der Maximierung und der Wahl beschrieben worden ist. Es ist die Ebene, in der sich die Evolution der menschlichen Natur zu einem relativ stabilen und invarianten Satz von fundamentalen Antrieben ausgeprägt hat. Wenn man die Mikroebene als eine Ressource bezeichnet, so ist sie das für die Programme. Programme wiederum sind als externe Ressource für die Mikroebenen zu verstehen. Sie bieten die Chance der Eröffnung von Handlungsmöglichkeiten - Maximanden. In der kognitionswissenschaftlichen Sprache sind soziale Prozesse als interkortikal zu verstehen, die sich in den Handelnden jeweils intrakortikal niederschlagen. Wie ist diese Ebene in Korrespondenz zur Programmebene deutlicher zu benennen?

Die *Rational Choice*-Theorie bietet dazu die Begriffe Maximierung, Nutzen und Wahl an. Diese Begriffe verweisen alle bereits auf das dynamische Moment der Mikroebene 1, das in deren Kopplungseignung für die Makroebene 2 zu sehen ist. Dieser unspezifischen Bereitschaft der Motive, die Welt der Makroebene zu bewerten, liegt ein Generalisierungsvorgang zugrunde. In diesem zeigt sich der mediale Charakter des Nutzens und des Affektes. Es geht in der Mehr-Ebenen-Analyse ja nicht allein um die Frage, wie ein einzelnes Individuum seinen Nutzen definiert, sondern auch darum, wie sich diese Nutzenvorstellungen zum Programmnutzen aggregieren. In den Sozialwissenschaften hat aber nicht nur die Ökonomie eine solche motivationale Generalisierung zum Ausdruck gebracht, die den Charakter eines Mediums aufweist. Auch die Psychologie und die sozialökonomische Verhaltensforschung haben sich der Frage der motivationalen Grunddisposition angenommen. In der Soziologie kann mit Simmel darauf verwiesen werden, daß jede motivationale Inbetriebnahme von Programmen der Handlungsorganisation eine *Affektkomponente* enthält (vgl. Hennen 1990: 59).

Analog zum Nutzenbegriff ist unter Affekt nicht diese oder jene spezifische Emotion gemeint, sondern ein Medium, das über die Zustimmung und Ablehnung von Programmen entscheidet. Für die Beschreibung von Motivationen ist der Affektbegriff unverzichtbar, weil er die Mobilisierung physischer und psychischer Ressourcen charakterisiert. Über diese Ressourcen erfolgt die Energetisierung von Programmen. Besonders die Entscheidung für weltanschaulich und moralisch gefärbte Programme und solche Programme, deren Vorteile sich wegen ihrer Verschachtelung und Tiefe nur schwer in der ökonomisch gefaßten Nutzentheorie ausdrücken lassen, kann mit der Einbindung von Affekt eher konzipiert werden. Dem Nutzen in der Ökonomie entspricht der Affekt in der Motivationspsychologie. Die beiden Begriffe stellen nach unserem Verständnis lediglich verschiedene Aspekte eines Mediums motivationaler Generalisierung dar. Nutzen/Affekt-Bewertungen begleiten, bewerten, maximieren und energetisieren alles soziale Geschehen. Um diese beiden Begriffe zusammenfassend zu kennzeichnen, wählen wir den Begriff *Motiv*.

Die psychologische Motivationstheorie definiert Motive als "solche Inhaltsklassen von Handlungszielen ..., die in Form überdauernder und relativ konstanter Wertungsdispositionen" (Heckhausen 1989: 9) existieren. Dabei werden Motive ausdrücklich nicht auf physiologisch bedingte Bedürfnisse bezogen (Heckhausen 1989: 10). Das entspricht einem Abgrenzungsinteresse der Psychologie. Für ein analytisches Modell der Mehrebenenanalyse, wie es hier dargelegt wird, muß die Konstanz der Handlungsdispositionen hingegen nicht in der jeweiligen Persönlichkeitsstruktur gesucht werden, sondern in generalisierten Zielen. Motive entsprechen in diesem Verständnis dem, was Lindenberg allgemeine menschliche Ziele nennt. Darunter versteht er physisches Wohlergehen, soziale Anerkennung, Verlustminimierung und viertens eventuell Geld als eine besonders flüssige Form der Motivation (vgl. Lindenberg 1990: 270). Die *Rational Choice*-Theorie betont zu Recht die Bedeutung der menschlichen Natur für die Erklärung im Rahmen der Mehrebenenanalyse.

Damit kontrastieren wir die Motive in der Mikroebene mit den Programmen der Makroebene. Der Motivbegriff energetisiert soziale Programme und verschafft ihnen eine generelle Akzeptanz durch die Akteure. Programme sind ihrerseits von ihrer Attraktivität abhängig. Wir können das auch so ausdrücken: Handeln muß im Sinne der Mehrebenenorganisation grundsätzlich als zweiseitig motiviert modelliert werden. Dem Motiv aus Nutzen/Affekt steht ein Programm gegenüber. Es fehlt jetzt noch eine Darstellungsmöglichkeit, um diese beiden Ebenen anschaulich durch einen Begriff zu verknüpfen.

Die Zweistufigkeit hat ja gerade nicht die Form eines Nebeneinanders, sondern einer Kopplung. Mit der sozial-kulturellen Genese der Motivation ergibt sich eine analytisch fruchtbare Fassung der Verankerung des Motivhaushaltes. Weder die unspezifische Nutzenorientierung wäre für sich genommen ausreichend, noch wären es die Programme ohne die positive Bewertung und Akzeptanz durch die Ebene der Grundmotive. Dieser Sachverhalt soll mit dem Begriff der *Bindung* erfaßt werden. Mit Bindung läßt sich das Zusammenwirken von zwei Klassen von Ressourcen beschreiben: Als Internalisierung von Programmressourcen einerseits und als Externalisierung von Motivressourcen andererseits. In Webers Beschreibung stellen die Erlösungswege eine Ressource für die Intellektuellen dar, deren Verlust minimierende Suche nach Sinn ist eine Ressource für die Erhaltung des Programms der Erlösungswege.

Bindung ist eine athematische Kategorie der Sozialwissenschaft. Bindung ist als Übergang von der Integration durch das persönliche Band zur Betriebs- und Anstaltsintegration (vgl. Weber 1976: 28ff.) gefaßt worden. Bindung ist zum Teil auch als zentraler Begriff gewählt worden, so von Durkheim, Simmel, v. Wiese, Mauss, Parsons und Shils. Bindung ist in der Form von Loyalität (vgl. Hirschman 1974), als Bindung in Netzwerken (vgl. Granovetter 1974: 97ff.), als Affiliation, als Verpflichtung, commitment oder attachment, als Identifikation oder Abhängigkeit, als Option und Ligatur beschrieben worden (vgl. Hennen 1994a: 145f.). Der Anthropologe Geertz hat gezeigt, wie soziale Wirklichkeiten weltweit nicht als Staaten und Nationen empirisch wiederzugeben und zu vergleichen sind, sondern allein als Bindungen und Loyalitäten (vgl. Geertz 1994: 395ff.).

Wir kennen Bindung als Personenbindung, Gruppenbindung, Objektbindung, Symbolbindung oder Produktbindung. In unserem Konzept jedoch geht es um Programmbindung. Diese Dimension der Bindung mag zunächst erstaunen. Wenn wir oben gesagt haben, Programme begrenzten, kanalisierten, ermöglichten, so muß es ja strenggenommen heißen, daß dies für Akteure erst gilt, wenn sie sich an Programme über die Motivebene binden. Das Verständnis der Programmbindung als eines zweiseitigen Vorgangs garantiert auch, daß für die Sozialanalyse nach keiner Seite hin eine Verabsolutierung erfolgen kann: Es muß sowohl die Bedingung erfüllt sein, daß Programme als nützlich und affektiv motivierend empfunden werden, als auch diejenige, daß in umgekehrter Perspekive Programme Geltung besitzen müssen, um sozial existenzfähig zu sein.

Jetzt verfügen wir auch über die Voraussetzungen für einen Begriff der sozialen Motivation. Von *Motivation* soll dann gesprochen werden, wenn sich Motive an Programme gebunden haben. Motivation versteht sich also als ein zweiseitiger Vorgang. Um von Motivation zu sprechen, müssen sowohl Ursachen (Motive) als auch Gründe (Programme) vorliegen. Das "irreführende Bild zweier paralleler Ketten von unabhängigen, aber doch (zeitlich) koordinierten Elementen, nämlich einer Kette von Gründen und einer anderen von Ursachen" (v. Wright 1994: 246) kann damit korrigiert werden. Die mit Programmen verbundenen Versprechungen verbinden sich in der Motivation mit den dafür verlangten Verzichtleistungen, Opfern und Kosten. Die Psychologie fragt nach individuellen Bereitschaften, die Sozialtheorie nach generalisierten Bereitschaften in der Form von Bindungen.

Das ist von praktischer Relevanz. Um ein Urteil über die zukünftige Chance abzugeben, ob in einer bestimmten Weise gehandelt wird - man erkennt die Fragestellung Max Webers - sind die fraglichen Programme auf ihren von den Akteuren zugeschriebenen Nutzen/Affekt-Wert zu untersuchen. Wenn sich die Definition ausbreitet, daß ein Programm *es nicht bringe*, so ist das eine wichtige Nachricht über sein nahendes Ende. Motivationen als zweiseitige Handlungsbereitschaften (vgl. Hennen 1994a: 155) haben ihre Konjunkturen. Jede Form der Sozietät und Kultur, jede gesellschaftliche Wirklichkeit benötigt unaufhörlich die beschriebene Investitionsbereitschaft, Verzichtleistungen und die Bereitschaft, Gratifikationsaufschub zu erdulden.

Als Beispiel einer soziologischen Motivationstheorie kann die *Rational Choice*-Theorie verstanden werden. Dies verdeutlicht der analytische Übergang von Nutzenfunktionen zu Produktionsfunktionen, wie er von Lindenberg vorgestellt worden ist. Er hat dazu die bereits erwähnten zwei Klassen von Gütern eingeführt: Fundamentale Güter (und Bedürfnisse) und instrumentelle Güter (und Bedürfnisse). Der Produktionsvorgang verbraucht fundamentale Güter, um instrumentelle Güter herzustellen, welche wiederum der Befriedigung der fundamentalen Bedürfnisse dienen. Die Austauschbarkeit der Bezeichnung Fundamentalität und Instrumentalität weist hier darauf hin, daß diese Vorgänge als zweiseitige Modellierung beschrieben werden müssen. Mit dieser Vorstellung der Produktionsfunktionen wird der wichtige Sachverhalt deutlich, daß Menschen in ihren unspezifischen Dispositionen nicht verharren können und ohne Bindungen an Programme lebensunfähig sind. Sie benötigen den Umweg über die Anbindung an Programme, um sich selbst verwirklichen zu können. Das ist im Kern eine Motivationstheorie.

Auch Opp hat den Motivationsbegriff als Motivationshypothese in die Modellierung des sozialwissenschaftlichen *homo oeconomicus* eingeführt. Die Motivationshypothese beschreibt neben der These der Handlungsbeschränkung und derjenigen der Nutzenmaximierung die Kernannahmen des ökonomischen Verhaltensmodells (vgl. Opp 1989: 105). Wir erkennen unschwer die Elemente der zweiseitigen Handlungsregulation in der Maximierungs- und der Restriktionsthese wieder, die Motivationsthese stellt nach der hier vertretenen Auffassung eine Klammer für beide dar.

Wenn hier von Motivation als sozialer Motivation auf der Basis von Generalisierungen die Rede ist, so bedarf das einer weitergehenden Systematisierung. Um die Vorgänge der Programmbindung und damit der Motivation angemesssen konstruieren zu können, bedarf es der Unterscheidung mehrerer Dimensionen, welche die Bindung nahelegen können. Sie lauten: persönlich, zeitlich, sachlich, sozial. Diese Dimensionen sollen ein Modell der Konstitution von kollektiven Phänomenen beschreiben. Diese Analyse ist voraussetzungsvoll und bedarf zunächst einer Darstellung, für die naturwissenschaftliche Vorlagen in der Form sogenannter kreativer Zirkelschlüsse existieren.

Kreative Zirkelschlüsse sollen Vorgänge des Lebens und des Sozialen transparent machen (vgl. Dupuy, Varela 1991: 247). Dabei geht es darum, sogenannte rekursive Strukturen als eine zirkuläre Organisation zwischen einer niedrigeren und einer höheren Ebene zu konstruieren (vgl. Varela 1990: 42, 84). "Die Form dieser Logik ist diejenige zweier Ebenen, die unterscheidbar sind und doch eng miteinander verknüpft sind." (Dupuy, Varela 1991: 253) Die Abbildung 2 nach Dupuy und Varela zeigt schematisch, wie sich Proteine einerseits in ein genetisches Programm umwandeln, in die DNA, und gleichzeitig deren permanente Transkription ermöglichen. Dabei sind die Proteine andererseits selbst durch das Programm codiert. Die Proteine stellen die eine Ebene, das genetische Programm die andere dar; beide sind durch eine *operationale Schließung* miteinander verknüpft.

Abbildung 2: Kreativer Zirkel, Proteine und genetisches Programm

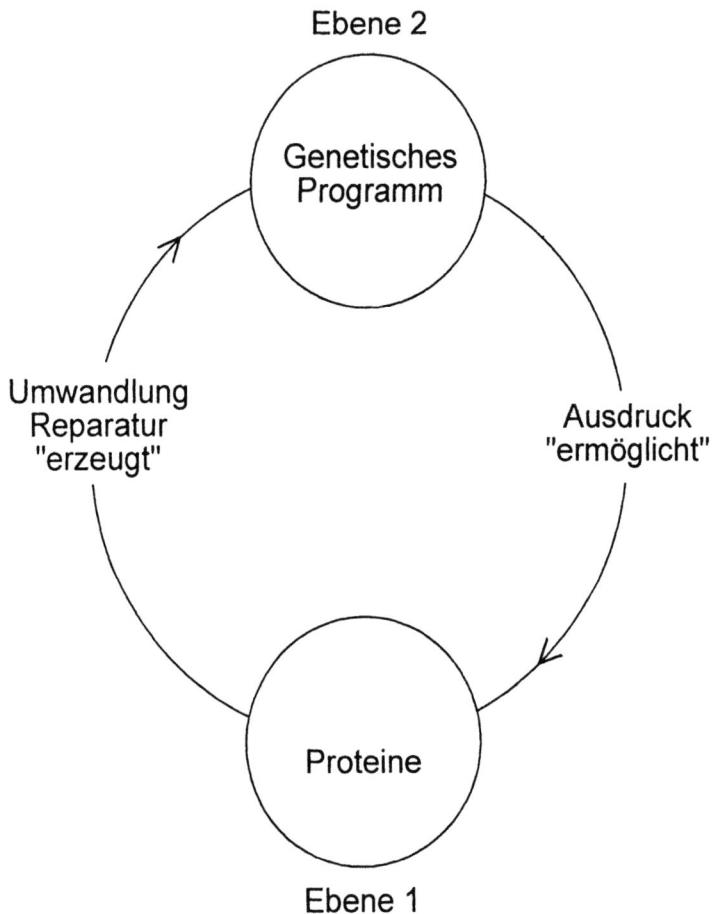

Analog zu Abbildung 2 läßt sich zeigen, daß die Bildung von Motivation mit dem gleichen Schema darstellbar ist (vgl. Hennen 1994a: 156). Abbildung 3 geht zunächst von den beiden eingeführten Ebenen der Motive und Programme aus, mit der Natur als interne Ressource und Kultur als externe Ressource verbunden werden. Abbildung 3 schildert nicht die Motivation eines einzelnen Akteurs, sondern die Bildung sozialer Motivation in kollektiven Prozessen. In der Bindung der Motive an die Programme ist ein Allokationsvorgang zu sehen. Unter Allokation ist hier die Zuteilung knapper Ressourcen in der Form der Motive für die Energetisierung von Programmen zu verstehen. Die Bindung der Programme an die Motive vieler Akteure ermöglicht deren Inbetriebnahme. Erst die Bindung von Motiven setzt die Motive instand, sich die Ressourcen der Programme zu eigen zu machen.

In umgekehrter Richtung gibt es einen Allokationsprozeß anderer Art. Wie wir später ausführen werden, verändern sich die Programme durch die Nutzung ständig, sie unterliegen einer Evolution. Damit ist nicht gemeint, sie entwickelten sich zum Besseren, sondern lediglich, daß mit der Bindung an Motive in kollektiven Prozessen über die Zeit hin die Programme fortlaufenden Variationen ausgesetzt sind. Motivationen konstituieren und verändern sich entsprechend mit.

Nun zu den Dimensionen der Motivation und den verschiedenen Generalisierungsvorgängen. Unter Generalisierung von Bindungen ist hier zunächst zu verstehen, daß die Bindungsvorgänge für eine Sozialtheorie nicht jeweils als ein singuläres Ereignis anzusehen sind, sondern viele Personen betreffen. Trotzdem ist es sinnvoll eine Perspektive der Generalisierung der individuellen Motive von derjenigen der kollektiven Generalisierung der Programme zu unterscheiden. In der ersten Sichtweise führt der Weg der Analyse von den Motiven zu den Programmen; hier erfolgen die Wahlen. In der zweiten führt sie von den Programmen im Uhrzeigersinn zurück zu den Motiven, hier entscheidet sich, welche Programme über die Akzeptanz in Gang gehalten und variiert werden. Das wollen wir als Geltung bezeichnen. Die beiden Halbkreise entsprechen dem, was man als Bedingungshierarchie bzw. Trägerschichten und Steuerungshierarchie bzw. -schichten unterschieden hat (vgl. Jensen 1980: 63; 1983: 54). Diese beiden Wege sind in der Abbildung 4 als individuelle Generalisierung und als kollektive Generalisierung bezeichnet. Mit dem Durchlaufen der vier Dimensionen soll das im folgenden noch deutlicher werden. Wir beginnen mit der Darstellung der Dimensionen der individuellen Generalisierung.

Die persönliche Dimension der Generalisierung bedeutet, daß Akteure etwas in Programmen Vorformuliertes zu ihrer Sache machen. Akteure finden es angemessen, ihr Selbstbild mit bestimmten Handlungen zu verbinden, die einem Programm zuzuschreiben sind. Sie leben in Handlungen und entwickeln damit eine Identität, von der wir wissen, daß sie sich immer aus bereits sozial vorgefertigten Elementen aufbaut. Dieser Vorgang ist sozialwissenschaftlich bereits hinreichend als derjenige der Perspektivenübernahme durch das Ich beschrieben worden.

Abbildung 3: Kreativer Zirkel der Motivation

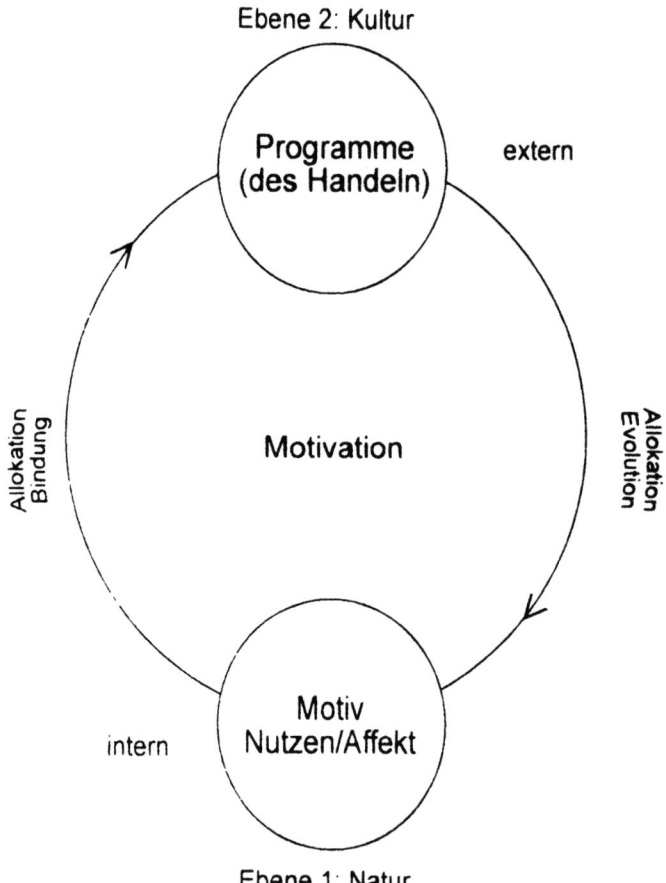

In zeitlicher Dimension geht es darum, daß Akteure bereit sind, zugunsten ihrer Motivebene auf die unmittelbare Belohnung zu verzichten. Die Nutzen- und Affektsuche verlangt immer, besonders aber bei allen anspruchsvolleren Programmen, Investitionen und zeitlichen Aufschub. Den Motiven ist aufgrund der Konstruktion des menschlichen Zentralnervensystems eigen, zukünftiges geringer als gegenwärtiges einzustufen. Dieser Diskontierungsvorgang (vgl. Frank 1992: 75, 83) ist zu kompensieren. Motivation setzt Gratifikationsaufschub voraus.

Abbildung 4: Dimensionen der Motivation

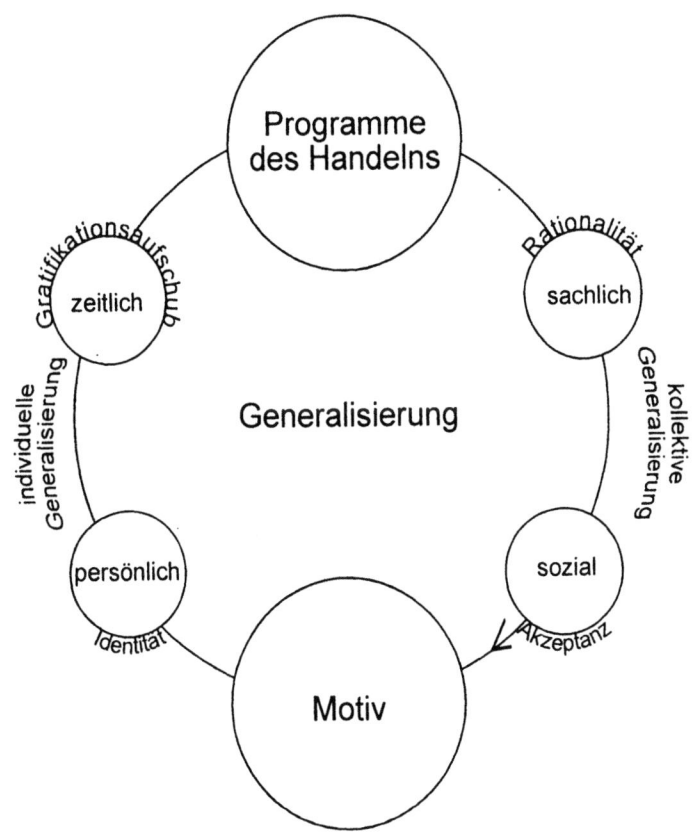

Wir wechseln nun zur kollektiven Seite von Motivation. die sachliche Dimension ist darin zu erblicken, daß Programme in der Lage sein müssen, sachlich dadurch überzeugen zu können, daß sie sich als fähig erwiesen haben, bestimmte Probleme zu lösen. Diese Kapazität der Problemlösung muß zwar Individuen überzeugen können, die Überzeugungskraft muß jedoch kollektiv bereits wiederholt unter Beweis gestellt worden sein. In diesem Sinne pflegen technische Verfahren ebenso wie Rechenoperationen oder politische Argumente Ergebnis einer Erfolgsgeschichte zu sein, an der bereits viele Generationen von Akteuren mitgewirkt haben. Wir wählen für diese Dimension den Begriff *Rationalität*. Das mag überraschen, weil die Rationalität gemeinhin den Akteuren, nicht jedoch den Programmen zugewiesen wird. Wir werden auf diese Frage im nächsten Kapitel zurückkommen.

Von der sachlichen Dimension läßt sich die soziale absetzen. Sie verweist darauf, daß Programme nicht kraft ihrer Fähigkeit, Probleme lösen zu können und über Rationalität zu verfügen, Akzeptanz finden, sondern durch die Tatsache, daß bereits in einer bestimmten Weise im Kollektiv gehandelt wird oder auch dadurch, daß bestimmte Handlungsformen aus der Mode gekommen sind. Es spielt dabei keine Rolle, ob das Handeln anderer zu einem gleichen oder zu einem anderen Handeln veranlaßt. Mit der sozialen Dimension kommt der Dritte, der sachlich Unbeteiligte, ins Spiel. Die soziale Generalisierung kompensiert oft das fehlende Verständnis in sachlicher Hinsicht. Wenn der sachliche Wert eines Programms schwer abzuschätzen ist, gewinnt die Orientierung am Verhalten anderer an Bedeutung, deren Inanspruchnahme von Programmen kann dann für eigene Bindungen den Aussschlag geben. Mit der sozialen Dimension kommt deshalb die Abhängigkeit von anderen am deutlichsten zum Ausdruck. Es gibt auch Fälle, in denen diese Abhängigkeit sogar sachlich mitbegründet ist, z.B. dann, wenn technische Verfahren nur durch große Verbreitung in den Bereich der Kostendegression kommen, oder wenn bei politischen Wahlen das Wahlverhalten der anderen von entscheidender Bedeutung ist. Erst mit der sozialen Dimension schließt sich der kreative Zirkel der Motivation. Erst wenn Programme eine kritische Akzeptanzschwelle überschreiten, können sie in großen, schwer überschaubaren Sozialsystemen wahrgenommen und zu Motivationen werden. Die Akzeptanz wird zur Voraussetzung für weitere Inanspruchnahme. Die sozial und kulturell in Programmen gespeicherte Erfahrung muß den Motiven zugänglich sein, damit diese sich ihrer bedienen können (vgl. hierzu auch den Beitrag von Gilleßen und Mühlau in diesem Band).

Hieran ist zu erkennen, daß diese Wahlvorgänge sich als wesentlich komplexer herausstellen, als dies in den Logiken der Situation und Selektion zum Ausdruck kommt. Die vier Dimensionen lenken den Blick auf die Voraussetzungen von Handeln, das insofern immer sozial ist, als es programm- und motivgesteuert einer zweiseitigen Konstitution unterliegt (vgl. Hennen 1989: 266f.). Diese Darstellung der Verbundenheit soll auch darauf hinweisen, daß jede Beeinflussung sozialer Erscheinungen sich der Beschreibung der Motivebene wie derjenigen der Programmebene zu widmen hat. Die Berücksichtigung der verschiedenen Dimensionen ermöglicht differenziertere Beurteilungen von Motivationen, um Informationen über die Wahrscheinlichkeit von Verhaltensänderungen zu erhalten.

Für den Motivationsbegriff spricht auch eine Reihe von Befunden, deren Bedeutung für moderne, zeitgenössische Gesellschaften hervorgehoben werden. Motivationen werden dabei direkt oder indirekt thematisiert. Bindungen gelten als knapp. Motivation erscheint als das positive Gegenstück zum Trittbrettfahrer und Defekteur. Wir sind daran gewöhnt, daß beispielsweise in Organisationen oder im Leistungssport ausdrücklich von Motivation als rarem Betriebsstoff die Rede ist; wir hören von dieser Knappheit, wenn in Unternehmen das Schlagwort von der inneren Kündigung die Runde macht; Politiker sprechen von mangelnder Akzeptanzbereitschaft, Politikwissenschaftler von Partizipationsdefiziten; Mediziner beklagen das Fehlen der *Compliance* von Patienten, Marketingstrategen ringen um Markentreue, Fernsehanstalten bewerten in Einschaltquoten, Kommunikationswissenschaftler untersuchen *Channel Loyality*; Verbandsfunktionäre beklagen den Mitgliederschwund, Kirchen zunehmende Austritte. Trennungen und Scheidungen aller Art machen deutlich, wie die Definitionen der Situation, die wir unserem Leben geben, wechseln und instabil geworden sind (vgl. Esser 1992: 140).

5.   Akkumulation und Rationalität

In diesem letzten Kapitel befassen wir uns mit dem Rationalitätsbegriff, dem in der *Rational Choice*-Theorie eine zentrale Bedeutung zukommt. Wir möchten zeigen, daß Rationalität, anders als in den drei Logiken, welche als die "drei Schritte einer soziologischen Erklärung" (Esser 1993: 93) eingeführt sind, als vierte Logik eine besondere Berücksichtigung verdient. Bisher haben wir uns überwiegend den Logiken der Situation und Selektion zugewandt. Wir möchten hier zunächst kurz auf die Logik der Aggregation eingehen, bevor wir uns derjenigen der Akkumulation zuwenden. Nach Esser liegt in der Aggregation die komplizierteste (vgl. Esser 1993: 97), nach Coleman die wichtigste Aufgabe für die sozialwissenschaftliche Theoriebildung der Zukunft (vgl. Coleman 1986: 1322). Während man, Esser folgend, Motivationen verstehend nachvollziehen kann, ist das bei Aggregationsvorgängen nicht mehr möglich. Da diese in Interdependenzsystemen mit vielen Wechselwirkungen stattfinden, sind die wechselnden Wahl- und Bindungsvorgänge vieler Akteure den Handelnden nicht mehr nachvollziehbar (vgl. Boudon 1980: 81ff.).

In dieser Interdependenz tritt systematisch die Differenz von Handlungszielen und Handlungsfolgen auf. Sie gelten als nichtintendierte Handlungsfolgen, und werden als Paradoxien erlebt. Solche Effekte sind deshalb für die Konstitution des Sozialen von besonderer Bedeutung, weil sie als ein undurchschaubarer Mechanismus erscheinen, der die Eigenständigkeit einer sozialen Welt nahelegt, die nicht durch Handeln beeinflußbar zu sein scheint. Wir möchten im Rahmen der Konzeption sozialer Motivation hier lediglich darauf hinweisen, daß diese Aggregationseffekte unter Berücksichtigung motivationaler Prozesse und Programmbindungen besser abgebildet werden können.

Um das zu veranschaulichen, beschreiben wir einen Fall von Aggregationseffekten, wie sie sich in Feldern sozialpolitischer Intervention typischerweise ergeben. Das liegt daran, daß hier immer schon die Intervention mit der Absicht verbunden ist, auf soziale Motivationen und deren Programmbindungen einzuwirken. Einige KFZ-Versicherungen haben nach Aufkommen von Antiblockier-Bremssystemen mit der Absicht der Reduzierung von Unfällen Anreize für den Kauf von Fahrzeugen schaffen wollen, die mit dieser Technik ausgerüstet als sicherer galten. Aus diesem Grund wurden die Prämien für diese Wagen gesenkt. Bald sahen sich die Versicherungsgesellschaften gezwungen, diese Vergünstigung zurückzunehmen. Es hatte sich der paradoxe Effekt eingestellt, daß sich gerade mit diesen als sicher geltenden Fahrzeugen die schweren Unfälle häuften.

Wie ist das zu erklären? Man kann auf diese Frage nur dann eine theoretisch befriedigende Antwort finden, wenn gezeigt wird, wie auf der Ebene der kalkulierenden und affektiv bewertenden Motive unterschiedliche Programme gebunden und gelöst werden, weil andere und neue Programme nahegelegt werden. Selbst dieser scheinbar einfache Prozeß verdeutlicht, wie sich Programme durchkreuzen und dabei in der Rekonstruktion immer wieder den Weg über die Motivebene nehmen. Das Programm der Verkehrssicherheit überzeugt die Assekuranzfachleute und legt ihnen ein Programm des Versicherungsangebotes nahe. Aber das trifft auf das Motiv der Autofahrer, das über die Faszination des sicheren Rasens ein neues Programm schöpft, das sich genaugenommen erst entwickeln muß. Wahrscheinlich geht das nicht ohne Kolportagen, welche den Reiz dieses Verhaltens verbreiten. Daraus ergeben sich Unfälle und Unfallstatistiken. Das wiederum verändert die ursprünglichen Kalkulationen der Versicherer. Die Motive sind in dieser Abfolge sozusagen auf dem Sprung, angebotene Wege des Handelns auszunutzen und neue zu schaffen. Aggregationsprozesse können nachgezeichnet und sogar begrenzt prognostiziert werden, wenn man Motivvorgänge zu antizipieren versucht. Wer könnte, im Geflecht der Handlungen und Handlungsfolgen seine Vorteile sehen oder entdecken?

Diese Schilderung verdeutlicht, daß Programme sich verschachteln. Kostenersparnis, Techniknutzung oder Fahrstil haben Programminterdependenzen, zu deren Analyse jeweils die Mikroebene mit den entsprechenden Bindungen rekonstruiert werden muß. Das ist nur ein kleiner Einblick in dynamische Sozialprozesse. Aus den permanent neu entdeckten Nutzen- und Affektnischen ergeben sich Programmodifikationen und die Schöpfung neuer Programme. Für diese Art der motivationsbedingten Variation des sozialen Geschehens kann nach unserem Verständnis der Begriff der *Induktion* nutzbar gemacht werden. "Induktion soll als die Auslösung eines Vorgangs im Sinne eines Ausstrahlungseffektes verstanden werden. Dieser Ausstrahlungseffekt vollzieht sich dabei nicht auf festliegenden Kausalitätsbahnen, sondern ist eher ein Überraschungseffekt in einem Variablenfeld, das exogen verändert worden ist." (Hennen 1990: 136)

Die Entstehung neuer Modi der Handlungsleitung kann im Modell der Theorie der rationalen Wahl abgebildet werden. Der Gedanke der Restriktion ist hier allerdings unzureichend, weil er nur einen Aspekt betont, wie wir gezeigt haben. Die Erzeugung von Handlungswissen ist aber nicht nur ausschlaggebend für die Kultur innerhalb der Gesellschaften, sondern auch in der intergesellschaftlichen Konkurrenz. Kulturkonflikte sind zu einem großen Teil Programmkonflikte, deren Unverträglichkeiten ausgestanden werden müssen. Wir alle wissen aber, wie schwierig es sein kann, Programme der einen Kultur gegen diejenigen einer anderen Kultur auszutauschen. Hierzu sind nicht nur Nutzenkalkulationen, sondern mindestens ebenso die Affekthaushalte verantwortlich.

Die fortlaufende Veränderung der sozialen Angebote an Handlungswissen wird als kontinuierliche Induktion von Programmen und Motivationen beschreibbar. Dies hat Auswirkungen auf die *Rational Choice*-Vorstellung der Handlung als Folge der rationalen Wahl des Akteurs. Wir hatten bereits darauf hingewiesen, daß der Rationalitätsbegriff insofern Akkumulationsprozessen unterliegt, als er die Problemlösungskapazität der Programme beschreibt, welche über viele Stationen des Programmhandelns und der aufeinander aufbauenden Programmodifikation evolutionär erzeugt wird. Dieser Gedanke der sich in den Programmen niederschlagenden Akkumulation von Handlungsrationalität kommt in der *Rational Choice*-Theorie u.E. entscheidend zu kurz. Für die Theorie des *Rational Choice* beschreibt Esser Rationalität, einer Terminologie Alfred Schütz folgend, mit der Betonung, die *Rational Choice*-Theorie "setzt keine *Rationalität des Wissens* voraus, wohl aber eine *Rationalität der Wahl*" (Esser 1991: 240). Sie ist damit entweder mit Nutzen zu identifizieren oder aber mit der Wahl aufgrund subjektiver Kalkulation gleichzusetzen.

Es erscheint uns selbstverständlich, daß hier der Maßstab objektiver Rationalität im Sinne von metaphysischen Richtigkeitsvorstellungen gar nicht zur Debatte steht. Allerdings muß man diesen Objektivitätsbegriff für eine Sozialtheorie auch gar nicht bemühen. Davon zu unterscheiden ist aber jenes Vorwissen, welches in evolutionär durch Versuch und Irrtum über längere Zeiträume entstandenen und auf diese Weise sozial bewährten Handlungspraktiken zu sehen ist. Programmen kommt eine problemlösende Effektivität zu, für die der Begriff Rationalität angemessen ist. Jedenfalls ist diese Form der Akkumulation des Wissens sozial höchst bedeutsam.

Das Faktum der Wahl eines Programms, also die Tatsache des Orientiertseins per se, ist zur Beschreibung der Rationalität einer Handlung völlig unzulänglich. Die Handlungswahl erscheint hingegen dann und insoweit rational, als sie sich zur Problemlösung bestimmter Rationalitätsformen bedient, die nur in Programmen aufgehoben sein können. Man braucht weder das Alphabet noch das Bruchrechnen und auch nicht Yogatechniken zu erfinden, sondern kann sich ihrer bedienen. Rationalität erscheint gerade in ihren anspruchsvolleren Formen als unauflösbar programmgebunden, und sie kommt Handlungen zu, wenn diese den Programmen des Handelns folgen, die in einem sozialen System bereits über einen langen Zeitraum motivationalen Zuspruch anderer Akteure gefunden haben. Sie sind als feste

Motivationen geronnen und repräsentieren einen bewährten Handlungsvollzug.

Ein so verstandenes Rationalitätskonzept bestreitet also nicht, daß die Rationalität der Handlung durch die Rationalität der Wahl ausgemacht wird, versteht aber diese Rationalität der Wahl zumindest auch als Rationalität des gewählten Programmes. Und diese Rationalität des Handelns ist nicht allein das Resultat individuell nutzenmaximierender und die Selektion von Handlungsalternativen vorbereitender Akteurskalkulation, wie es von der Theorie des *Rational Choice* konzipiert wird. Sondern sie unterliegt selbst einer in den Programmen geborgenen *Weisheit der Vergangenheit*, wie Campbell es einmal genannt hat (vgl. Hennen 1994b: 297). Manchmal müssen viele Generationen am Zustandekommen besonders virtuoser und komplexer Problemlösungen mitwirken.

Ein solches Verständnis der Rationalität des Handelns läßt analog zur Zweistufigkeit des Motivationsgeschehens eine Zweiseitigkeit der Rationalität erkennen. Eine programmfreie Rationalität ist genaugenommen nur schwer zu finden. Kognitiv anspruchsvolle Vorgänge, wie sie in Sprachen und Sondersprachen, Logik, Fertigkeiten und allen höheren Formen des Wissens und Könnens zu finden sind, müssen nicht nur als kortikale Vorgänge gedeutet werden, sondern auch als interkortikale Abläufe. Interkortikal ist sozusagen die physiologische Transkription der sozialen Wirklichkeit. Der einzelne Neokortex ist klug genug, um akkumuliertes Vorwissen aufzunehmen, ist aber damit überfordert, es selbst in einem Schritt zu erzeugen. Die Leistung des menschlichen Gehirns besteht gerade in der interindividuellen Akkumulation des Wissens. Dieses Wissen individuell aufzunehmen, gehört zwar zu diesem Vorgang, ist aber nur eine Seite der Münze.

Rationalität muß folglich sowohl einen subjektiv einsehbaren und erkennbaren Nutzen haben, als auch eine Chance sozialer Verbreitung, Speicherung und Zirkulationsfähigkeit. Eben dafür sorgt Motivation als Programmbindung. Mit Geltung ist seit Max Weber diejenige Existenzform des Sozialen beschrieben, die sich aus der Akzeptanz durch hinreichend viele Mitglieder des Sozialsystems ergibt, bzw. durch die Wahrscheinlichkeit, daß in einer bestimmten Weise gehandelt wird (Chance). Für die Rationalität gilt das gleiche, was wir generell über Programme gesagt haben, nämlich, daß sie vom Akteur nicht immer in ihrer gesamten Tiefe duchschaut werden müsse, um sich ihrer gleichwohl bedienen zu können. Für alle kulturellen

Errungenschaften gilt, daß sie von einzelnen Menschen nur deshalb erzielt werden können, weil sie auf den *Schultern von Riesen* stehen.

Popper hat die Eigenständigkeit der Programme treffend beschrieben, er gab dieser Wirklichkeit den Namen: Welt 3. Mit Welt 1 hat er die Gesamtheit der physikalisch-organismischen Vorgänge bezeichnet, mit Welt 2 die subjektiven Empfindungen, Meinungen und Entwürfe der Bewußtseinszustände und der *Verhaltensdispositionen zum Handeln.* Welt 3 erfaßt, wie er sich ausdrückt, Problemlösungen, Deskriptionen und unpersönliche Argumente. Diese Welt stellt den Stand einer Diskussion zu einem Problem dar (vgl. Popper 1974: 99,123f., 137). Bezogen auf die hier dargestellte Motivationstheorie ist von Interesse, daß sich die drei Welten in ihr wiederfinden. Es ist Welt 1 der physikalisch-organismischen Vorgänge, an die sich die Motivebene der Welt 2 anschließen muß. Mit Welt 3 ist der Übergang zur Programmebene bezeichnet, denn Programme sind eine Objektivität eigener Art.

Für die Genese der Welt 3 muß das hier vorgelegte Mehrebenenmodell keineswegs außer Kraft gesetzt werden; es ist für diese Welt sogar konstitutiv. Denn die jeweils aktuell Handelnden können die Programmgeschichte gar nicht gänzlich kennen und entrollen. Insofern kann niemand ein umfassendes Verständnis oder ein umfassendes Wissen von den Programmen besitzen (vgl. Popper 1974: 327). Wie wird diese Partialkenntnis der Programme überbrückt? Wie wir allenthalben hören, wissen virtuose Akteure mit der Unsicherheit ihrer in Programmen aufgehobenen Ziele so umzugehen, daß sie den Weg zum Ziel zu machen. Die Kosten, die das mit sich bringt, werden durch affektive Bejahung kompensiert. Positiver Affekt aber ist Optimismus.

Rationale Wahl kann demnach nicht eindimensional als Maximierung von Nutzen verstanden werden (vgl. Esser 1990: 234, 238). Wenn Programme handlungsleitend sind, wenn ihre Gehalte in Prosafassung narrativ beschrieben werden können, dann sind dies Bestandteile von Brückenannahmen. Im strengen nomologischen *Rational Choice*-Konzept ist die Welt 3 Ergebnis des interdependenten rationalen Handelns. Wir vertreten die Ansicht, das Programme in Programmen von Maximanden des Handelns aufgehoben sind. Mithin kommt ihnen eine Funktion der Heuristik zu, die Bestandteil von Brückenannahmen sein kann.

Wir bezweifeln auch nicht, daß "die grundlegende Logik der Erklärung in *allen* die gleiche ist", aber wir meinen, daß "bei soziologischen Fragestellungen ganz *besondere* Probleme" (Esser 1993: 83), und zwar modelltechnischer Art, auftauchen. Wenn der theoretische Primat der Handlung unter Verzicht auf modelltechnische Differenzierungen "verstanden wird - ganz allgemein: nicht als Einzel-*Akt*, sondern als fertige Vorstellung, als Modell, als *Schema*, als *Projekt* oder als soziales Drehbuch, als *Skript*, als Teilpartitur, als institutionalisierte *soziale Regel* -" (Esser 1994: 188), dann steht *Rational Choice* in seiner nomologisch puren Form lediglich als p mal u (Wahrscheinlichkeit x Nutzen) vor einer Klammer, in der sich interpretative Soziologie befindet. Wenn Max Weber die Erwartungen von Intellektuellen, den Inhalt bestimmter Erlösungswege und den damit verbundenen Nutzen beschreibt, so haben wir es mit Prosa und wenig mit Gesetzen zu tun. Sie erfährt ihren nomologischen Minimalstatus dadurch, daß die Intellektuellen in der beschriebenen Einmaligkeit den nichtprivilegierten Schichten, deren Nutzen ganz anders aussieht, unspezifisch gleichzusetzen sind. Darin liegt der Kern des Nutzens des Nutzens der rationalen Wahl. Und das ist nicht ironisch gemeint.

In einer zweiseitig modellierten Handlungsbereitschaft ist sowohl das, was Max Webers Beschreibungen ausmacht, als auch die hypothetische Tiefenstruktur des Nutzens aufgehoben. Derart wäre eine Heuristik des Programmkonzeptes zu verstehen, in der Motive zu einem erweiterten Innenschema des Handelns werden. Das Mikro-Makro-Problem ist der Handlung selbst immanent (vgl. Hennen 1994a: 145, 147).

Literaturverzeichnis

Alexander, J. C./Giesen, B./Münch, R./Smelser, N.J. (Hg.), 1987: The Micro-Macro Link. Berkeley, Los Angeles, London

Boudon, R., 1980: Die Logik des gesellschaftlichen Handelns. Darmstadt, Neuwied

Coleman, J.S., 1986: Social Theory, Social Research, and a Theory of Action. In: American Journal of Sociology, 91, (Hg.) 1309-1335

Coleman, J.S., 1991: Grundlagen der Sozialtheorie. Handlungen und Handlungssysteme. München

Coleman, J.S./Fararo, T.J. (Hg.): Rational Choice Theory. Advocacy and Critique. Newbury Park, London, New Delhi

Dupuy, J.-P./Varela F., 1991: Kreative Zirkelschlüsse: Zum Verständnis der Ursprünge. In: Watzlawik/Krieg (Hg.), 1991, 247-275

Eichner, K./Habermehl, W. (Hg.), 1977: Probleme der Erklärung sozialen Verhaltens. Meisenheim/Glan

Endruweit, G./Trommsdorf G. (Hg.), 1989: Wörterbuch der Soziologie, Band 1. Stuttgart

Esser, H. 1988:

Esser, H., 1988: Sozialökologische Stadtforschung und Mehr-Ebenen-Analyse. In: Friedrichs (Hg.), 1988, 35-55

Esser, H., 1989: Verfällt die 'soziologische Methode'? In: Soziale Welt, 40, 57-75

Esser, H., 1990: 'Habits', 'Frames' und 'Rational Choice'. In: Zeitschrift für Soziologie, 19, 231-247

Esser, H., 1991: Rational Choice. In: Berliner Journal für Soziologie, 2, 231-243

Esser, H., 1992: 'Foundations of Social Theory' oder 'Foundations of Sociology'? In: Analyse und Kritik, 14, 129-142

Esser, H., 1993: Soziologie. Allgemeine Grundlagen. Frankfurt, New York

Esser, H., 1994: Kommunikation und 'Handlung'. In: Rusch/Schmidt (Hg.), 1994, 172-204

Frank, R., 1992: Die Strategie der Emotionen. München

Friedrichs, J. (Hg.), 1988: Soziologische Stadtforschung. Kölner Zeitschrift für Soziologie und Sozialpsychologie, Sonderheft 29. Opladen

Geertz, C., 1994: Anthropologische Reflexion zur Identitätspolitik. In: Merkur, 48, 392-403

Giddens, A. 1984: Interpretative Soziologie. Eine kritische Einführung. Frankfurt, New York

Granovetter, M.S., 1974: Getting a Job. A Study of Contacts and Careers. Cambridge, Mass.

Haferkamp, H. (Hg.), 1990: Sozialstruktur und Kultur. Frankfurt

Heckhausen, H., 1989: Motivation und Handeln, 2. Aufl. Berlin u.a.

Hennen, M., 1989: Handlungstheorie. In: Endruweit/Trommsdorf (Hg.), 1989, 266-271

Hennen, M., 1990: Soziale Motivation und paradoxe Handlungsfolgen. Opladen

Hennen, M., 1994a: Motivation als Konstrukt einer Sozialtheorie. In: Rusch/Schmidt (Hg.), 1994, 133-171

Hennen, M., 1994b: Egoismus und Altruismus in der Sozialtheorie. In: Hennen/Jäckel (Hg.), 1994

Hennen, M./Jäckel, M. (Hg.), 1994: Privatheit und Verantwortung. Festschrift zum 60. Geburtstag von Friedrich Landwehrmann. München

Hirschman, A.O., 1974: Abwanderung und Widerspruch. Tübingen

Hummell, H.J., 1972: Probleme der Mehrebenenanalyse. Stuttgart.

Jensen, S., 1980: Talcott Parsons - Zur Theorie der sozialen Interaktionsmedien. Opladen

Jensen, S., 1983: Systemtheorie. Stuttgart u.a.

Lindenberg, S., 1977: Individuelle Effekte, kollektive Phänomene und das Problem der Transformation. In: Eichner/Habermehl (Hg.), 1977, 46-84

Lindenberg, S. 1985a: An Assessment of the New Political Economy. In: Sociological Theory, 3, 99-114

Lindenberg, S. 1985b: Rational Choice and Sociological Theory. In: Zeitschrift für die gesamte Staatswissenschaft, 141, 244-255

Lindenberg, S., 1984: Normen und die Allokation sozialer Wertschätzung. In: Todt (Hg.), 1984, 169-191

Lindenberg, S., 1990: Rationalität und Kultur. In: Haferkamp (Hg.), 1990, 249-287

Lindenberg, S., 1992: The Method of Decreasing Abstraction. In: Coleman/Fararo (Hg.), 1992, 3-20

Opp, K.-D., 1989: Ökonomie und Soziologie - die gemeinsamen Grundlagen beider Fachdisziplinen. In: Schäfer/Wehrt (Hg.), 1989, 103-177

Rusch, G./Schmidt, S.J. (Hg.), 1994: Konstruktivismus und Sozialtheorie. Frankfurt

Schäfer, H.-B./Wehrt, K. (Hg.), 1989: Die Ökonomisierung der Sozialwissenschaften. Frankfurt, New York

Todt, H. (Hg.), 1984: Normengeleitetes Verhalten in den Sozialwissenschaften. Berlin

Varela F.J., 1990: Kognitionswissenschaft - Kognitionstechnik. Frankfurt

Watzlawik, P./Krieg, P. (Hg.), 1991: Das Auge des Betrachters. München

Weber, M., 1976: Wirtschaft und Gesellschaft, 5. rev. Aufl. Tübingen

Wippler, R./Lindenberg, S., 1987: Collective Phenomena and Rational Choice. In: Alexander/Giesen/Münch/Smelser (Hg.), 1987, 135-152

Wright, G. H. v. 1994: Normen, Werte und Handlungen. Frankfurt